U0134862

碧潭夢影——
閔宗述作品集

洪惟助・洪珊慧　編注

序

　　宗述，在我文學藝術的追尋上，是影響我很大的人，不只影響我，也影響端常、令德，甚至大部分的同班同學。

　　一九六三年我們考進中國文化學院，是大學部第一屆學生。當時看學校簡介，創辦人張其昀先生曾任教育部長，在學術界、文化界頗有聲望，教授都赫赫有名，校舍是宮殿建築在煙雲山巒中。就這樣，我們被吸引來此。入學之後，發現宮殿建築就只有大成館一棟，五百多位同學住宿、上課、吃飯大都在這裡，顯得擁擠；但見面機會多，同學之間更形親密。大一，同班三十多位男同學就住在一個大教室裏，雙層臥鋪。我和宗述的床鋪就隔著狹隘的走道。

　　宗述比我們大部分同學大約大十歲左右，他中學畢業於臺灣第一名校：建國中學，卻考不取大學，也是奇蹟。當時進國防部當文職人員，可以延緩服役，以便再考大學，沒想到他任職不久，政府竟一道命令：國防部所有文職人員一律改為軍職！他就這樣糊裏糊塗成為職業軍人。經過六年多，才找到理由退役，重考大學，與我們同班。

　　當時教育政策是文理並重。宗述酷嗜文史，幾乎讀盡了建國中學圖書館的文史和西洋文學譯本書籍，但很懼怕數理課程，考大學，數理成績很低，過不了入學門檻。

　　數理不佳，但在文學藝術各方面宗述都展現了優異的才華。讀中學時繪畫，國畫、西畫都作，風格多為傳統的，也有現代的，內容包括花卉、人物、風景。高中時的畫就展現了成熟的技法和風韻。

　　中學時，抄錄中西名曲曲譜，有時還為名曲填歌詞。李叔同根據

美國通俗歌曲作家奧德韋[1]〈Dreaming of Home and Mother〉一曲填詞
的〈送別〉(又作〈握別〉)傳唱不衰,但唱第二遍時,歌詞重覆,宗
述覺得遺憾,乃為填詞,「庶幾連歌一遍時,無雷同之憾」,其詞云:

> 渭城畔,灞橋頭,悠悠江水流,胡笳悲鳴雁驚寒,夢斷在秦
> 樓。　　唯祝君,前程遠,魂夢總相連,知音一去何日還,瑤
> 琴向誰彈。

可媲美李叔同歌詞。李叔同填詞時三十四歲(1914),宗述填此詞時
十七歲(1950)。

　　在那西洋古典音樂臺灣還不太普遍的年代,他不知從哪裡聽了許
多交響曲、協奏曲等西洋古典樂曲,等到工作有薪資收入時,買音響
器材、原版唱片絕不手軟。他沒學過樂器,但對於西洋古典音樂的作
曲家、演奏家、指揮家如數家珍。對於作品的特色,不同演奏家處理
樂曲的差異,都可以細膩地論說。

　　小學時,正值抗戰,宗述隨尊翁遷居重慶,父摯蔣蓼漁是名篆刻
家,宗述從其習治印,蓼漁贈予多本印譜。來臺灣後,宗述詳加揣
摩,在初中、高中時就有印存「宗述學印」第一、二集,存八十餘
方。高中畢業後仍持續刻印,我們大學的同學、老師和他較親近者都
至少獲得一方他刻的印章,令德評他的印刻風格是「穩重典雅」,邊
款「帶有書法的行氣,有如一個小小的條幅」。

　　書法,是歷代文人不能忽視的藝術,宗述自幼勤學,大一,我們
相識時,他對歷代書家的風格、特色已瞭如指掌,並有自己的見解。
他泛覽群帖,但我只看過他臨王羲之,我和令德、端常都曾迷米芾,

1　奧德韋,John. P. Ordway. 1824-1880。

喜其縱放灑脫，宗述卻以為米不夠典雅，比王終遜一籌。宗述書法亦可以「穩重典雅」評之。

　　宗述尊翁孝吉先生詩文書畫俱擅長，尤以文章名家，往來多為詩文書畫名家。宗述自幼耳濡目染，自然心領神會。惟助就讀政治大學中文研究所時，孝吉先生適開設「古文研究」課程，由於孝吉師教學嚴格，分數低，選課同學僅有四位。孝吉師命作文：為一位尊敬的人物寫傳。同學文章多平鋪直敘。孝吉師云：

　　「熟讀蘇軾〈方山子傳〉及韓柳的幾篇傳記，體會其章法，重新再作一篇。」

　　而後同學始知章法之起伏變化。一學期共做四篇，孝吉師仔細批改，增一字、減一字或前後句顛倒，文章氣勢迥然不同。同學無不佩服。求孝吉師撰壽序、行狀等慶弔文字者頗多，孝吉師時或命宗述擬稿，而後詳為批改。此為宗述鍛鍊文筆之絕佳機會。後來宗述執教於政治大學，學校和中文系的重要文章往往由宗述執筆。

　　宗述對於詩的愛好似不及詞，創作數量也不及詞。但讀其所遺作品，早年即已展露才華。高中時做的〈讀《苕華集》〉二首：

　　萬千愁緒付苕華，婉轉心傷只自嗟。霧隱峭崖雲障路，漫天霖雨濕瓊花。

　　哀樂中年一部詞，非關載酒寫相思。浮生多恨誰能免，說與時人總不知。

意境深刻，技巧成熟。

　　大三時「杜詩」課，由詩家成惕軒先生教授。習作，宗述作〈秋日書懷〉四首（見本集十五「詩」），成老師不改一字，只在佳句打

圈，並賦詩一首做為評語，云：

　　華岡說詩贈　　閔君宗述
　　　王盧不廢等江河，獨往何妨曲士訶。
　　　千仞華岡雲物盛，為君青眼一高歌。

　　詞，是宗述的最愛，讀中學時已有《悠波閣詞稿》四卷，近百闋，自己毛筆抄錄。孝吉師並不填詞，所往來友朋亦無詞家，宗述愛詞，並非受師友長輩影響，蓋由性情使然，宗述細膩含蓄，與詞風近。一九五四年暑假，宗述高二，即將升高三，正是高中生磨刀霍霍，埋首準備大學聯考之際，宗述卻在抄錄納蘭性德《飲水詞》三百五十闋，後記云：「蓋心緒惡劣，借此消愁耳。」宗述不奈煩各種考試，一想起考試就「心緒惡劣」，只有借詞以澆愁了。

　　《悠波閣詞稿》是宗述從初中到高中時的作品，已展現深厚的功力。如《詞稿》卷一：

　　青玉案　端午前二日久雨忽晴，步稼軒元日之韻
　　　豔陽天裏花千樹，正初停黃梅雨。微風颭起塵滿路。白楊如醉，芭蕉猶捲，影碎參差舞。　　可堪閒愁千萬縷，目送孤鴻天涯去。流綺韶華誰與度。繁星休數，新月正在銀河依稀處。

此詞作於一九五○年，宗述十七歲。步辛稼軒詞元韻，而不覺有所束縛。章法、修詞俱佳，情韻亦悠長。《悠波閣詞稿》中好詞不少，〈憶舊遊記四十三年兒童節銀河洞、碧潭之遊〉、〈采桑子讀花蕊夫人詞〉、〈荷葉盃戲效花間體六闋〉……等，均堪玩味。

　　進大學後，所作詞，修辭更凝鍊，章法更嚴謹。但作品不及中學

時多。

　　宗述對於繪畫、書法、篆刻、詩詞文章無不精通，音樂欣賞極著迷、深入，可說是典型的傳統文人，全方位的藝術家。

　　他又博覽群書，常識豐富，不論談什麼都可與你熱烈討論。同學邱衍文說：「跟他談馬桶，恐怕他都可以說出一套學問。」宗述雖然年齡、學識都比我們大許多，但他很隨和，和我們沒有距離感。同學有疑惑請教他，他都樂意幫忙。大學三年級時有書法課，由傅申老師教授。我和宗述、端常等八位同學同一寢室，每天晚餐、散步後，我們寢室都聚集許多同學來討論書法，包括哲學系的辛意雲[2]都常來，書法成為同班同學共同的愛好和感情交流的媒介，宗述是中心。一年下來，同學都有相當程度的進步，傅申老師很滿意，學期末為我們班在校內開了一個書法展，每一位同學都有作品。

　　我和端常、令德，甚至班上多位同學，和宗述一樣，喜愛文學、藝術，怕數理課程。進入中文系，不必與數理打交道，有名師指導，益友切磋，真是快活。中國文化學院——華岡，在陽明山半山腰，景色秀麗，空氣清新，我們晚飯後一起散步，從校園走到附近的園林試驗所，那裡大約有三、四公頃栽植各種花木；有時興來則上山陽明公園再回來。一路上，從詩、詞、書畫、古典音樂、時事軼聞……無拘無束，無所不談。有時霞彩滿天，有時雲霧從山谷升起，漸漸瀰漫宮殿建築。景色變幻萬千，令人心曠神怡。

　　令德和班上女同學歐楨在中國文化學院讀一年，考臺灣大學中文系插班生，二人都錄取了。但令德常回來，和我們一直維持密切的友誼。令德在大學畢業、服完兵役後，赴美國留學，在美國工作，結婚生子，我們到現在仍時常連繫，切磋書畫藝術。

2　辛意雲後來成為建國高中、臺北藝術大學名師，臺北文化獎得獎人。

　　大學四年級，學校准學生不住校。我和宗述、端常在「下竹林」租民房，同學戲稱「下竹林三賢」。從下竹林走路到學校超過半小時，我們一路聊天，一點不嫌遠。每天一起聽西洋古典音樂節目（常聽趙琴主持的「音樂風」），一起寫字、讀書，尤其喜愛讀詩詞，討論詩詞，過得真是詩情畫意。與宗述朝夕相處四年，受其影響甚大。書法，在中學時，我主要臨歐陽詢《九成宮》和北魏《張猛龍》、《張黑女》諸碑，進大學見宗述臨王羲之，我亦勤學《集王聖教序》和《蘭亭敘》各臨摹本。大一、大二我喜讀南唐二主、晏幾道、秦觀、李清照諸家詞，常與宗述論詞，漸漸領會清真詞之妙，大四時能背誦清真詞五、六十闋，撰〈淺釋清真詞九闋〉發表於系刊《華風》第二期。一九八二年並撰《清真詞訂校注評》數十萬字出版。見宗述刻印，在小方塊中寄託性情，展現藝術，頗有情趣，亦追隨學習。

　　我們都不奈煩考試，尤其宗述。平時常看他專心讀書，但到考試前幾天，他經常手抱一杯茶，呆坐，或找人聊天。他也不參加學校的比賽或活動。大二時學校有書法比賽，我參加，得大學組第一名（研究生組依稀記得是傅申老師第一名）。得獎作品在大成館展覽一週。宗述的書法功力遠高於我，他如果參加，應是第一名；他當時三十一歲，已看透世俗，與人無爭。一九七〇年宗述在政治大學得碩士，留校任講師，母病父老，子女年幼，操勞家務，勤於教學，自我要求又高，一直沒有升等。雖然許多教授（包括我）有疑難都請教他，他是教授的老師，卻終其一生是講師；但他從未有怨言。

　　一九九八年春天，我營造新屋，規劃一樓客廳面對庭院魚池假山，室內置音響沙發、長桌碑帖畫冊，是和宗述、端常聽音樂、論書畫之處。四樓露台背青山面叢花，是飲酒論詩之所。不意，新屋開工不久，驚聞宗述棄世。二〇〇〇年夏天，即將完工，傳來端常往生。新屋落成，好友遠逝，面對此景，情何以堪！當時令德失去聯絡，後

來見面，告以宗述、端常逝世之消息，令德說他哭了一天；我又豈止哭一天！

回首前塵，時或霞彩滿天，時或雲霧迷濛，有如陽明山景。我們相知相惜三十餘年，已不負此生，唯待來生的相聚了！

己亥年初春洪惟助於內湖碎夢樓

目次

一　書法

　　宗述喜各種藝術，書法、繪畫、篆刻，無不擅長，但以書法用功最深，持續最久，作品亦較多。少時可能學魯公書，但自一九六三年我與他認識以來，只見他臨摹王羲之《聖教序》與《蘭亭序》。然其廣泛讀帖，對於各家法書特色、短長均有見解，從本集所選之帖後題跋可畧見一斑。

　　宗述做任何事均極用心講究，書法擅長行書，凝鍊秀雅，即使書信，行間布置，筆畫變化，亦見經營。本集中「顏魯公祭姪稿」、「李祺本九成宮醴泉銘」二題簽渾厚而流麗，不可多得。

圖一　一九六五年（乙巳）重裱「張問陶書，孝吉先生書『船山墨跡』隸書」，宗述行書記此墨跡之由來，以示父子合作，宜傳子孫

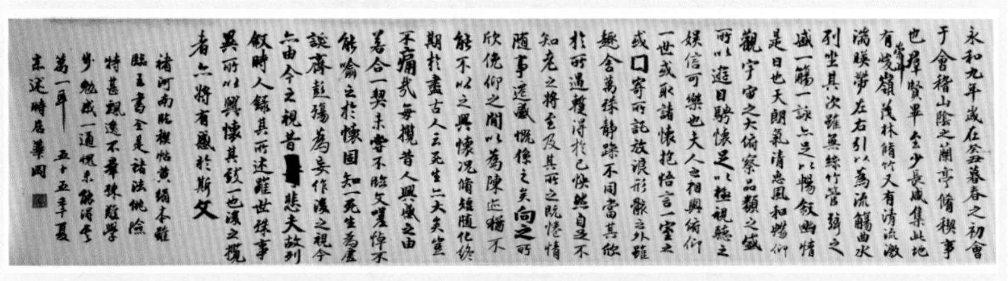

圖二　一九六六年宗述大三上學期於華岡宿舍臨褚臨蘭亭

圖三 一九八〇年宗述書王漁洋詩二首贈惟助

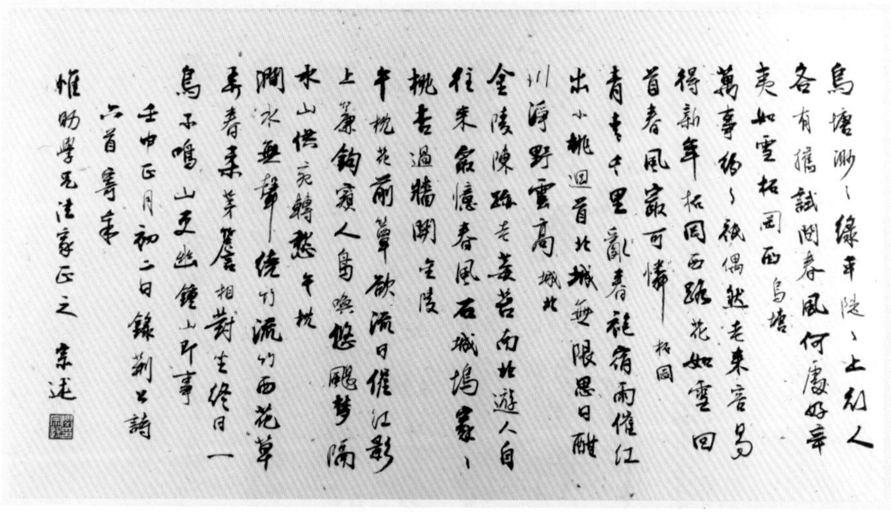

圖四　一九九二年元月初二宗逑書王安石詩贈惟助

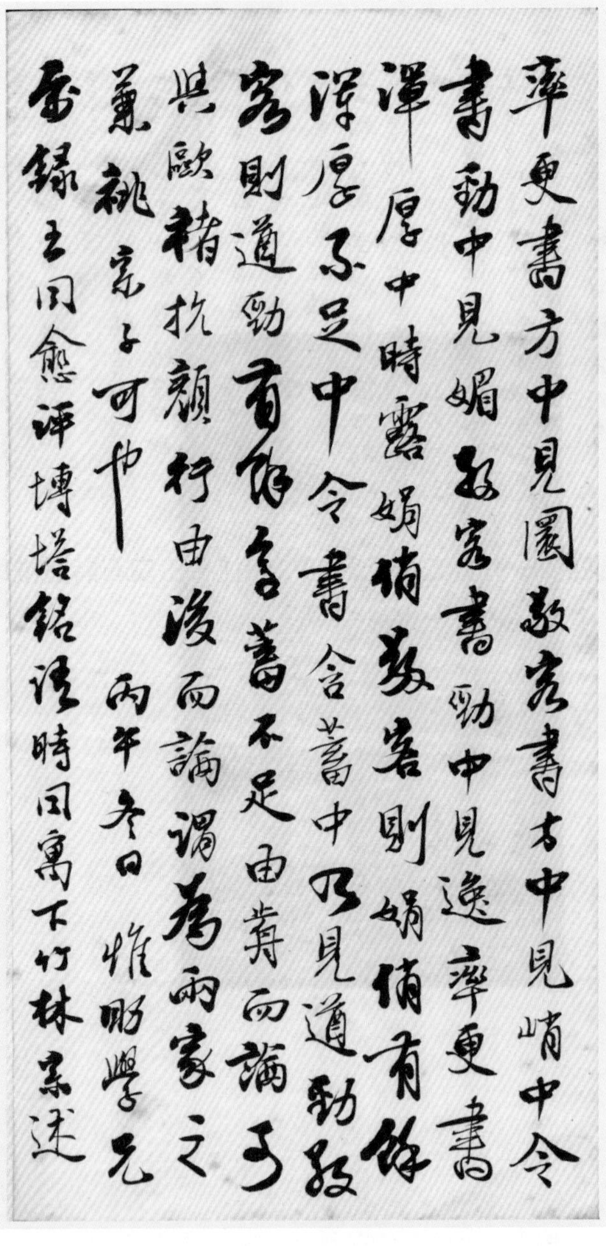

圖五　一九六六年（丙午）宗述為惟助書王同愈評塼塔銘語於帖尾

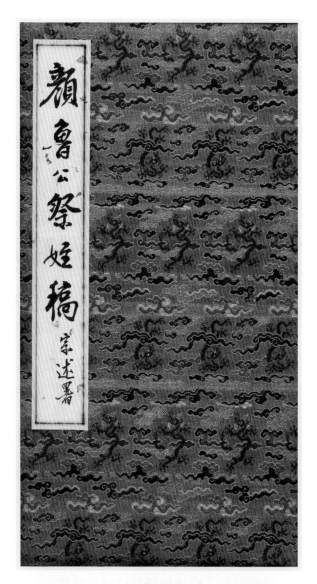

圖六之一　宗述顏魯公祭姪稿題簽

日本平成初年二玄社印「原色法帖選」，令人驚豔。宗述於「大陸書
店」見此帖，思及端常喜魯公書，增購一冊以貽之，並作題跋、題
簽。封面題簽渾厚而娟秀，殊為難得。

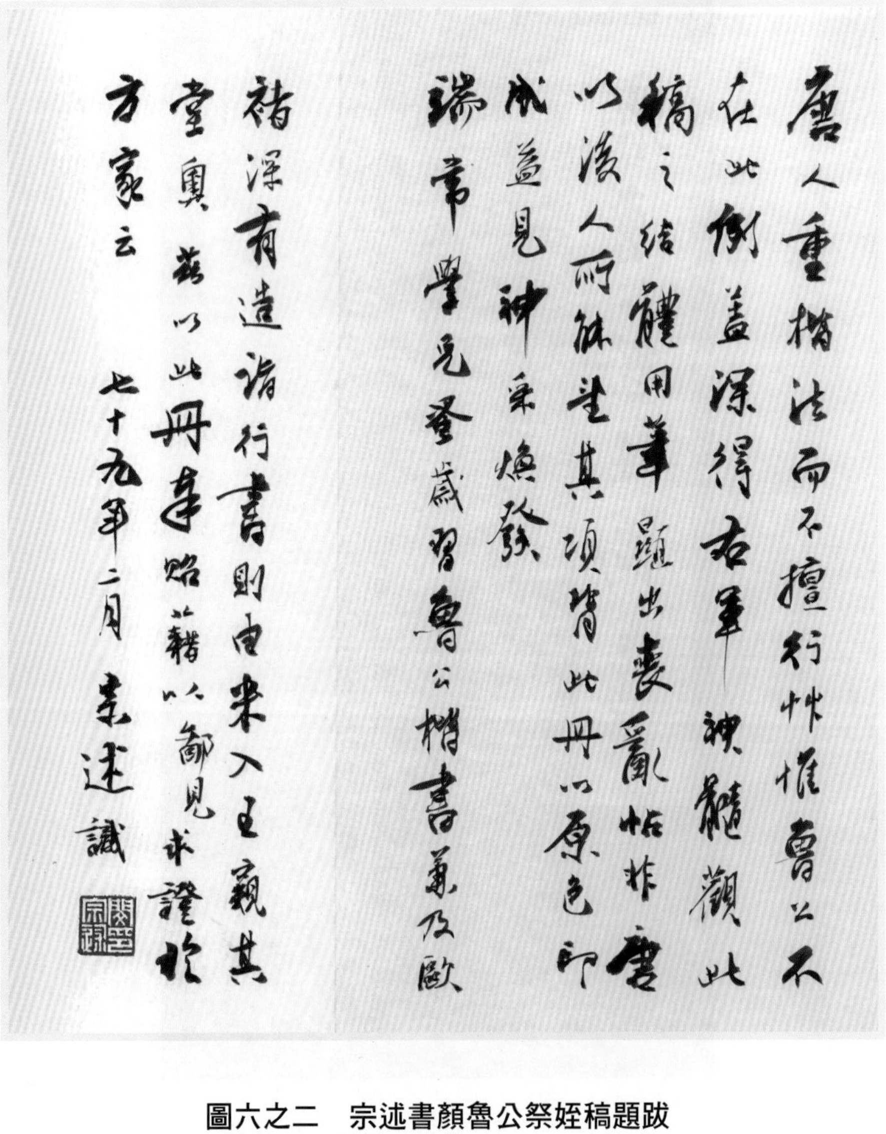

唐人重楷法而不擅行草惟魯公不
在此例蓋深得右軍遺髓顏此
稿之結體用筆顯出裴亂帖排唐
以後人所能望其項背此冊以原色印
成益見神采煥發
瑞常學兄鑒藏習魯公楷書兼及歐

褚深有造詣行書則由來入王窺其
堂奧茲以此冊屬題始以鄙見求證於
方家云 七十九年二月 宗述識 [印]

圖六之二　宗述書顏魯公祭姪稿題跋

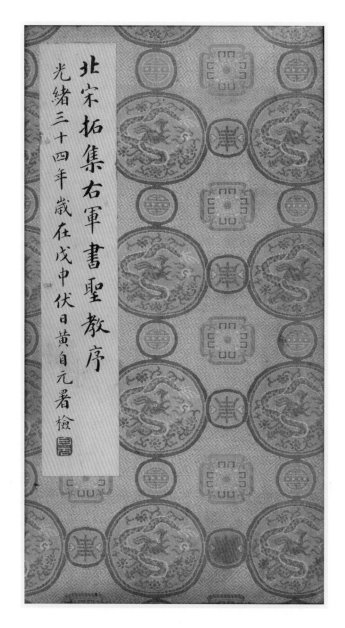

圖七之一　宗述贈端常二玄社《集右軍書聖教序》

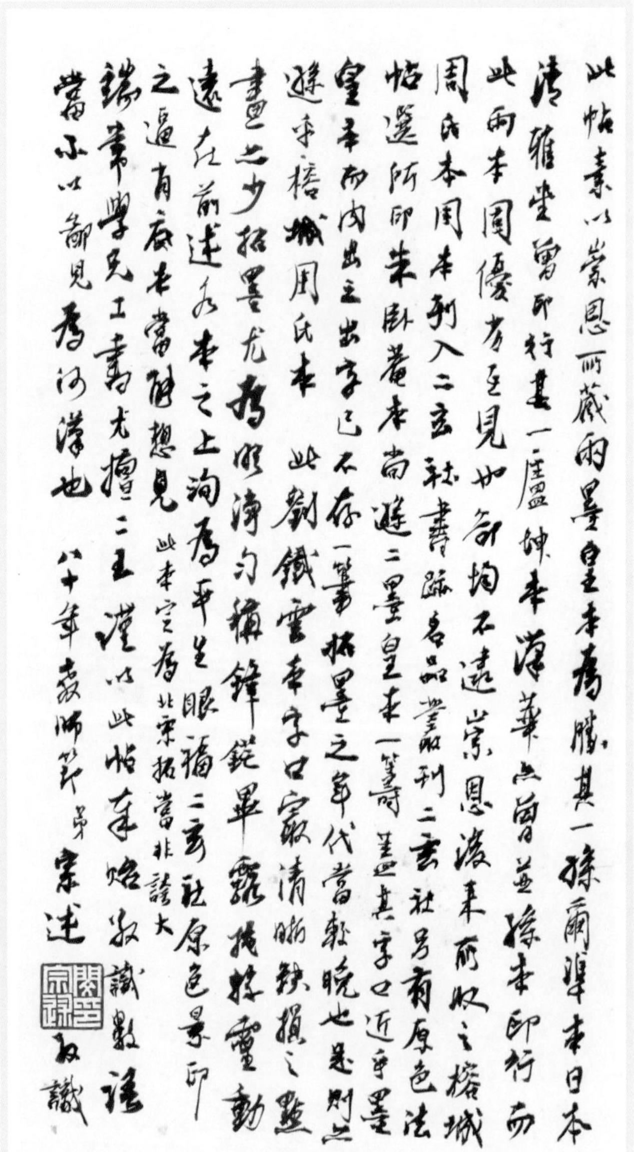

此帖素以崇恩所藏兩墨皇本為勝其一孫爾準本日本
清雅堂蜀郡所行墨一盧坤本湮葉無耆無楝本印行而
周氏本周優考至見如旬均不遠崇恩後來所收之搨城
帖選所即朱臥菴本尚遜三墨皇本一籌盖其字已近�Z墨
皇本而內出主出字已不在一籌林墨之軍代音教此晚也送則此
遊來搖城周氏本此劉鐵雲本字口寂清晰軼損之點
書之少招墨尤為順濤勺縮鋒銳畢露揚揚重動
之邇有辰本當推想見眼福二高北宗拓當非諸大
錫業學兒工壽尤擅二王灘以此帖來帖收識影譜
當不以鄙見為河漢也八十年歲惘然早宗述叔識

圖七之二　宗述書《集右軍書聖教序》題跋於帖後，論評版本之流傳及其特色。

此碑斷於明
英宗天順八
年此帖之拓
本而又以三井
字皆全者辯
三圓本最秀

難得此本

摩子之寺後
定武蘭亭
本而

国碑帖君蹟付入三井聽冰閣者為數不少可勝浩

此帖樹�葉上樹左側有三井之朱文收藏印文曰
三井高堅太正祀元以後而得夫太正元年為民国二年可
見此帖歸民国二年後玄入日本三井財閥之手矣

榿城周氏未精妙
頗勝雨墨皇本照
奥内出之出字竟完
好無鐵忍迷鋪填而
之異流同會四
而異流同會四
寄述述記

製版・印刷＝株式会社東京印書館　本文用紙＝三菱製紙株式会社
聽冰閣墨宝　原色法帖選―39　集字聖教序《劉鐵雲本》　東晉　王羲之
平成三年二月五日第一版印刷　平成三年二月一五日第一版発行
監修＝中田勇次郎
原本＝三井文庫藏　発行者＝渡邊隆男
発行所＝株式会社二玄社　東京都千代田区神田神保町二―二
電話〇三（三二六三）六〇五一―三番　郵便一〇一　振替東京四―二八七六二
装本＝株式会社大紀折本工芸社
ISBN4-544-01759-9〈1759I〉　無断転載を禁ず

圖七之三　宗述書《集右軍書聖教序》題跋於帖後

圖八之一　宗述贈端常二玄社《九成宮醴泉銘》並題簽

圖八之二　宗述於帖後論述《九成宮醴泉銘》之特色

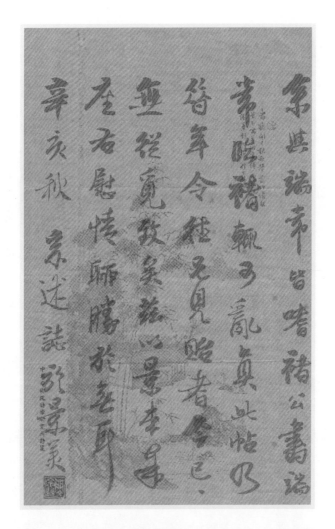

圖九　宗述景印葉恭綽藏本《陰符經》以贈端常

一九六三年惟助與令德在牯嶺街各購得褚遂良書陰符經帖，後令德又
得一冊贈宗述。時端常習顏魯公，未得此帖，亦不以為憾。一九六六
年以後，端常臨褚書、愛褚書，而此帖已無從覓致矣。一九七一年
（辛亥），宗述景印一份以贈。此本陰符經為葉恭綽藏本，帖前有陳
含光題耑，後有沈尹默一九四七年題記、張默君一九五三年題跋。

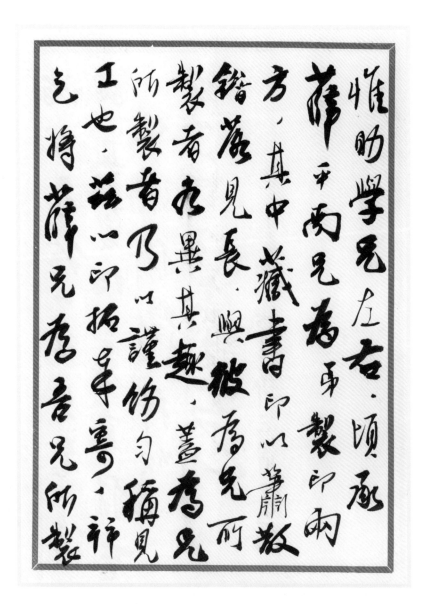

圖十之一　宗述致惟助書。請將薛平南為惟助所製印拓本寄宗述。
薛平南，一九四四年生，當代篆刻家，國立臺灣藝專美術工藝科畢
業。曾於臺灣藝術大學、世新大學等校，教授書法、篆刻。

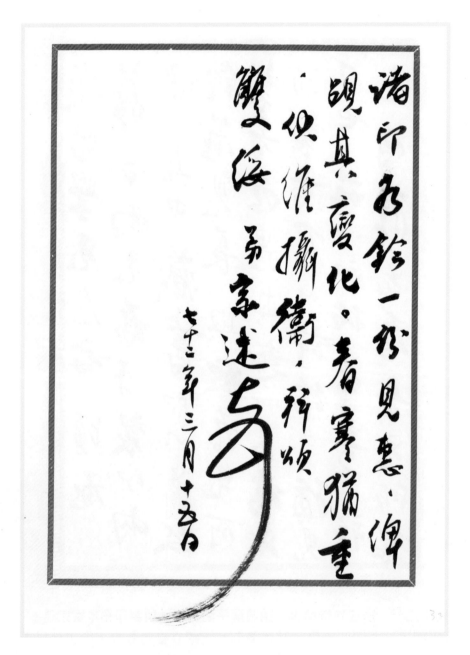

圖十之二　宗述致惟助書

惟助學兄左右，手教奉
悉，余承伯氏之跋語中自
稱七十三老人，而跋中言及
六十年前，丁伯川大令（清代縣令之別稱）
以此畫貽其父，而丁氏則爲
丁文誠之猶子（即姪兒），考文誠
乃丁寶楨之謚，寶楨，咸豐
二年壬子恩科進士，慈禧垂

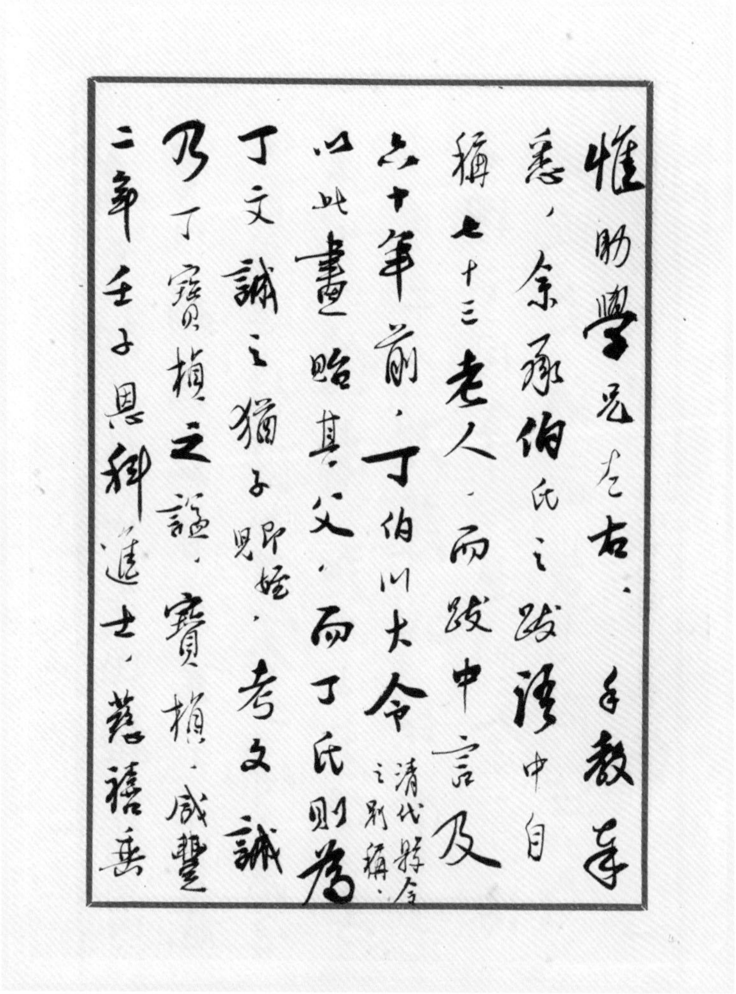

圖十一之一　惟助致函宗述討論「余承伯氏之跋語」，宗述之回信。
一九八六年十月偶讀藏帖「錢南園書畫真蹟」，書與畫之間有兩頁七十三老人余承伯誌語。其字亦步亦趨學溥儒，娟秀跳脫，頗有青年英氣，不類老人書，又似有江兆申筆意。（接下頁）

篆之初，任山東巡撫，任內曾以捕殺私自出京之得寵大監安得海，名震一時，後官至四川總督，加大子少保，季石曾之父鴻藻，謚文即伸手子押之同年，是則余承伯氏晚文誠，兩筆，而跋尾丽壽丙申，當非光緒二十二

圖十一之二　惟助致函宗述討論「余承伯氏之跋語」，宗述之回信。（承前頁）跋尾所署年月為「丙申臘八後一日」，時江兆申三十歲左右，正是學習溥儒之年，余疑此跋為江兆申所代筆，乃影印寄予宗述、端常，並附毛筆字書信。（接下頁）

圖十一之三　惟助致函宗述討論「余承伯氏之跋語」，宗述之回信。
（承前頁）早年余住公寓，空間狹隘，書桌僅有一方，堆滿書籍。擬練字，必先收拾桌上書籍、雜物；收妥，已興味索然矣。一九八六年五月余遷居內湖，房舍較大。（接下頁）

圖十一之四　惟助致函宗述討論「余承伯氏之跋語」，宗述之回信。

（承前頁）書房可置二書桌，一為讀書寫作，一為寫毛筆字專用，練字稍勤。十月，余以毛筆宣紙寫信與宗述、端常討論，二友俱以為我書法半年來頗有進境，而給予鼓勵。

圖十一之五　惟助致函宗述討論「余承伯氏之跋語」，宗述之回信。

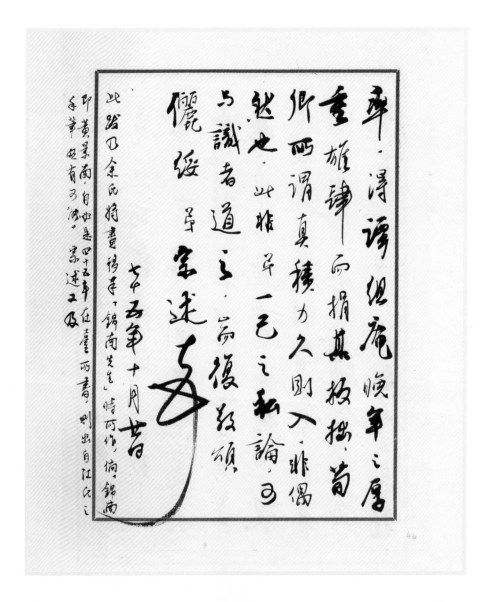

圖十一之六　惟助致函宗述討論「余承伯氏之跋語」，宗述之回信。

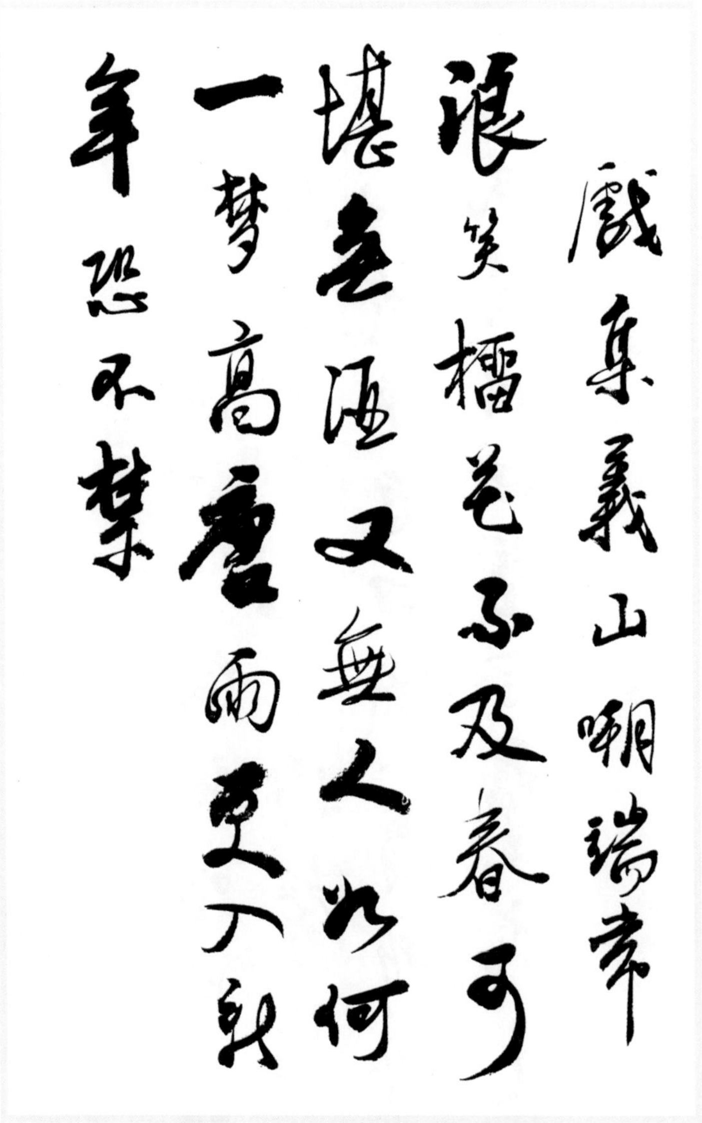

戲集義山嘲端常
浪笑栖花不及春了
堪去隨又無人如何
一梦高唐兩更了
年恐不禁

圖十二　宗述集義山詩戲端常

宗述、端常皆喜讀義山詩、集義山詩，二人常說很忙，但為嘲弄好友，往往可以徹夜不眠集義山詩。

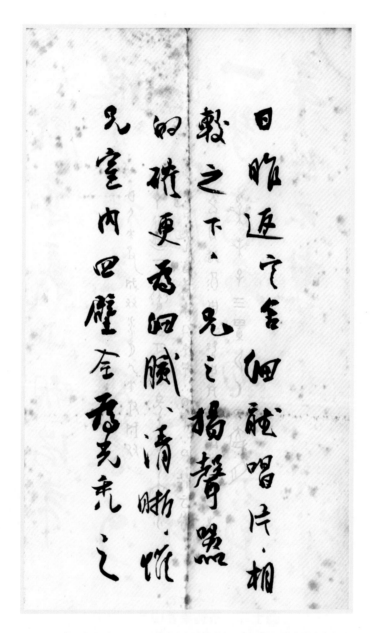

圖十三之一　宗述致函端常討論音響設備
宗述與端常購買原版唱片甚多，音響器材亦講究。二人常交換心得。

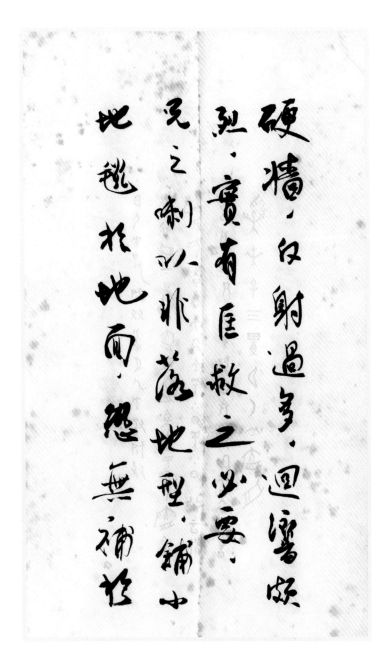

圖十三之二　宗述致函端常討論音響設備

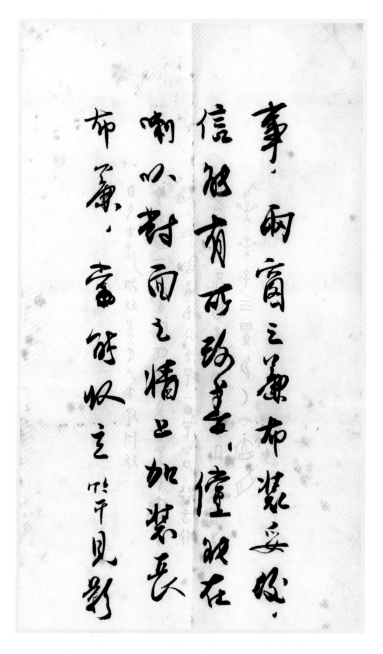

圖十三之三　宗述致函端常討論音響設備

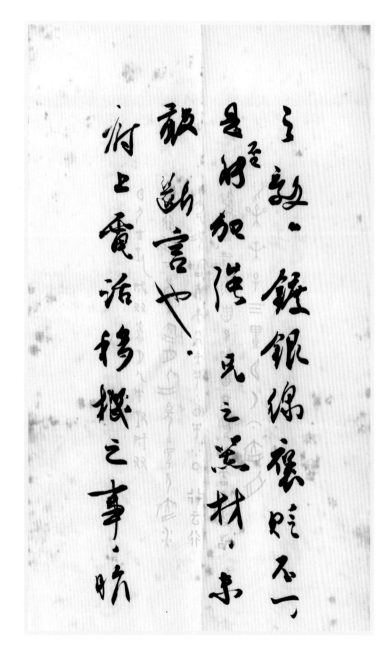

圖十三之四　宗述致函端常討論音響設備

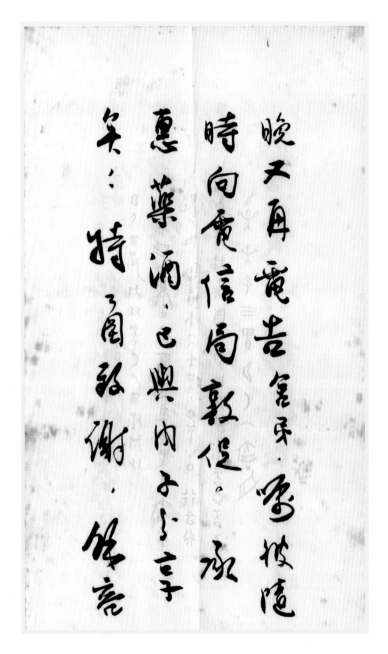

圖十三之五　宗述致函端常討論音響設備

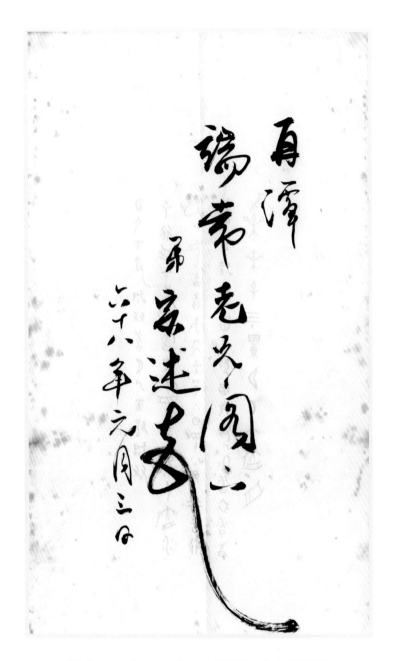

圖十三之六　宗述致函端常討論音響設備

二　篆刻

　　一九三七年中日戰興，宗述隨尊翁遷重慶，就讀小學。喜篆刻，乃從父摯篆刻家蔣蓼漁（了予）學治印。蓼漁贈予印存、印稿數本，宗述細心保護，詳加揣摩。讀建國中學初中、高中時就有「宗述學印」第一、二集，共存八十餘方（少數脫落遺失）。

　　高中畢業後，治印亦不少，但未收集成冊，零散置放，部分印存未能肯定為宗述所刻者不收。茲選錄三十方。末附蓼漁治印一方。

宗述學印第一集

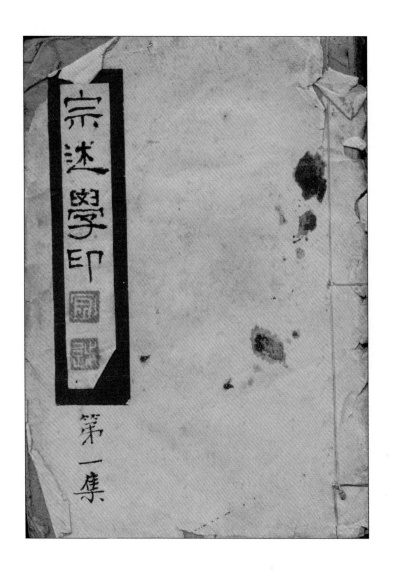

部分印章說明：

王文興是其鄰居小朋友，後來為臺灣大學教授、名作家（小宗述六歲）。徐孝游為其高中同學，後來就讀臺灣師範大學美術系、中國文化學院藝術研究所。

「尊固」是宗述字。

辭肝樓，宗述齋館名。用閔家先賢閔貢辭肝的典故。閔貢字仲叔，後漢光武帝時人，品格高潔之士。《新校本後漢書》列傳第五十三：「太原閔仲叔者，世稱節士，雖周黨之潔清，自以弗及也。……建武中，應司徒侯霸之辟，既至，霸不及政事，徒勞苦而已。……遂辭出，投劾而去。復以博士徵，不至。客居安邑。老病家貧，不能得肉，日買豬肝一片，屠者或不肯與，安邑令聞，敕吏常給焉。仲叔怪而問之，知，乃歎曰：『閔仲叔豈以口腹累安邑邪？』遂去，客沛。以壽終。」

閔		
徐孝游		
不管		
閔宗述		
劍膽琴心		

宗述用賤		
家住甘棠湖畔		
宗述		
尚志（文興字）		

王文興		
衣絮家聲		
閔宗述印		
琴心劍膽		

閔宗述		
永戒		
宗述所作		
敏事慎言		

辭肝樓		
閔宗進		
忠恕		
家住盧山		

劍膽琴心		
閔宗遠		
人間遊戲		
尊固		

勤敏齋		
尊固		
人間遊戲		
一生不為明日計		

責備自己寬恕別人		
粟里後生		
宗述所作		
夫子之心		

宗述藏書		
夫子之心		
尊固		
九江閔氏		

勤敏齋		
閔宗述		
家在鼓山		

宗述學印第二集

尊固		
宗述藏書		
潯		
辭肝樓		

法古今完人		
宗述		
荒謬絕倫		
膽大妄為		

閔		
一片氷心在玉壺		
琴心		
聽蛙艸堂		

宗述金石		
宗述作		
養天地正氣		
述		

辭肝樓		
王文興		
聽蛙艸堂		
閔宗述		

宗述		
家在鼓山		
文興		
閔宗述		
九江閔氏		

閔宗述		
膽大妄為		
徐孝游		
異客		
一錢不值萬錢不賣		

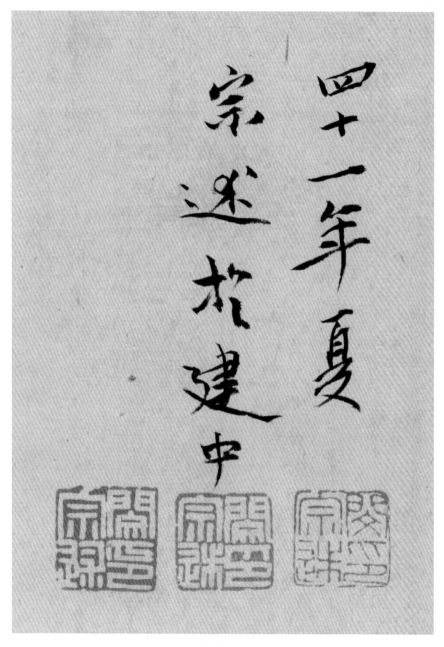

《宗述學印》末頁

高中畢業以後作品

李友芝	
毛建光印	
王志善印 （孝吉立法院 同事）	
吳興周印 （宗述高中同 學）	

李新基 （孝吉弟子）	
李新基印	
沈艾原印 （李新基夫 人）	
閔孝吉	

閔宗述印	
愚園丁	
楊光天印	
瑞厂	

董宗山 （孝吉朋友）	
蕭祖明	
羅詠宜 （宗述令堂名章）	
辭肝樓藏	

閔宗述印	
林端常 邊款：吳式芬 謂：張黑女誌幽 深無際，古雅有 餘。予以為此八 字先秦小鉥正足 以當之。茲擬其 法以應端常學兄 之屬，即乞　教 正。丙午春三月 同負笈臺灣華 岡。宗述	
何俊明 （中國文化學院 中文系同學）	

惟助印

邊款：五十五年五月二十六日夜為惟助學兄急就此印於華岡大倫館第
四室，它年追憶，當必回味無窮也。宗述誌於碧潭。

一九七一年為汪中（號雨盫）師治印

桐城汪中之章

左側三印及右側一印，宗述為其尊翁「孝吉」所刻。孝吉先生排行第
三，故稱「閔三」。「辭肝樓」、「殿春堂」為其齋館名。「后山而后」
之「后山」，或指陳師道。陳師道號後山，宋代江西詩派三宗之一，
為人正直，品格高潔，其詩功力深厚，奇峭清新。

丁純驥 （宗述表弟）	
閔宗述	

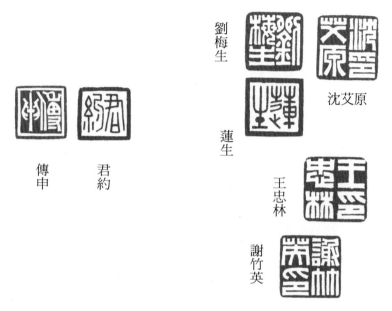

劉梅生

沈艾原

蓮生

傅申　君約

王忠林

謝竹英

　　傅申字君約。一九六五年傅申先生在中國文化學院藝術研究所碩士畢業，即到中文系三年級我們班上開「書法」課，應是他教大學第一年。我們同學學習熱忱很高，學年結束，傅申老師為我們班在校內辦了書法展。傅先生中國文化學院藝術研究所畢業後，入故宮博物院書畫處任研究員，一九六八年赴美國普林斯頓大學深造，獲藝術史博士學位，先後擔任耶魯大學藝術史教席，出任美國國立佛利爾美術館中國藝術部主任。一九九四年回臺灣，任臺灣大學藝術研究所教授。

　　王忠林先生是中華民國第三位文學博士，曾任臺灣師範大學、中國文化學院、高雄師範大學等校教授。

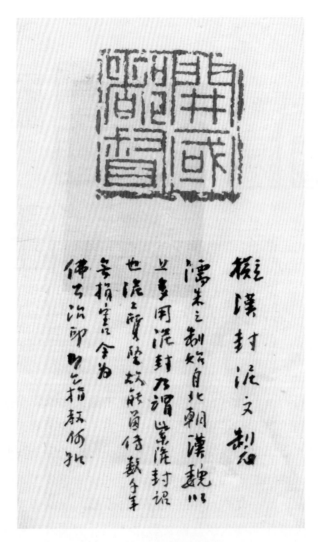

一九三七年中日戰興，宗述隨父母遷居重慶，孝吉先生與篆刻家蔣蓼漁相識，宗述從蓼漁（了予）學治印，至一九四五年離開重慶，打下良好的治印基礎。蓼漁贈宗述印存、印稿數本。此為蓼漁先生所刻印，附於此，以誌宗述師承淵源。

三　繪畫

　　圖二至圖五傳統水墨畫，清新淡雅。圖六描繪戰火中的少女，神情驚恐，頗為生動。圖七「一個詩人的徬徨」，圖八「蓮花」受西方現代畫派的影響。從圖六、圖七、圖八，可見宗述富有想像力與創造力，並希冀吸收西方繪畫的技法以充實「國畫」的表現力。

　　圖九「羅曼羅蘭鉛筆畫」，圖十「羅曼羅蘭彩色畫」，均作於一九五二年四月，時宗述十九歲。羅曼羅蘭是大文豪、音樂史家，為宗述所崇拜，當時宗述讀了他的代表作《約翰·克利斯朵夫》大受感動，乃作此兩張畫。在彩色畫背面注云：「本圖極力暴露『輝點』，而利用廣告畫的明暗效果。」

　　圖十「金瓜山風景畫」，水彩。一九五二年三月與建中同班同學遊瑞芳金瓜山，八月追憶其景而作。宗述注云：「峯岳蒼翠，草木華滋，幾疑身在蜀中劍閣道上。」又云：「微雲細雨，霧靄冥濛，孤峯挺秀，似著輕紗，更見其嫵媚也。」

　　圖十二，一張小紙，下半寫一首新詩，上半以水彩畫其意境。頗饒趣味。

　　宗述畫作雖不多，但有國畫，有西畫，有融會中西技法與精神之畫；題材有花卉、人物、風景，面目多樣，精采紛呈。後來未有發展，殊為可惜。

筆墨箋

圖一　筆墨箋封面

《筆墨箋》是宗述自己畫作的收藏，共三十餘幅。部分畫作背面有說明文字，大多是高中時期的作品。茲選錄十一件。

圖二　紅梅疏影圖

手繪紅梅並題姜夔【疏影】詞。

圖三　百合

有辭肝樓藏印記。

立法院用牋

圖四　著色花卉

有辭肝樓藏印記。

圖五　白菜

圖六之一　戰火中的少女

濃烈大膽的筆觸，受到西方現代畫派之影響。

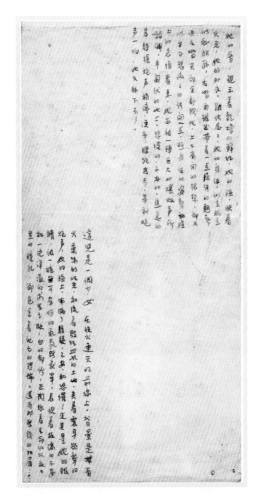

圖六之二　戰火中的少女　畫後語

宗述詮釋此畫云：這兒是一個少女，在炮火連天的前線上。背景是帶有火藥味的紅光，和流著殷紅血水的土地，夾著震耳欲聾的炮聲，她的臉上補滿了猜疑、不安和恐懼！尤其是她的眼睛被一種無可奈何的氣氛所籠罩，表現著極端不安和一片洋溢的求生之欲！白的部分，正閃爍著生命的火花。黑的瞳孔，卻包含著死亡的恐怖。還有那緊鎖的雙眉⋯⋯

圖七　一個詩人的徬徨

宗述於畫作背面題字:「一個詩人的徬徨　宗述」。

圖八之一 蓮花

圖八之二　蓮花　畫後語

宗述於畫作背面云：我大膽的把「立體」應用到抽象的東方圖案上
來，形成一種微妙的浮雕感。抽象派的主要特點，在於令人有一種虛
無縹緲捉摸不定之感。但我的新抽象派，更加上一些分散注意力的東
西，例如在這幅圖案中，便可以看到一串白色的虛線，和有「瑩然」
感的圓圈和點。這些都是在分散注意力上大有作用，而達到了令人
「眼花撩亂」的目的。普通都採用鮮艷而有刺激性的色彩，使人眼花
撩亂，新抽象派卻用古雅、恬靜、清淡、和諧的冷色，在「清淡寂
靜」中顯示生機，孕育著更新的境界，表現著「動」！所以新抽象派
的圖案照樣可以表現思想，顯露情感。

圖九之一　羅曼‧羅蘭素描畫像

宗述作於一九五二年（民國四十一）四月十四日，隔年五月五日又加
以修改。

Romain Rolland, (1.29.1886～12.30.1944) 享年七十八歲.

圖九之二　羅曼‧羅蘭　畫後語

宗述於畫的背面述羅曼‧羅蘭的生平及其成就。錄其名言:「人類終究是光明的,我們終會得到自由」。

圖十之一　羅曼・羅蘭彩繪畫像

繪於一九五二年（民國四十一）四月十四日，與素描同時。

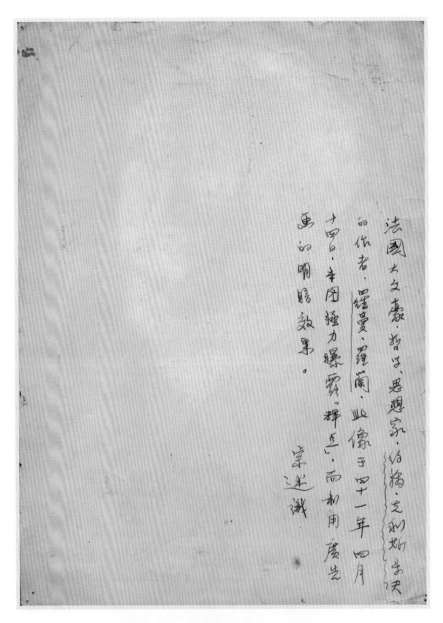

法國大文豪、哲學、思想家，給稿、克利斯多夫的作者，羅曼、羅蘭。此像于四十一年四月十四日。本圖極力暴露，輝點，而利用廣告更的明暗效果。

宗述識

圖十之二　羅曼‧羅蘭　畫後語

畫的背面云：「本圖極力暴露『輝點』，而利用廣告畫的明暗效果。」

圖十一之一　遊瑞芳金瓜山

繪於一九五二年八月八日。追憶同年三月，與建中同班同學遊瑞芳金
瓜山之作。

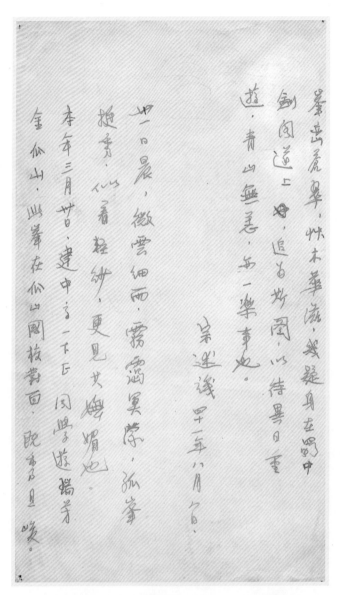

圖十一之二　遊瑞芳金瓜山　畫後語

於畫後題字：「峯岳蒼翠，草木華滋，幾疑身在蜀中劍閣道上。」又
云：「微雲細雨，霧靄溟濛，孤峯挺秀，似著輕紗，更見其嫵媚也。」

圖十二　無題

上半部為水彩畫，下半部為畫的意境作新詩一首。

四　照片

　　照片選三十五張，多為大學時期所攝。因為此前相機價格高昂，性能亦不佳。大學時期，一般人已買得起相機，而且相機性能大幅提高，故拍攝較多。工作之後，雖有薪資收入，但在外忙於教學，在家要照顧老小，少有閒情逸致攝影了。

　　宗述三歲時一家三人合照，洋溢幸福祥和氣氛，背面有孝吉師題字，子孫宜永寶之。

各時期的閔宗述

圖一之一　宗述與父母合影

宗述時年三歲（攝於一九三六（民國二十五）年十一月）。

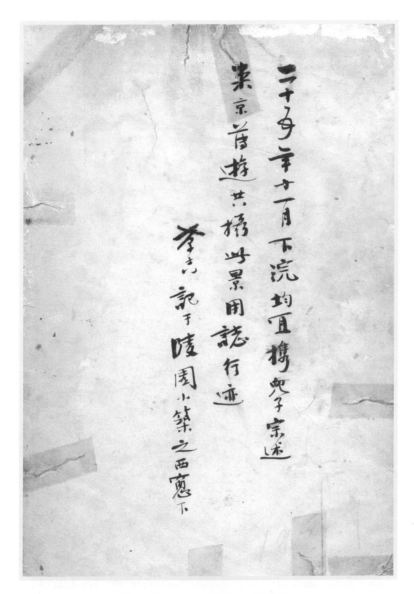

圖一之二　宗述與父母合影

孝吉先生於相片後題字云：「二十五年十一月下浣均宜攜兒子宗述來
京薄遊共攝此景用誌行迹孝吉記于陵園小築之西窗下」。

圖二之一　宗述建國中學時期留影

一九五二（民國四十一）年攝於臺北。

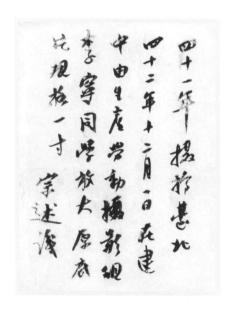

圖二之二　相片背面誌語

宗述於相片後題字，說明拍攝時間與尺寸來由。

圖三　高中時期留影

圖四　服役時留影（攝於一九六二年，國防部）

圖五　中國文化學院大學畢業著學士服留影

圖六　政治大學中文所碩士班畢業著碩士服留影

少年閔宗述

圖七　宗述與曹雙欣同學（左）合影

一九五二年三月三十日，旅遊金瓜石，攝於瑞芳瓜山國小。

圖八　宗述（右一）與高中同學合影

圖九　宗述（左一）與高中同學合影

圖十　宗述（右二）與高中同學合影

大學前的閔宗述

圖十一　一九六〇年代留影（攝於新店碧潭山上）

圖十二　一九六〇年左右留影（攝於新店）

圖十三　一九六〇年左右留影（攝於陽明山）

圖十四　一九六〇年左右留影（攝於張百成先生家中）

圖十五　一九六○年左右留影（攝於陽明山）

圖十六　一九六○年左右留影（攝於新店）

大學時期的閔宗述

圖十七　一九六五（民國五十四）年李曰剛教授赴新加坡講學，中國文化學院第一屆中文系同學歡送會後與李曰剛教授合影。

中坐者左為李曰剛（字健光）教授，右為其女李步雲助教。最後一排右四為宗述。

圖十八　大學三年級時於宿舍點書

圖十九　宗述大學時期與同學赴故宮博物院參觀時留影

前排左為林端常，右為洪惟助；後排左為閔宗述，右為陳成中。（攝
於一九六六年，於故宮牌匾宮燈前）。

圖二十　宗述大學時期與同學赴故宮博物院參觀時留影

左起依序為閔宗述、林端常、洪惟助、陳成中。

圖二十一　中國文化學院（華岡）大義館前合影

左起：洪惟助、閔宗述、林端常。（攝於一九六七年四月七日）。

圖二十二　宗述與同學訪王忠林教授時合影。

左起依序為閔宗述、忠林師、洪惟助、林端常。（攝於一九六七年，臺灣師範大學教職員宿舍前）。

圖二十三　宗述與同學訪王忠林教授時合影。

宗述與忠林師。（攝於一九六七年，臺灣師範大學教職員宿舍前）。

圖二十四　宗述與同學於陽明山下合租房舍前合影

宗述於大學四年級與同學洪惟助、林端常，在下竹林民宅合租房舍，
同學戲稱「下竹林三賢」。左起依序為洪惟助、閔宗述、林端常。

圖二十五　宗述與端常、惟助於下竹林合租房舍前合影

圖二十六　宗述與端常、惟助下竹林合租房舍內合影

攝於一九六七年四月六日。

圖二十七　宗述與同學中國文化學院大成館前廳合影

左起依序為林端常、閔宗述、洪惟助。

圖二十八　宗述與同學於碧潭吊橋前合影

左起依序為廖令德、洪惟助、閔宗述。（攝於一九六七年七月三十日）。

大學畢業的閔宗述

圖二十九　宗述與同學大學畢業時著學士服合影

左起依序為林端常、閔宗述、洪惟助。（攝於一九六七年，中國文化學院大仁館前）。

圖三十　宗述與同學大學畢業時著學士服合影

左起依序為林端常、洪惟助、閔宗述。（攝於一九六七年，華岡校園內一景）

圖三十一　宗述與同學大學畢業時著學士服和高明教授合影

前排左起為洪惟助、閔宗述、高明（字仲華）師、陳成中、陳光憲、
陳益興。後排左起為林端常、范貽皋、邱衍文、蕭信雄。

**圖三十二　一九六七年四月八日中國文化院中國文學系
第一屆畢業師生合影**

師長分別為高明（前排右七）、胡自逢（前排右八）、張壽平（前排右
六）、王忠林（前排右五）、助教鄭向恒（前排右九）。中排林端常
（左一），洪惟助（左四），閔宗述（左五），陳成中（左六），范貽皋
（左七）。

圖三十三　宗述與同學與李漁叔師合影

中國文化學院中文研究所同學修習「詩學研究」課程，學年結束時，
修課同學與漁叔師合影。時宗述就讀政治大學中文所，因其文名，漁
叔師命同學特邀宗述前來聚會，並參與合影。後排左起為陳光憲、林
慕曾、洪惟助、林端常、閔宗述、邱衍文、劉煜輝；前排左起為蔡朝
宗、周謙、漁叔師、陳煥芝、賈禮。（攝於一九六九年）

圖三十四　宗述與弟宗遠合影（攝於一九七○年，碩士畢業時）

五　文章習作

　　作文習作錄初三、高一、高二各一、二篇。初三作文二篇文末各附詞一闋，已頗見功力。高二下〈涉江讀後感〉仿楚辭體寫作。初三上學期作文十四篇，高一下學期十篇，高二上下學期各九篇、八篇，詳為批改，可見當時對作文之重視，亦見教師之盡責。

　　孝吉先生文名甚盛，各方求其代撰壽序、行狀等慶弔文字者頗多。孝吉先生時或命宗述草擬初稿，而後批改潤飾。此為宗述鍛鍊文筆之絕佳機會。錄〈蔣母賢孝毛夫人盛德紀實〉一文以次於中學作文之後。

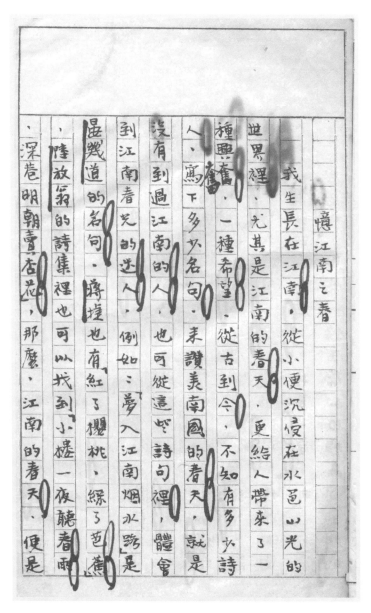

圖一之一　〈憶江南之春〉，頁一

初三上學期作文。

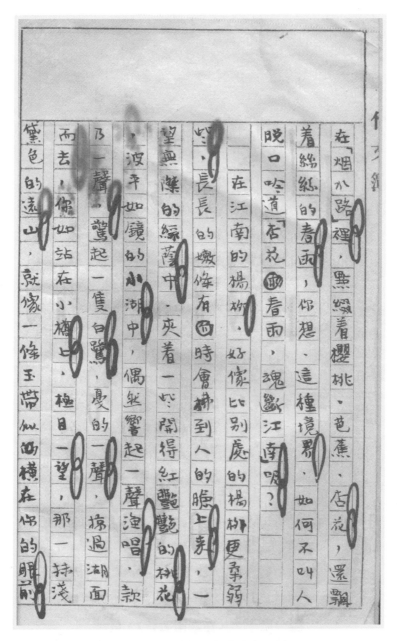

圖一之二　〈憶江南之春〉，頁二

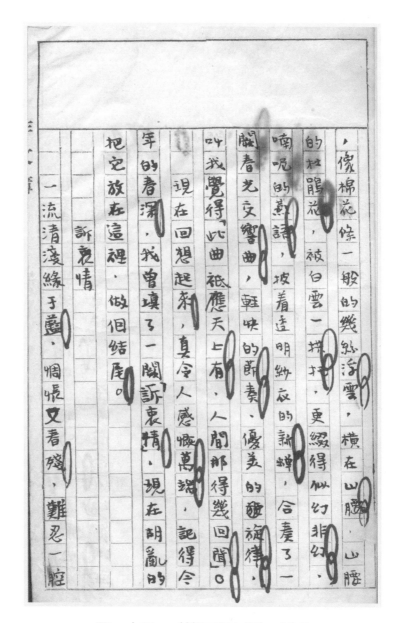

圖一之三　〈憶江南之春〉，頁三

宗述於文末附詞【訴衷情】一闋。

圖一之四　〈憶江南之春〉，頁四

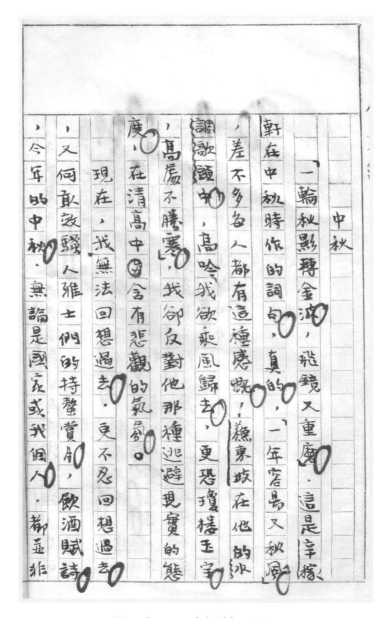

圖二之一 〈中秋〉，頁一

宗述於初三上學期作文。

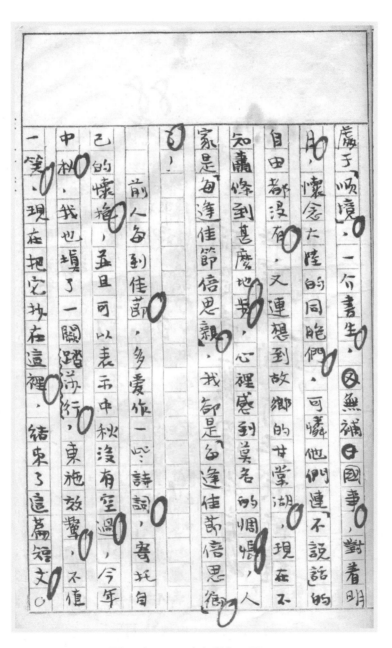

圖二之二　〈中秋〉，頁二

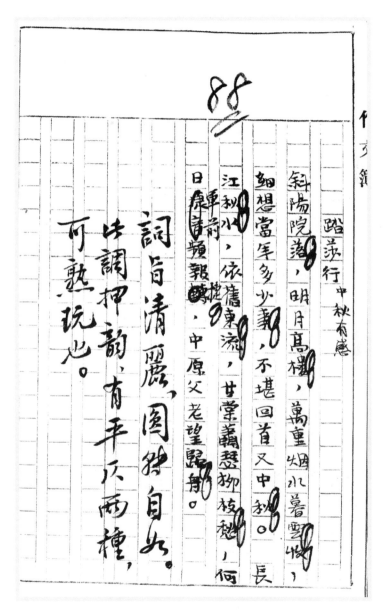

圖二之三　〈中秋〉，頁三

文末附詞〈踏莎行　中秋有感〉一闋。

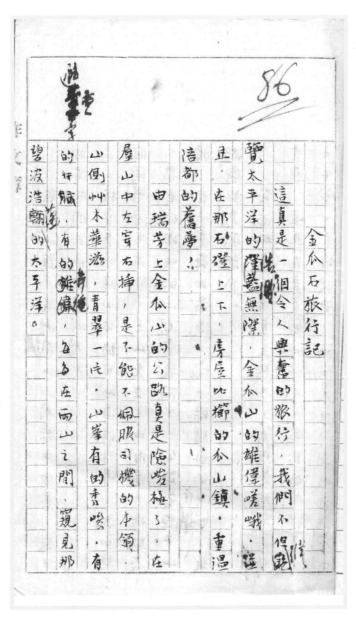

圖三之一　〈金瓜石旅行記〉，頁一

高一下學期作文。

圖三之二　〈金瓜石旅行記〉，頁二

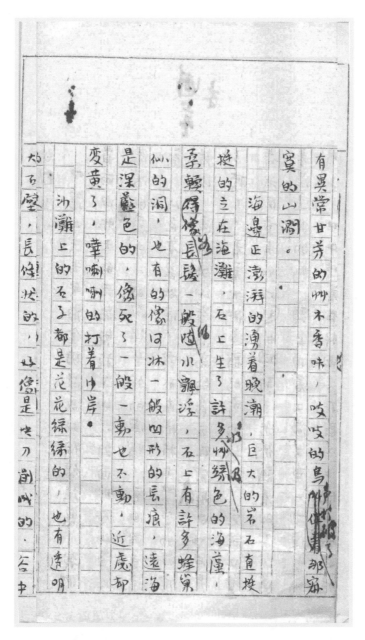

圖三之三 〈金瓜石旅行記〉，頁三

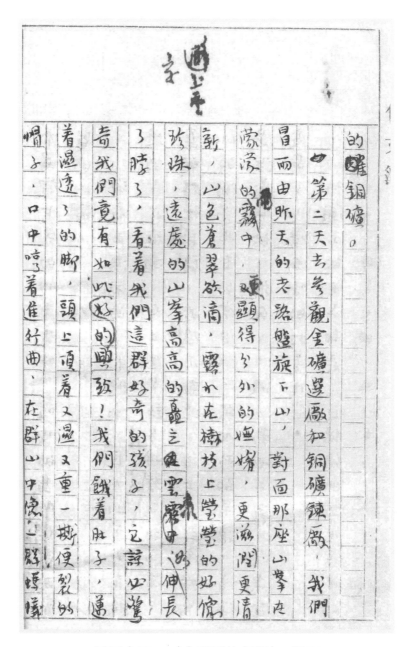

圖三之四 〈金瓜石旅行記〉，頁四

般的爬上爬下，那山風佛動着灌木的搖曳声，

好像山靈在格格的笑我們瓝，笑我們這種狼狽，

不堪的模樣……

──這工廠是十三層的厖大鋼鉄建築物，但並

非楼房，却是一層連着一層的住山頂上的廠房的高度在四丈以

内盡是縱橫的小台車軌，廠房的煙，起度左

上，兩個巨大的磚炉中矮着態：的煙，起度左

千度以上，炉口的有一方吹，工人们戴着墨鏡

、用一條長長的鉄耙，左炉中搅着。上面一層

捕下一個銅漏斗，製好的銅塊由斗中擠下来，

圖三之五　〈金瓜石旅行記〉，頁五

圖三之六 〈金瓜石旅行記〉，頁六

中，準會將你碎成醬菜般的小塊！

是提心吊膽，如果一不小心，落到底下的碎礦扒

一層又一層，卻充滿了震耳的聲音，抖戰

的鋼地柄，大塊成噸的礦石被低入碎礦機中，

一陣巨響，箕算大的礦石立即成了碎塊，漸次

轉上皮條，經過沖洗，陶錬，終于變成了耀目

的黃金！！

我們爬完了遠十三層鋼鐵建築物時，額上

己沁出晶瑩的汗珠！

拭乾額上淋漓，滴有辣柔之感！

圖三之七　〈金瓜石旅行記〉，頁七

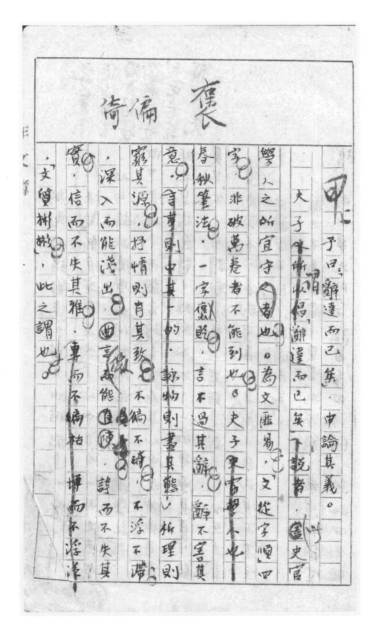

圖四之一　〈子曰：「辭達而已矣」，申論其義〉，頁一　高二上學期作文。

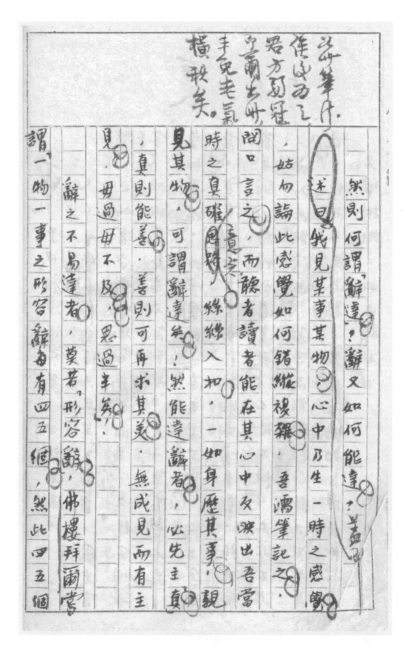

圖四之二　〈子曰：「辭達而已矣」，申論其義〉，頁二

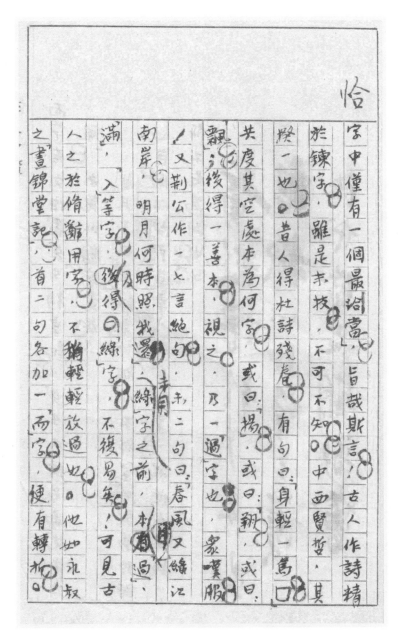

圖四之三　〈子曰：「辭達而已矣」，申論其義〉，頁三

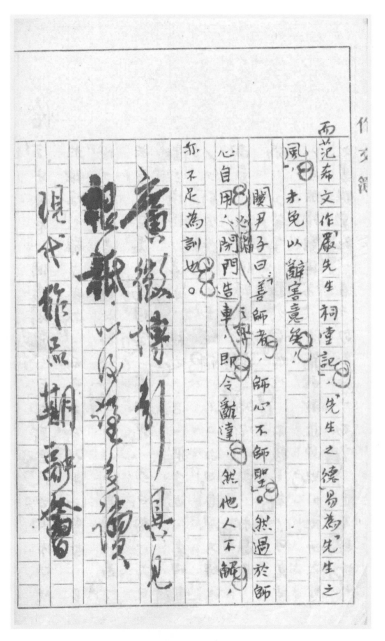

圖四之四 〈子曰:「辭達而已矣」,申論其義〉,頁四

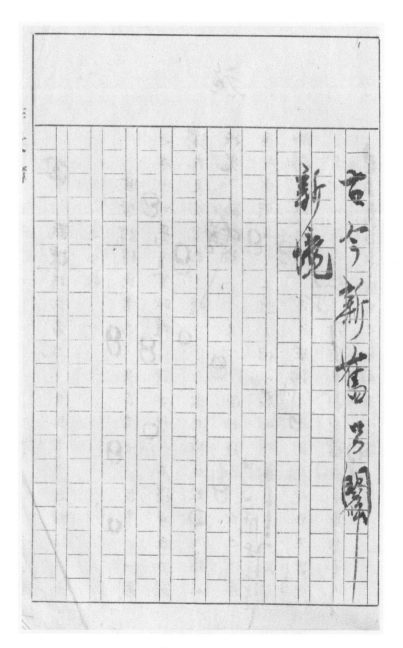

圖四之五　〈子曰：「辭達而已矣」，申論其義〉，頁五

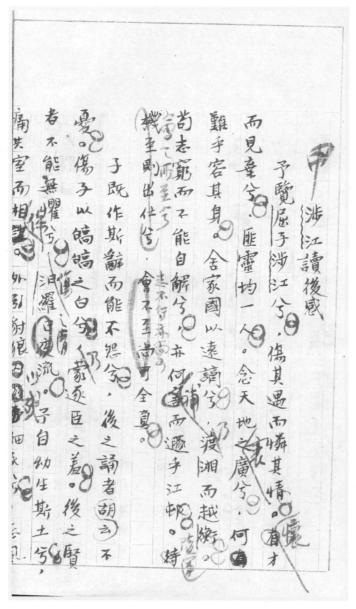

圖五之一　〈涉江讀後感〉，頁一

高二下學期作文。

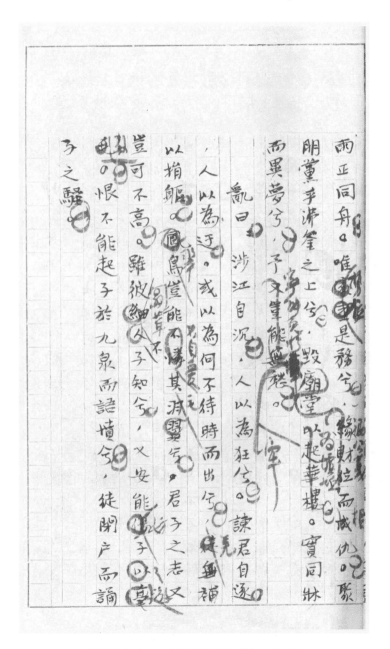

圖五之二　〈涉江讀後感〉，頁二

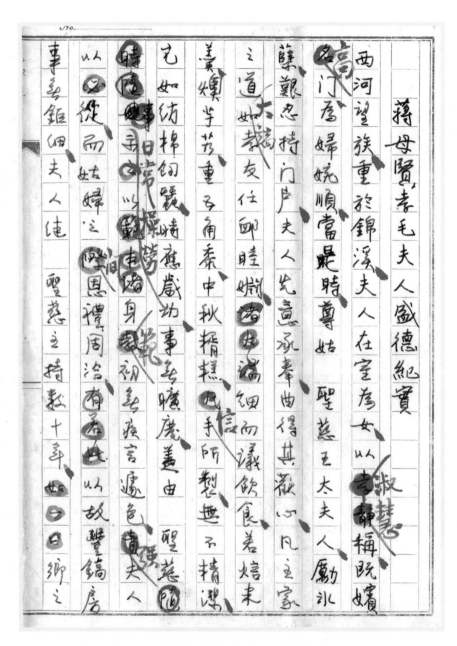

圖六之一　〈蔣母賢孝毛夫人盛德記實〉，頁一

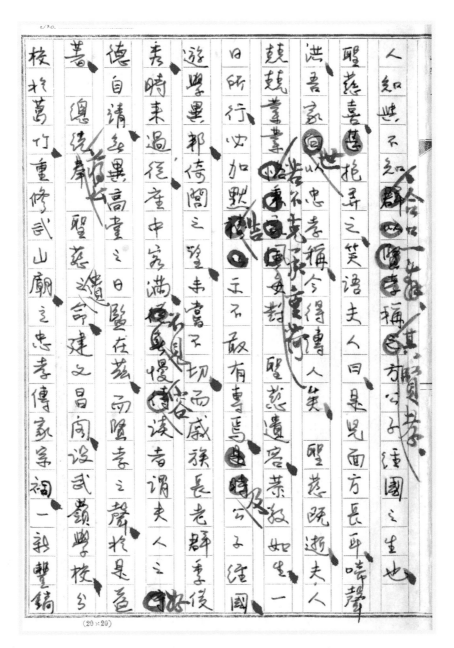

圖六之二　〈蔣母賢孝毛夫人盛德記實〉，頁二

圖六之三　〈蔣母賢孝毛夫人盛德記實〉，頁三

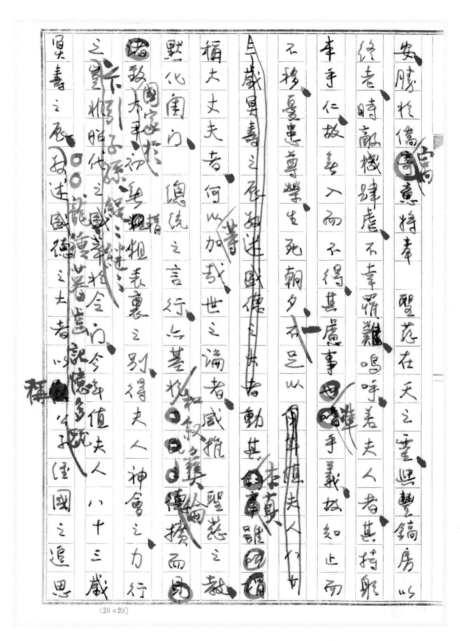

圖六之四 〈蔣母賢孝毛夫人盛德記實〉，頁四

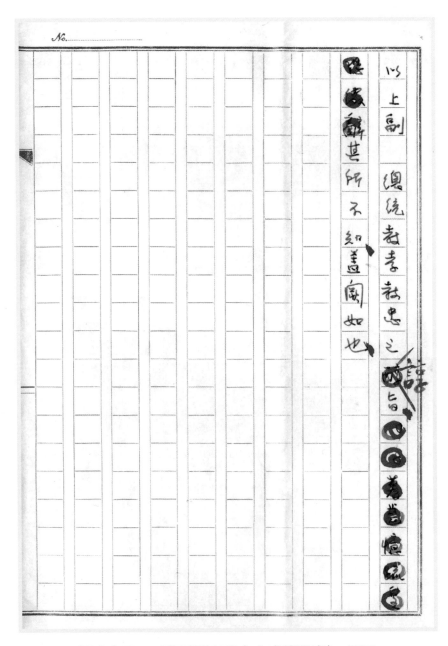

圖六之五　〈蔣母賢孝毛夫人盛德記實〉，頁五

六 《寄懷集》、《悠波閣詞稿》選

　　《寄懷集》是宗述一九五〇年代初讀高中時，心有所感，隨興而發的作品，多為新詩（亦有少數舊體詩），大約有五十餘首，茲選十餘首。其中〈玉門出塞〉、〈握別〉亦見《唱歌集》，〈老樹〉亦見《星期天》，這幾篇可能是他比較滿意的作品，或略作修改，或原作抄錄。集中亦有同學徐孝游、曹雙欣、景新漢交流的作品。〈悲歌當哭〉，心翰（名新漢）一九五五年和作亦錄於後。

　　景新漢後來在台灣大學主編「詩刊」，宗述投稿，新漢一九五六年五月十日回信云：「〈悲歌當哭〉一首，我讀之又讀，愛不釋手。我不忍用這本爛『詩刊』來侮辱這篇稿子，但又不能忍受這樣好的稿子不在我所主編的雜誌上出現，真難煞『希區考克』！」

　　〈讀苕華集二首〉是舊體詩，甲午年（1954）作，內容深刻，技法成熟，不可多得。

　　《悠波閣詞稿》四卷為宗述高中時期的詞作，共七十八闋，全稿打字，收入〈十三　詞〉中，茲影印其封面及第一、二卷首頁。

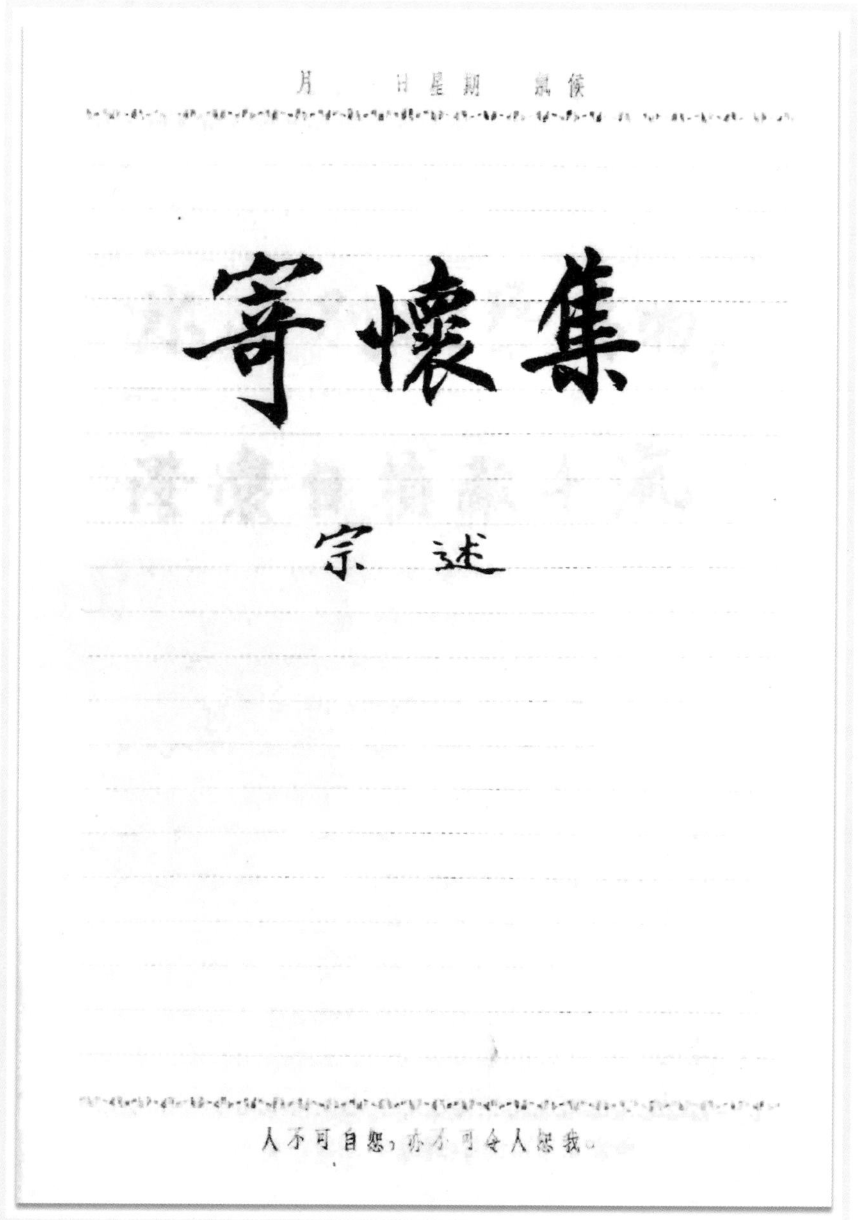

圖一　《寄懷集》書名頁

月　　日星期　　氣候

前　言

這冊"寄懷集"是一本東塗西抹的東西。本來，我不知道叫它"寄×集"纔好，如果叫"寄聞"，我並非有聞階級，叫"寄情"我並不自作多情，根據仲長統的述志詩"寄愁天上，埋憂地下"叫它"寄愁"，愁容或有之，但我又不接受這種過於消極頹廢的思想，又想到張潮在幽夢影一書中所寫下的名句。"胸藏邱壑，城市不異山林。興寄煙霞，閻浮有如蓬島。"叫它"寄興"，可惜我夠不上高人隱士們那種物外之趣。最後想到大詩人陳后山的名句：

「書當快意讀易盡，客有可人期不來；
世事相違每如此；好懷百歲幾回開？」

這個「懷」字好！借用一下，叫它「寄懷集」！在這「寄懷集」上來說，「懷」字有雙重意義，一是「胸懷」，一是「懷念」。

在這些偶寄寫下的東鱗西爪中，也許可以看出一個人生活的歷程，在緩慢的轉變中，可以藉之尋出一條線索，其中固些有愛，有恨，有淚，有笑，也有諷刺如

待好人宜寬。防小人宜嚴。

圖二之一　《寄懷集》前言，頁一

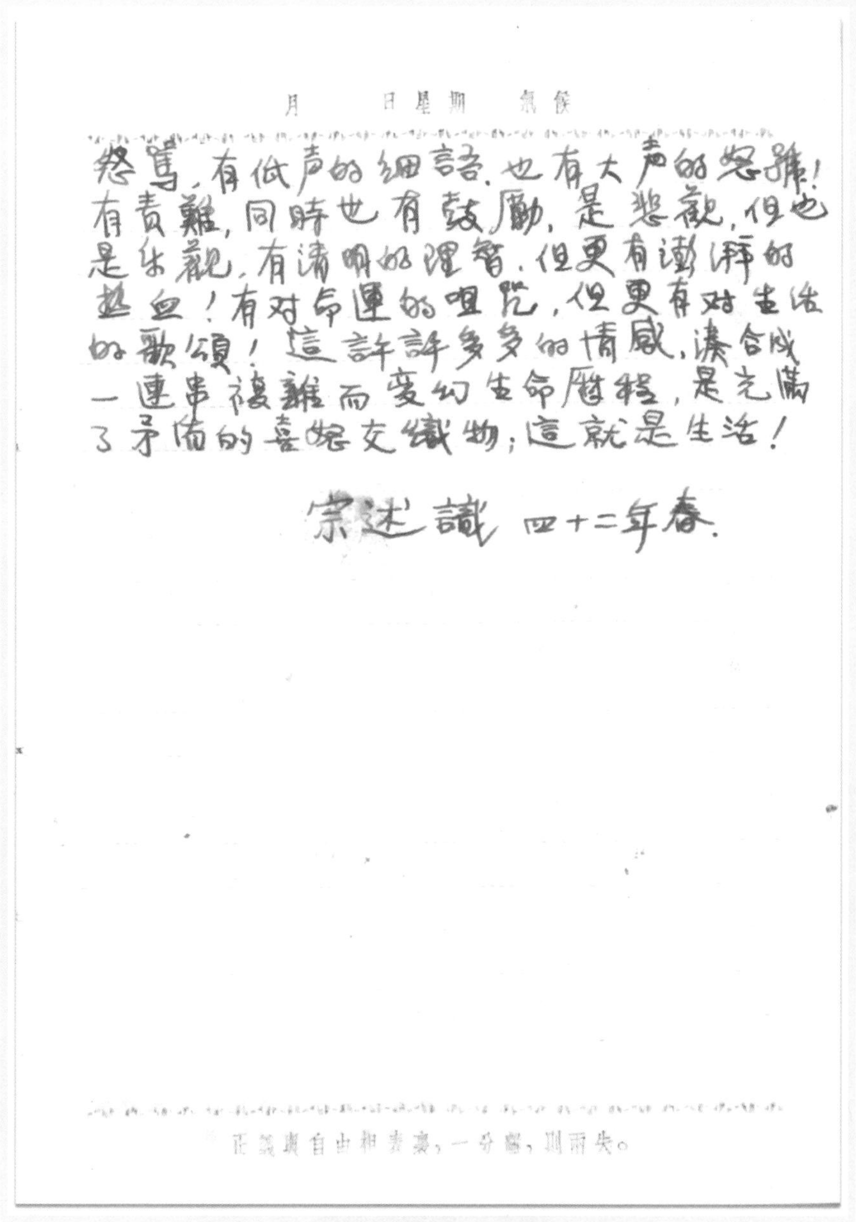

月　　　日星期　　氣候

怨篤，有低声的細語，也有大声的怒雄！有責難，同時也有鼓勵，是悲觀，但也是乐觀，有清明如理智，但更有澎湃的热血！有对命運的咀咒，但更有对生活的歌頌！這許許多多的情感，湊合成一連串複雜而变幻生命歷程，是充滿了矛盾的喜怒交織物；這就是生活！

　　　宗述識　四十二年春．

圖二之二　　《寄懷集》前言，頁二

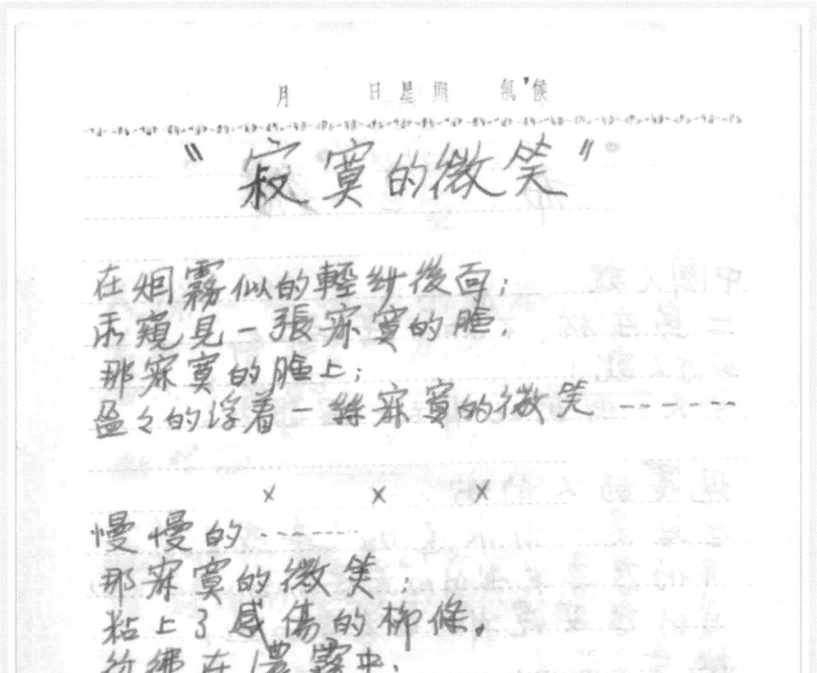

月　　日星期　　氣候

"寂寞的微笑"

在烟霧似的輕紗後面；
我窺見一張寂寞的臉，
那寂寞的臉上；
盈盈的浮着一絲寂寞的微笑——

× × ×

慢慢的……
那寂寞的微笑；
粘上了感傷的柳條，
彷彿在濃霧中；
那遙遠的木樓上，
傳來一陣飄渺的輕歌，
在我的心弦上，
輕輕的滑過——

40. 5. 16.

寡言養氣，寡事養神，寡思養精，寡念養性。

圖三　寂寞的微笑

作於一九五一（民國四十）年五月十六日。

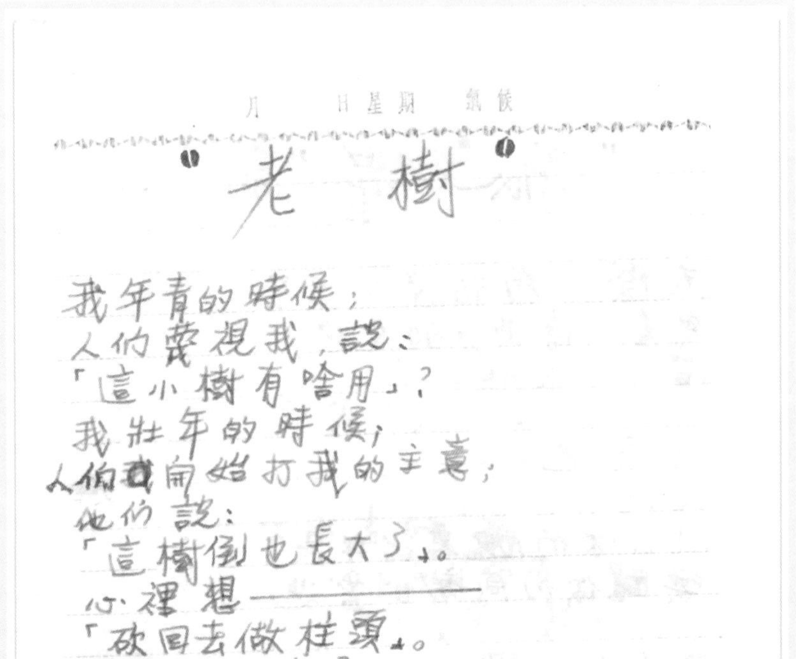

老樹

我年青的時候；
人們蔑視我，說：
「這小樹有啥用」？
我壯年的時候；
人們開始打我的主意；
他們說：
「這樹倒也長大了」。
心裡想——
「砍回去做柱頭」。
我老年的時候；
無情的風雨；
在我身上留下班班點點的創痕。
他們又在動念頭了：
「够燒四五天的啦」！

　　×　　　×　　　×

終于在那黑漆漆的一夜，
狂風向我猛撲！
驟雨啃蝕着我根旁的泥土，
一声巨雷！！

圖四之一　　老樹，頁一

作於一九五一（民國四十）年六月。

圖四之二　老樹，頁二

於詩末題老子：「聖人不仁，以百姓為芻狗；天地不仁，以萬物為芻狗」。

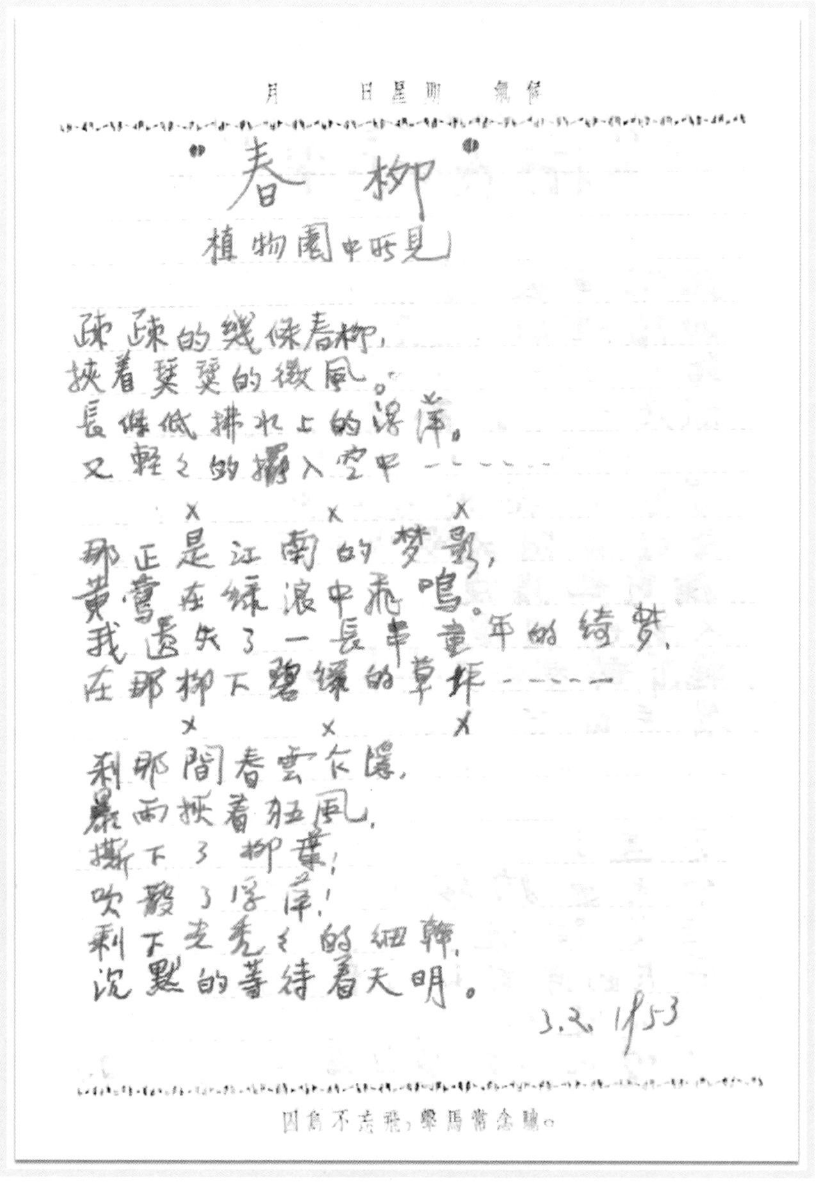

春柳

植物園中所見

疏疏的幾條春柳，
挾著裊裊的微風。
長條低拂水上的浮萍，
又輕輕的攤入空中──────

那正是江南的夢影，
黃鶯在綠浪中飛鳴。
我遺失了一長串童年的綺夢，
在那柳下碧綠的草坪──────

剎那間春雲乍湧，
暴雨挾著狂風，
撕下了柳葉，
吹毀了浮萍！
剩下光禿禿的細韓，
沉默的等待著天明。

3.2 1953

圖五　春柳

為植物園中所見而作，一九五三（民國四十二）年三月二日。

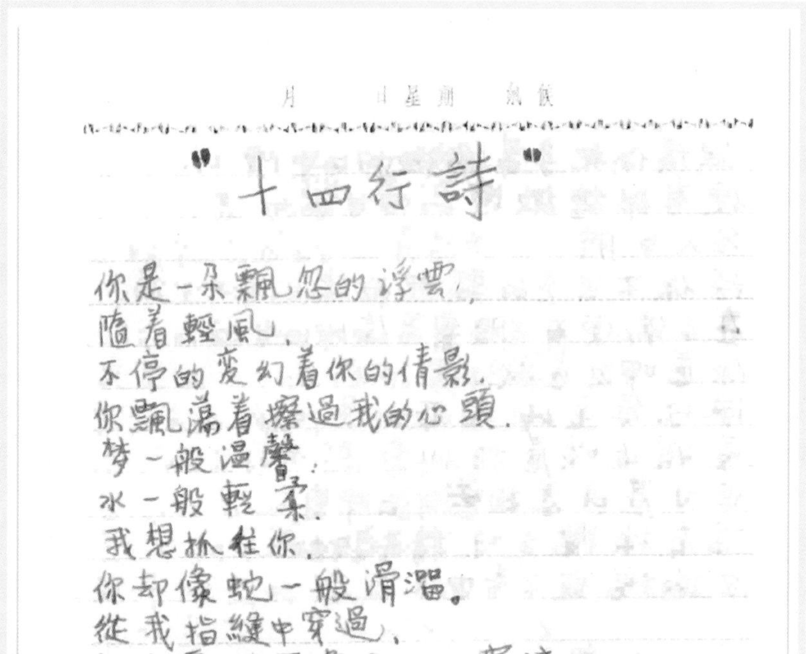
月　日星期　氣候

"十四行詩"

你是一朵飄忽的浮雲，
隨着輕風，
不停的变幻着你的倩影，
你飄蕩着擦過我的心頭，
梦一般温馨，
水一般輕柔，
我想抓住你，
你却像蛇一般滑溜，
從我指縫中穿過，
冰冷嚴酷得像極地的寒流！
消失在碧空的深處，
把快乐与希望一齊帶走——
剩下心上被你擦破的傷痕；
陪伴它的是歲月悠悠。

3.42

每一類型的生活方式總是羅曼諦克的。—希金斯—

害人者，實以自害；利害之間，在乎自審。

圖六　十四行詩

作於一九五三（民國四十二）年三月。

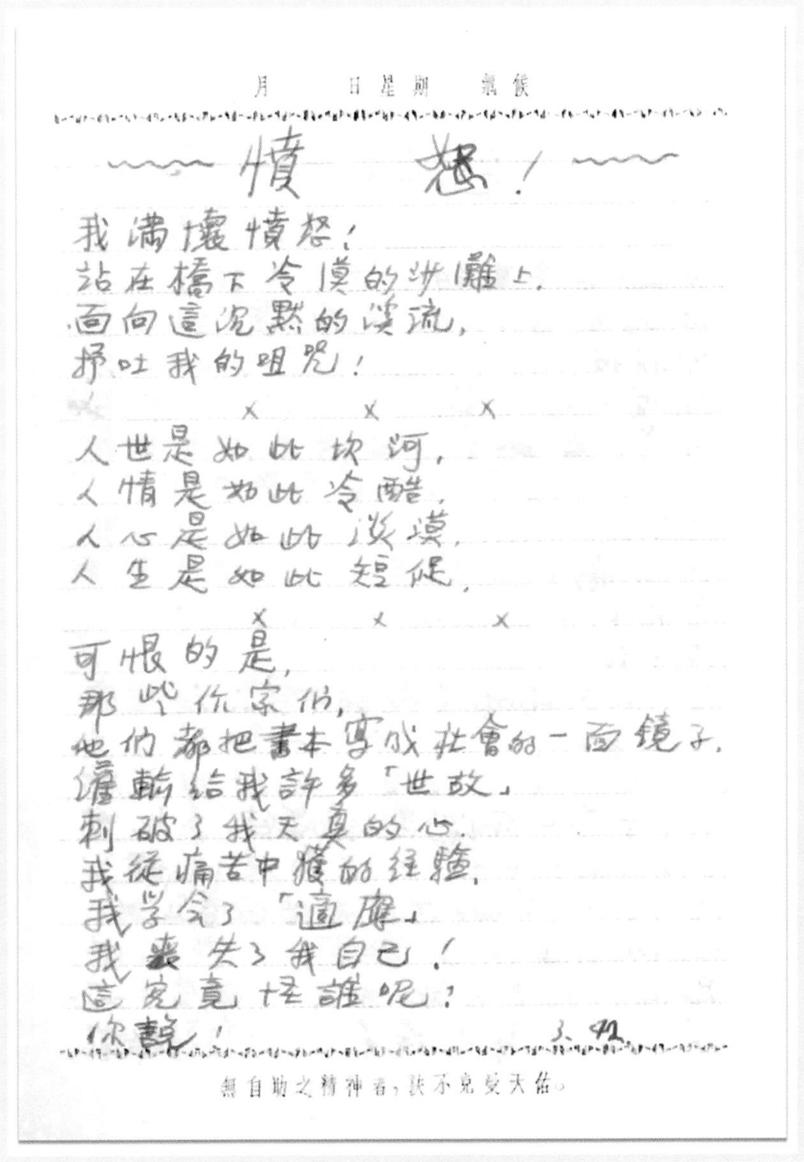

月　　日星期　氣候

憤　怒！

我滿懷憤怒，
站在橋下冷漠的沙灘上，
面向這沉默的溪流，
抒吐我的咀咒！

　　×　　　×　　　×

人世是如此坎坷，
人情是如此冷酷，
人心是如此淡漠，
人生是如此短促。

　　×　　　×　　　×

可恨的是，
那些作家們，
他們都把書本寫成社會的一面鏡子，
灌輸給我許多「世故」
刺破了我天真的心，
我從痛苦中獲的經驗，
我學會了「逼虛」，
我喪失了我自己！
這究竟怪誰呢？
你聽！　　　　　　　　　　　　　　天明

無自助之精神者，決不兔受天佑。

圖七　憤怒

作於一九五三（民國四十二）年三月。

圖八之一　生命的愛戀，頁一

作於一九五三（民國四十二）年三月。

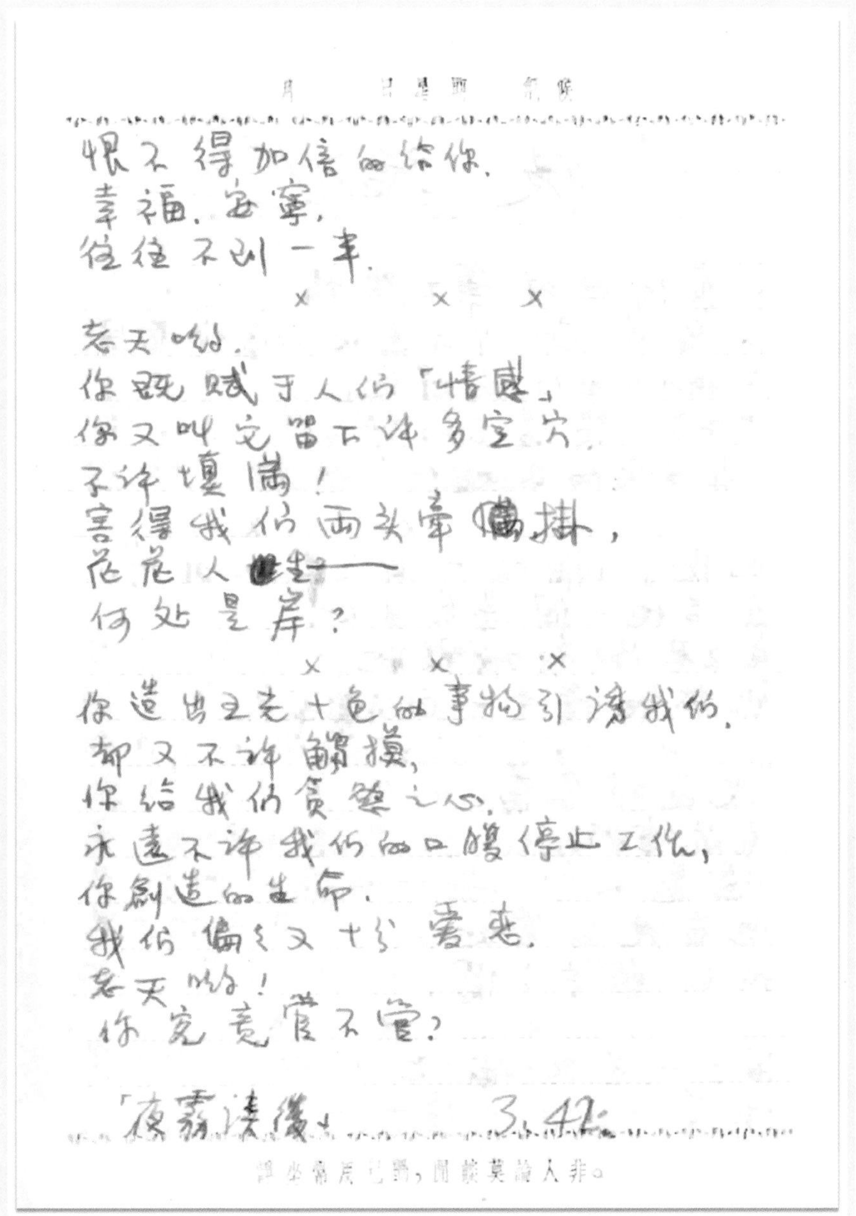

恨不得加倍的給你，
幸福、安寧，
往往不到一年。
　　　　×　　　　×　　　×

老天啊，
你既賦予人的「情感」，
你又叫它留下許多空穴，
不許填滿！
害得我的兩隻牽囗掛，
茫茫人囗──
何處是岸？
　　　　×　　　　×　　　×

你造出五光十色的事物引誘我們，
卻又不許觸摸，
你給我們貪慾之心，
永遠不許我們的口腹停止工作，
你創造的生命。
我們偏又十分著迷，
老天啊！
你究竟管不管？

　「夜霧凄迷」……　　　3.42

圖八之二　生命的愛戀，頁二

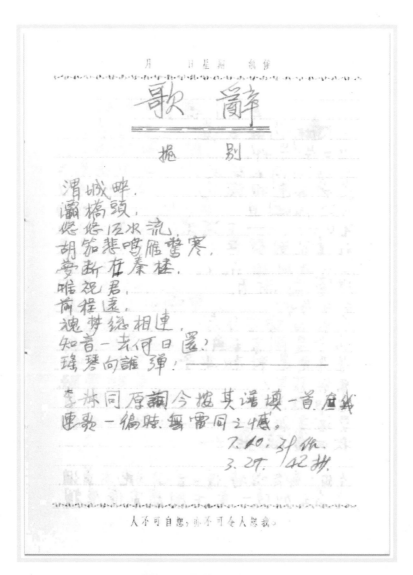

圖九　歌辭〈握別〉

作於一九五○（民國三十九）年，一九五三（民國四十二）年抄錄於此。宗述題云：「李叔同原詞，今按其語填一首，庶幾連歌一遍時，無雷同之憾。」

圖十之一　玉門出塞，頁一

此曲原詞為羅家倫作。宗述云：「本曲二部合唱時，僅一首詞，未免單調，乃為之加填一首。」

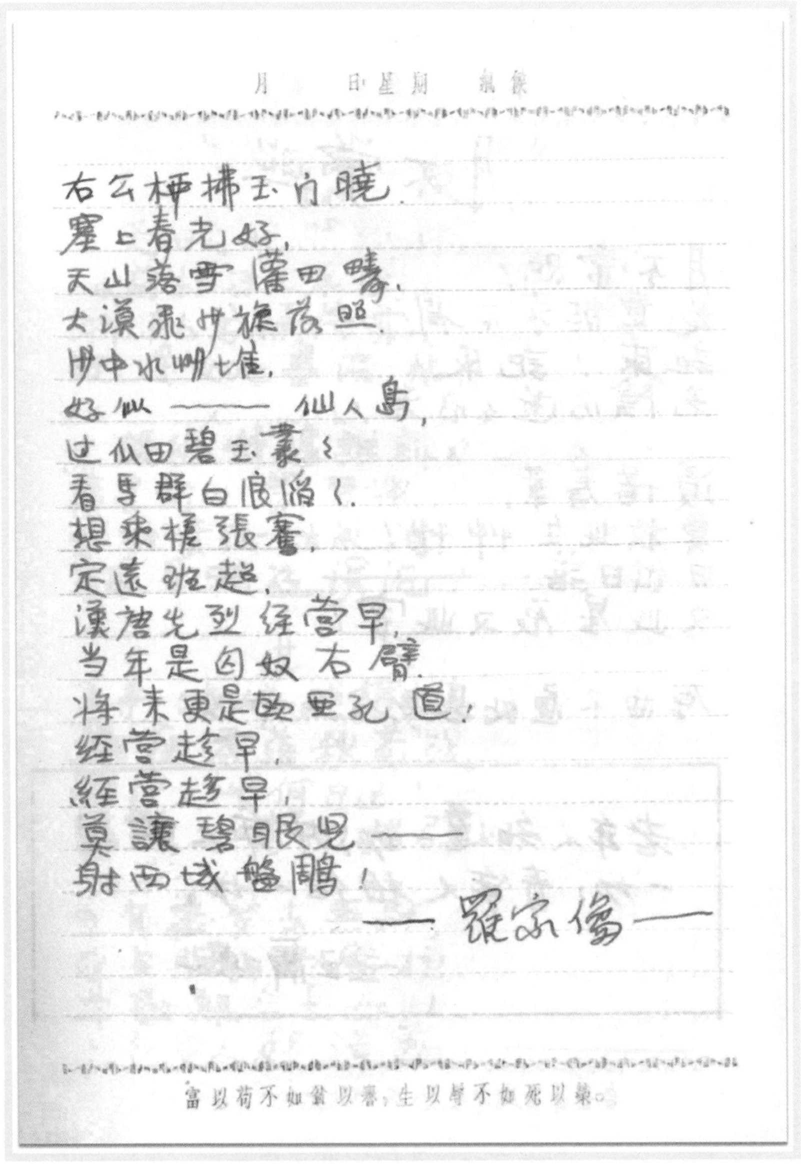

月　　日星期　氣候

右公楊拂玉門曉
塞上春光好，
天山落雪藍田疇，
大漠飛沙旅夜照．
世中水咻七佳，
好似 ── 仙人島，
边似田碧玉叢叢．
看尋群白浪淘淘．
想來撼張騫，
定遠班超，
漢唐先到經營早，
当年是匈奴右臂，
将来更是欧亚孔道！
経営趁早，
経営趁早，
莫讓碧眼兒 ──
射西域盤鵰！

　　　　── 羅家倫 ──

富以荀不如貧以譽，生以辱不如死以榮。

圖十之二　玉門出塞，頁二

附羅家倫原詞。

"等 待"

坎坷的人生,
渺茫的遠方.
黃昏已過,
夜幕初張.
四野的昆蟲,
為失去光明而悲傷————

　　×　　　　×　　　　×

夜正深,
月明星稀
溪水靜靜的睡蓮
倒映着楊柳依依,
洲上的小草帶着微露
低矮的遠山披着霧衣
一切都在等待——
等待那第一聲鷄啼.

　　×　　　　×　　　　×

東方終于透出了紅霞,
雲海中湧出白雪的浪花
浪花忽地湧出金光萬道

　　立念念戴人,是立德,立言,立功之本.

圖十一之一　等待,頁一

作於一九五三（民國四十二）年七月二十四日、二十五日。

湧出一團燦爛的旭日。

揭開一個嶄新的生涯！───────

四十二年七月廿四日夜淖，寫到第三明
芽一句，廿五日晨續完。

"We would rather die in
honor than live in shame!"
　　×　　　×　　　×

"It often happens that one
may as well not know a
thing at all as know it
imperfectly."

古之立大事者，不惟有超世之才，必有堅忍不拔之志。

圖十一之二　等待，頁二

"沉 默"

沉默是一種美德，
它在人們囂張煩亂的心靈上；
罩上一層涵蓄而平靜的彩色，
那是一種淺空中涂出的暗綠，
好像一片幽暗的森林
不向任何人宣揚！

祇要我的心靈中的一絲光明不減
說何妨去學那山頭的岩石．
和那些臨岩石的皓月？
我的眼睛清澈如山澗中的寧泉，
我的意志堅決如千鍊百鍊的鋼鐵。

任世人去喧囂吧！
任萬物奔忙亂吧！
像金字塔畔的司芬克斯一般，
我將隸續沉默。

8. 10. 4. 2

圖十二之一　沉默，頁一

作於一九五三（民國四十二）年八月十日。

圖十二之二　沉默，頁二

宗述於詩末題字。

圖十三之一　蕩漾的漪漣，頁一

作於一九五三（民國四十二）年八月二十七日。

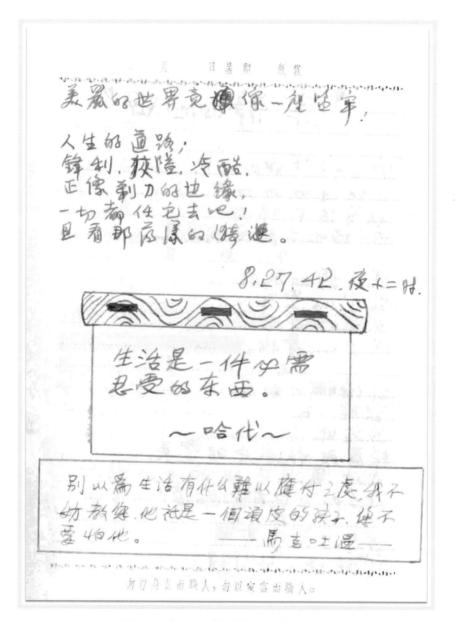

圖十三之二　蕩漾的漪漣，頁二

宗述於詩末錄前人名言。

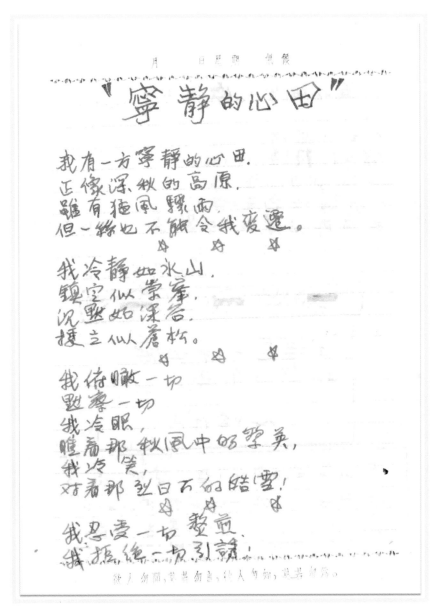

圖十四之一　寧靜的心田，頁一

作於一九五三（民國四十二）年八月二十九日。

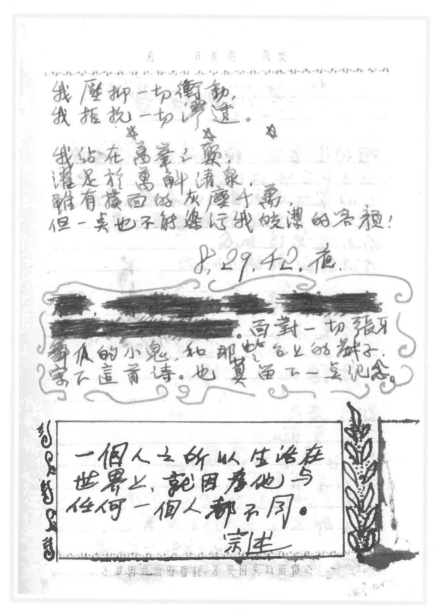

圖十四之二　寧靜的心田，頁二

宗述於詩末題字。

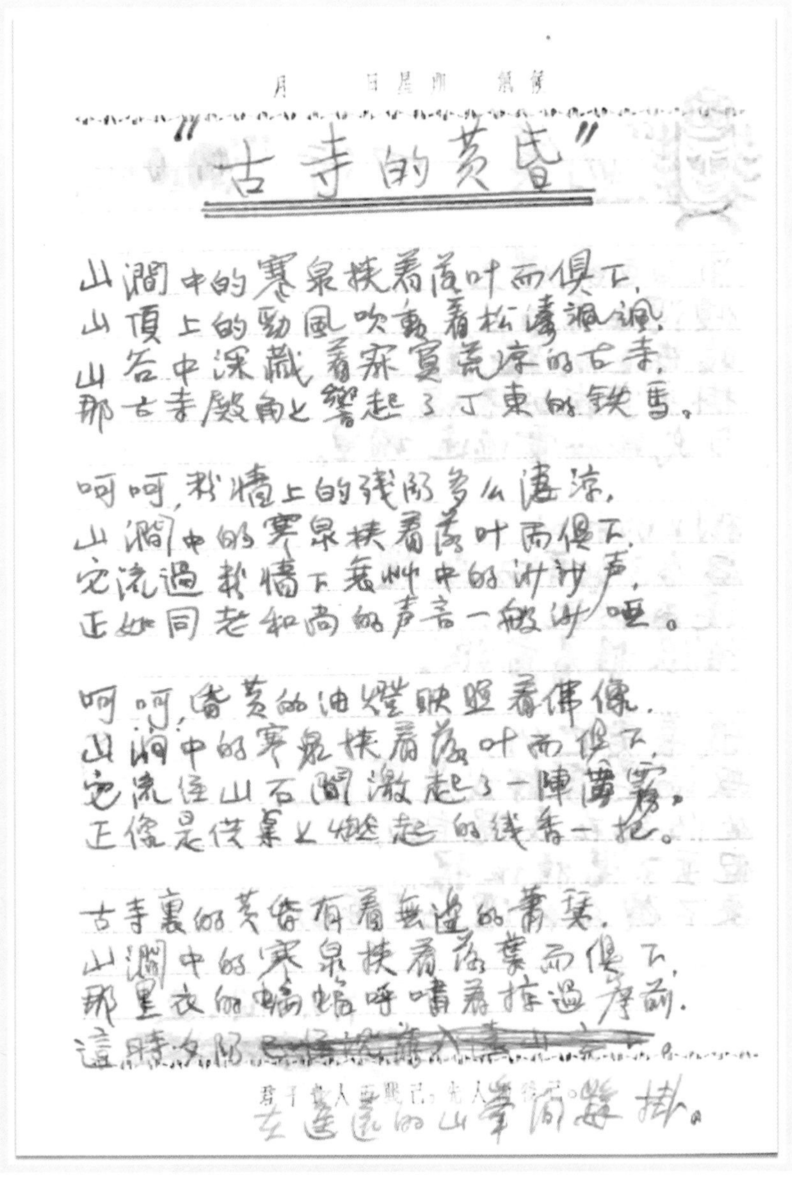

"古寺的黄昏"

山澗中的寒泉挟着落叶而促下,
山頂上的勁風吹動着松濤飒飒,
山谷中深藏着寂寞荒凉的古寺,
那古寺殿角上響起了丁東的鉄馬。

呵呵,我墙上的残阳多么凄凉,
山澗中的寒泉挟着落叶而促下,
它流過我墙下荒草中的沙沙声,
正如同老和尚的声音一般沙哑。

呵呵,昏黄的油燈映照着佛像,
山澗中的寒泉挟着落叶而促下,
它流经山石間激起了一陣薄霧,
正像是佛桌上燃起的线香一把。

古寺裏的黄昏有着無邊的蕭瑟,
山澗中的寒泉挟着落葉而促下,
那黑衣的蝙蝠呼嘯着掠過屋前,
這時夕阳
去遥远的山峯間懸掛。

圖十五之一　古寺的黃昏，頁一

作於一九五三（民國四十二）年九月五日。

圖十五之二　古寺的黃昏，頁二

敘述作〈古寺的黃昏〉這首詩的緣由，是看到當天中央日報副刊一首
陳慧的詩〈夜窗自語〉，喚起他以前在四川躲警報時，對那些深山中
的古寺頗有難以磨滅的印象，於是仿〈夜窗自語〉的體裁，寫下這首
小詩。

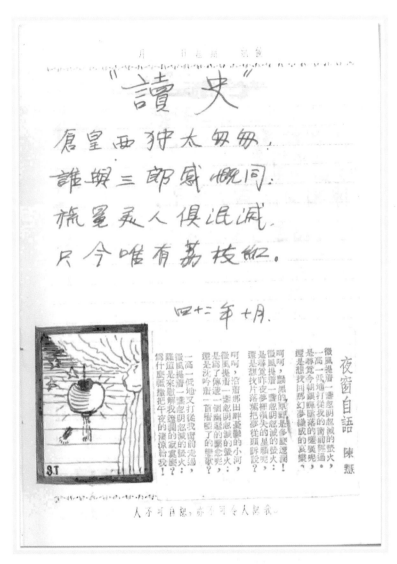

圖十六 讀史

上欄〈讀史〉是一首七言絕句，詠唐明皇、楊貴妃。作於一九五三
（民國四十二）年十月。下欄附陳慧〈夜窗自語〉剪報是觸發宗述作
上一首〈古寺的黃昏〉的作品。

圖十七之一　孤獨，頁一

作於一九五三（民國四十二）年十一月二十一日。

月　日星期　第頁

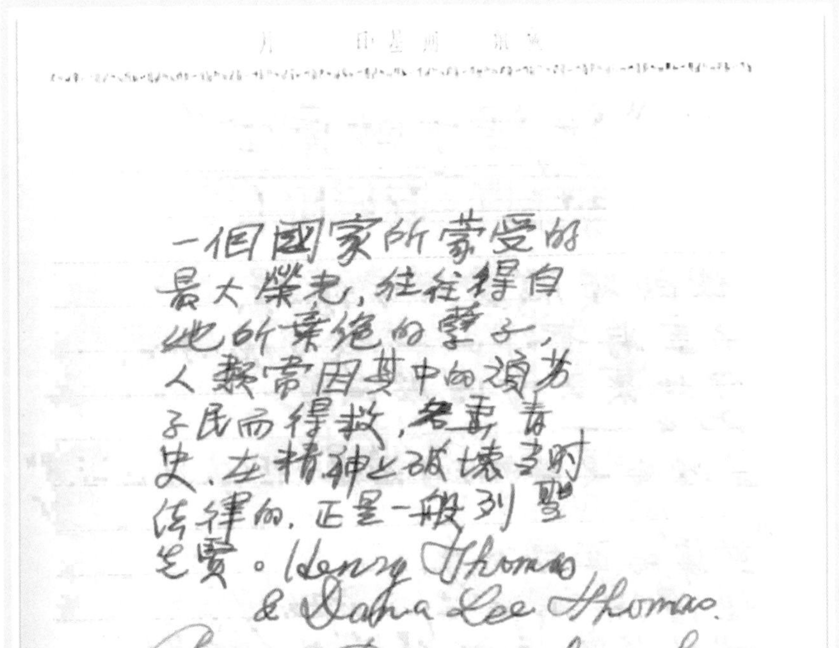

一個國家所蒙受的
最大榮光，往往得自
她所棄絕的學子，
人類常因其中的頑劣
子民而得救，名垂青
史。在精神上破壞當時
法律的，正是一般列聖
先賢。Henry Thomas
& Dana Lee Thomas.
Living Biography of
Great Philosophers.

洛克（Locke John）
1632—1704.

富以苟不如貧以譽，生以辱不如死以榮。

圖十七之二　孤獨，頁二

於〈孤獨〉詩的次頁錄下前人的名言。

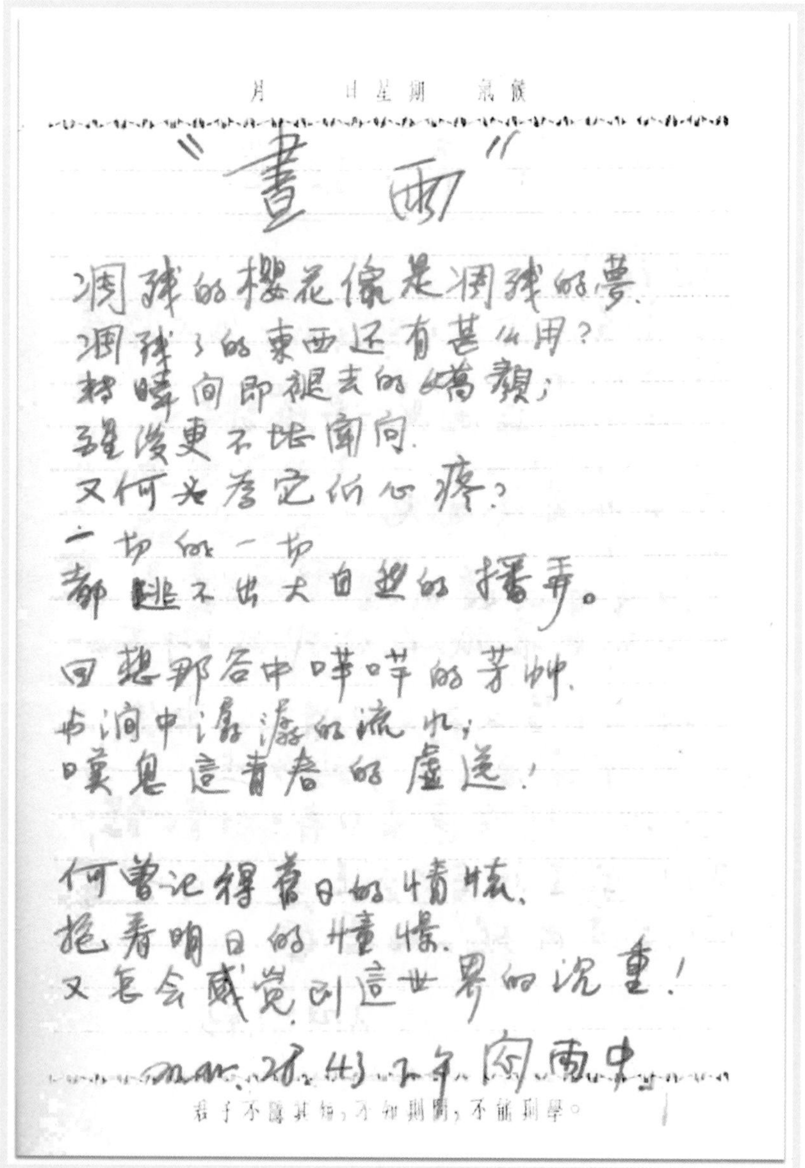

月　　日星期　氣候

"晝雨"

凋殘的櫻花像是凋殘的夢，
凋殘了的東西还有甚么用？
將曉向即褪去的嬌顏；
離後更不堪聞向。
又何必為它而心疼？
一切的一切
都逃不出大自然的播弄。

回想那谷中咩咩的芽艸，
山澗中潺潺的流水；
嘆息這青春的虛逝！

何曾記得舊日的情懷，
抱着明日的憧憬，
又怎会感覚到這世界的沉重！

Mar. 28. 43 下午 [illegible]

君子不隱其短，不知則問，不能則學。

圖十八　晝雨

作於一九五四（民國四十三）年三月二十八日。

圖十九之一　上帝的旅舍，頁一

作於一九五四（民國四十三）年六月一日。

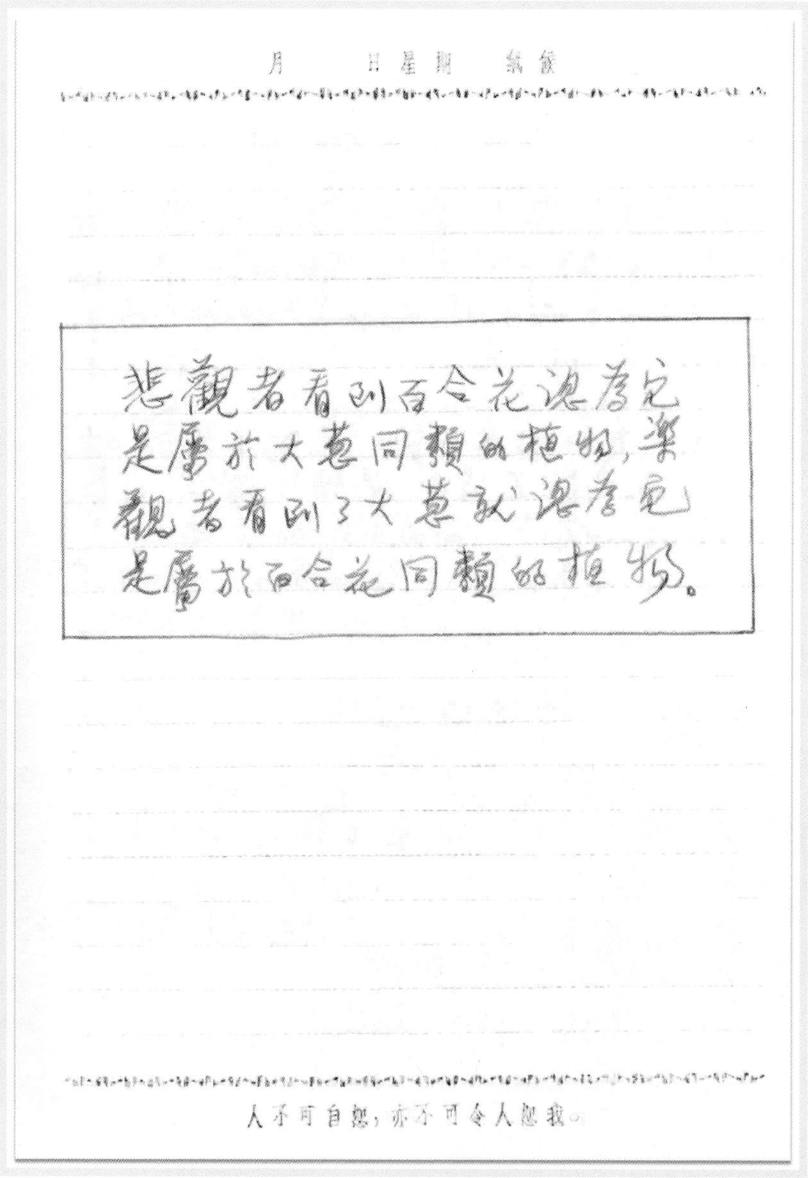

月　　日星期　　紙飯

悲觀者看到百合花就覺定
是屬於大蒜同類的植物，樂
觀者看到了大蒜就覺得它
是屬於百合花同類的植物。

人不可自怨，亦不可令人怨我。

圖十九之二　上帝的旅舍，頁二

於詩末題詞。

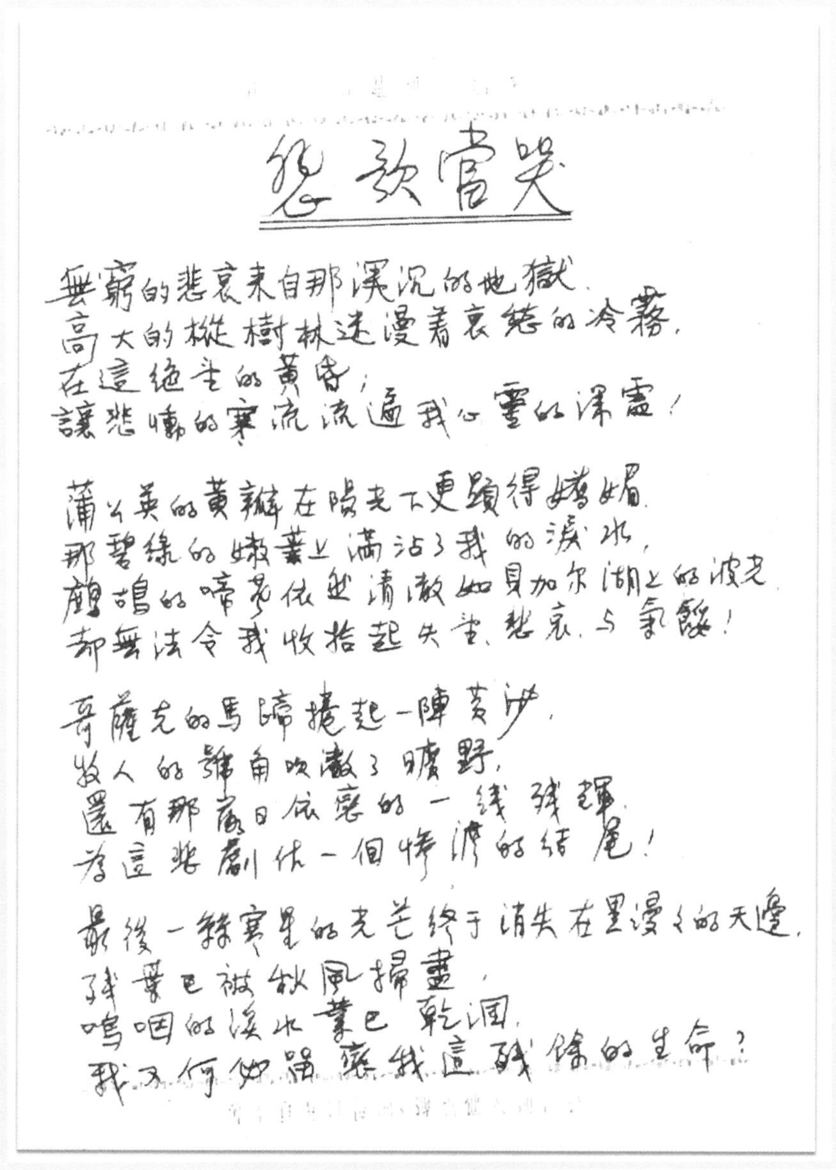

悲歌當哭

無窮的悲哀來自那深沉的地獄，
高大的樅樹林迷漫着哀愁的冷霧，
在這絕望的黃昏；
讓悲憤的寒流流遍我心靈的深處！

蒲公英的黃辮在陽光下更顯得嬌媚，
那碧綠的嫩葉上滿沾了我的淚水，
鷓鴣的啼聲依然清澈如貝加爾湖上的波光，
卻無法令我收拾起失望、悲哀、與氣餒！

哥薩克的馬蹄捲起一陣黃沙，
牧人的號角吹徹了曠野，
還有那落日依戀的一綫殘輝，
為這悲劇作一個悽涼的結尾！

最後一縷寒星的光芒終于消失在黑漫漫的天邊，
殘葉已被秋風掃盡，
嗚咽的淚水業已乾涸，
我又何必留戀我這殘餘的生命？

圖二十之一　悲歌當哭，頁一

作於一九五四（民國四十三）年十二月一日。

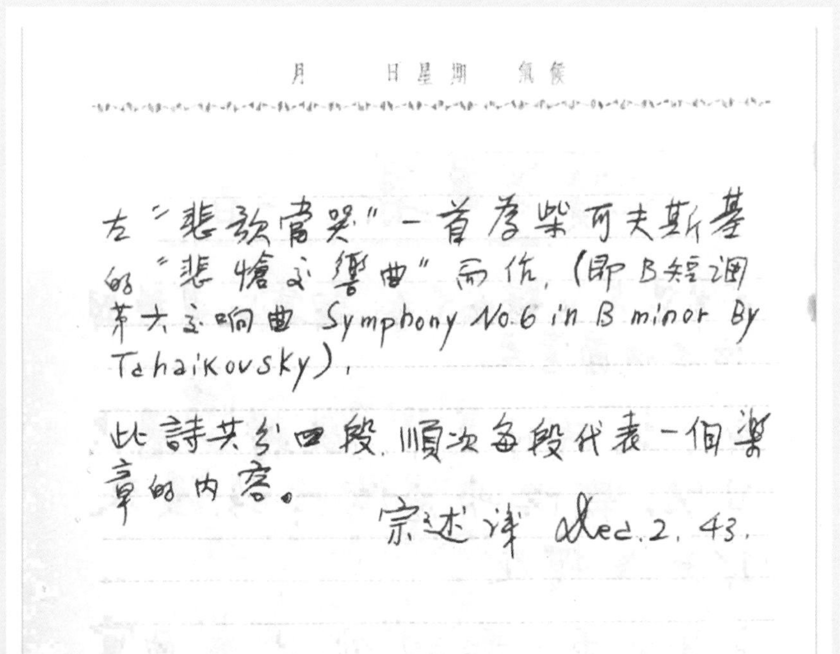

月　　　日星期　　氣候

左〝悲歌當哭〞一首係柴可夫斯基
的〝悲愴交響曲〞而作。(即B短調
茅六交响曲 Symphony No.6 in B minor By
Tchaikovsky)。

此詩共分四段,順次每段代表一個樂
章的内容。
　　　　　　宗述譯 dec. 2. 43.

圖二十之二　悲歌當哭，頁二

說明〈悲歌當哭〉一詩是為柴可夫斯基的〈悲愴交響曲〉而作。

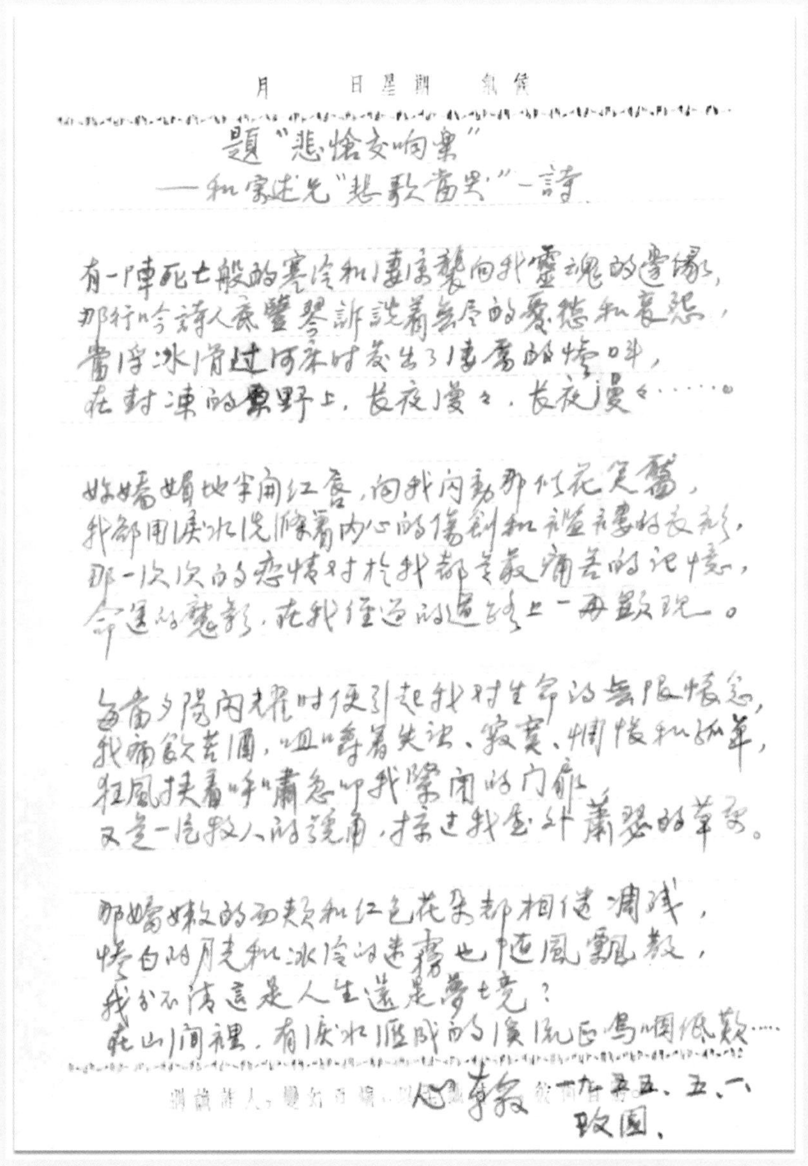

月　　日星期　　氣候

題"悲愴交响乐"
——和宗述兄"悲歌當哭"一詩

有一陣死亡般的寒冷和凄涼襲向我靈魂的邊緣，
那行吟詩人底豎琴訴說着無盡的憂傷和哀怨，
當浮冰滑過河床时发出了凄厲的慘叫，
在封凍的曠野上，长夜漫々，长夜漫々……。

少女嬌媚地半開紅唇，向我閃動那付花笑靨，
我卻用淚水洗滌着內心的傷創和禮讓的哀影，
那一次次的戀情对於我都是最痛苦的记憶，
命運的魔影，在我經過的道路上一再戲現。

每當夕陽西沉時便引起我对生命的無限懷念，
我痛飲苦酒，"咀"嚼着失望、寂寞、惆悵和孤單，
狂風挾着"呼"嘯急叩我緊閉的门扉，
又是一陣殺人的暴雨，掠过我窗外蕭瑟的草原。

那嬌嫩的面頰和红色花朵都相繼凋殘，
慘白的月光和冰冷的迷霧也隨風飄散，
我分不清這是人生還是夢境？
在山間裡，有淚水匯成的溪流正嗚咽低歎……

心翰 一九五五、五、一
玫園

圖二十一　心翰〈題悲愴交響樂〉和宗述〈悲歌當哭〉一詩

高中同學景新翰（字心翰）和於一九五五（民國四十四）年五月一日。

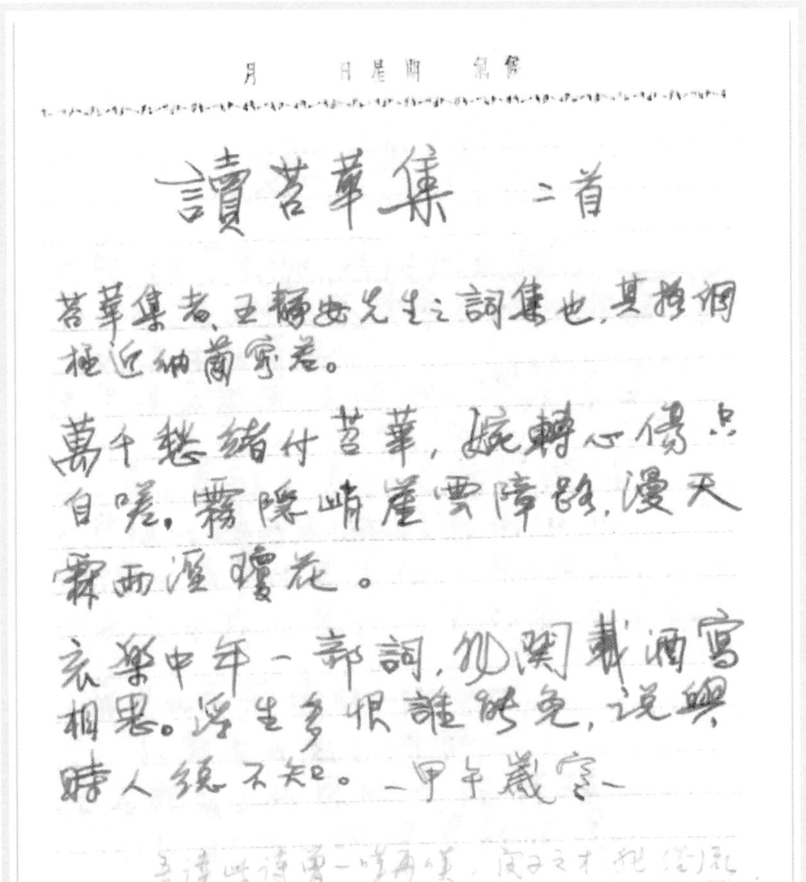

月　日星期　氣候

讀苕華集　二首

苕華集者，王靜安先生之詞集也，其格調極近納蘭容若。

萬千愁緒付苕華，婉轉心傷只自嗟，霧隱峭崖雲障路，漫天霖雨溼瓊花。

哀樂中年一部詞，忍閒栽酒寫相思。浮生多恨誰能免，說與時人須不知。——甲午歲宗——

吾讀此詩曾一讀再讀，宗子之才非俗流可比也。·門斗讀

待小人宜寬，防小人宜嚴。

圖二十二　讀苕華集二首

宗述讀王靜安先生《苕華集》後，作七言絕句二首。

月　　日星期　氣候

上橋

我相信這波光凝練，
我知道這山色如剪，
豪雨能聲障它碧澄的雙瞳，
大風會掃亂它綠油的青鬢，
卻不能叫它永遠失去那動人的明豔！

可惜有一片憂悒的輕紗，
矣在我眼睛的前面，
好像驀然撒下了一蓬灰霧，
使水色山光竟完全改變。

那裏是蒼翠拼成的桃波？
我只見堆滿了枯葉的溝澗，
那裏有紫藍插成的遠峰？
我只見洒遍了殘陽的頹垣。

余念聖人，是立德，立言，立功之本口

圖二十三之一　橋上，頁一

作於一九五六（民國四十五）年九月二十五日。

我茫然地憑著橋欄，
直到炊煙被歸鴉沖散，
這一切也許只是存在于一個拂曉好夢中，
不然它怎會如此迷離而夢幻？

　　　　nov. 25. 45 作
nov. 26. 45. 7午抄 就. 時又兩台晴。

歸來當屋已番，則戰莫論人非。

圖二十三之二　橋上，頁二

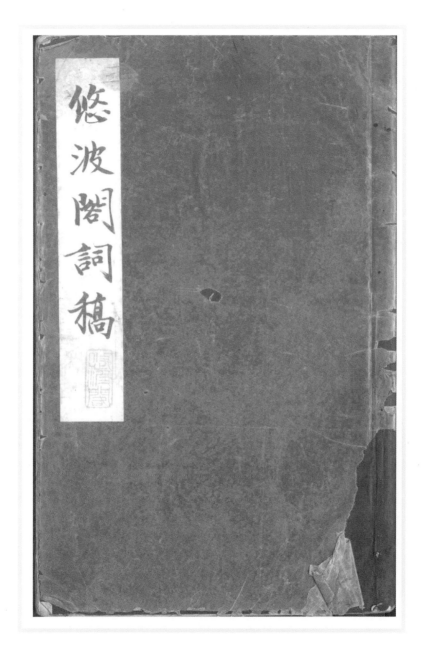

圖二十四　《悠波閣詞稿》封面書影

圖二十五　《悠波閣詞稿》第一卷首頁

悠波閣詞稿卷第二　九江閔宗述

浣溪紗（四十三年初作）七夕颱風大作

幻裏雲裳夢裏蹤。多情轉恨不相逢。鵲橋吹斷怨狂風。繞閣飛花添憔悴，撲簾飄雨伴惺忪。人間天上此情濃。

赤棗子　和龍石詠葵花

披葉翠，戴冠黃。修莖矯矢傲群芳。貪戀斜陽無限好，臨風肯效月着裝。

蝶戀花　傳此調蘇小小托夢某生，嘗歌之。陳生僅記其首句曰：「妾本錢塘江上住」，好事者多續之。今戲易為一解闋。

圖二十六　《悠波閣詞稿》第二卷首頁

七　《星期天》選

　　《星期天》，一本小冊子，是一九五三年左右宗迻看到喜歡的詩、短文、名句就剪貼或抄錄下來，有時也有感而發地做一首或數首寫在旁邊。〈星期天〉是余光中的詩，可能他喜歡，就作為這小冊子的名字。

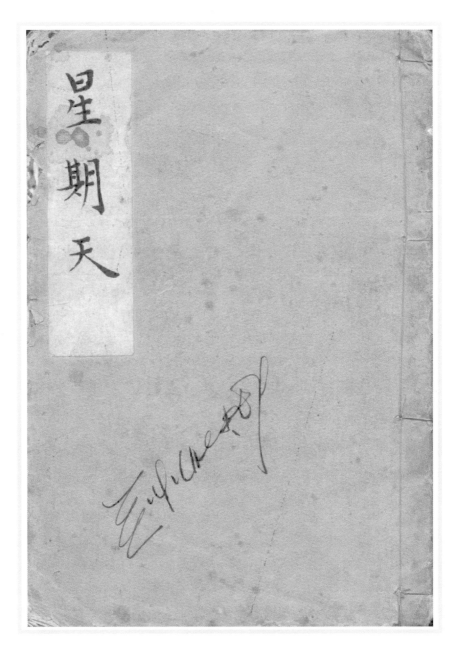

圖一　《星期天》封面書影

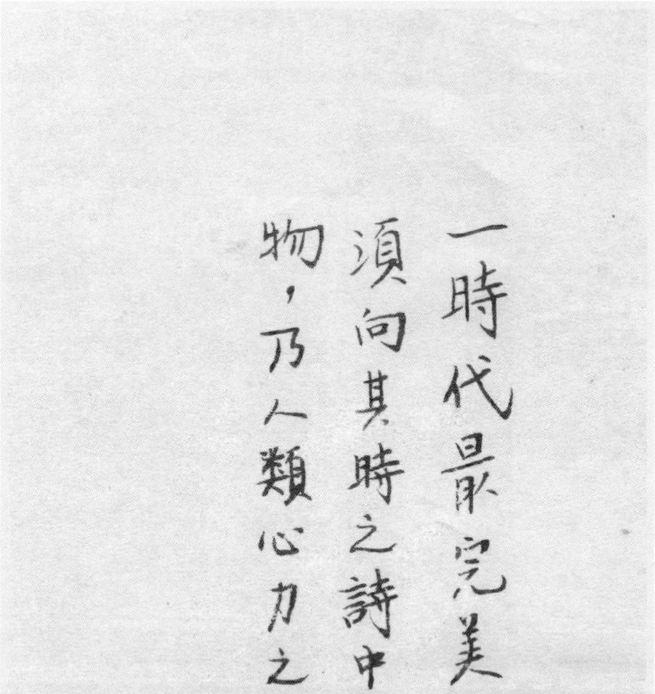

一時代最完美確切之解釋，須向其時之詩中求之，因詩之為物，乃人類心力之精華所構凝也。

・安諾德・

圖二　宗述手抄英國詩人安諾德名言

圖三　宗述畫「星期天」印，並為其描繪花邊

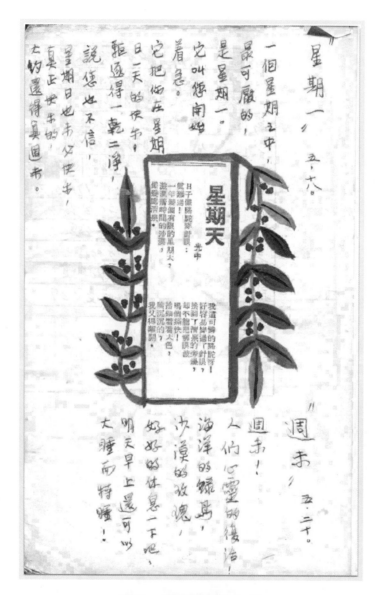

圖四　現代詩創作二首

〈星期一〉、〈周末〉二詩，其靈感來自余光中〈星期天〉，亦有可能是本冊子命名的來由。

圖五　現代詩創作〈寂寞的微笑〉

靈感來自余光中〈昨夜你對我一笑〉。

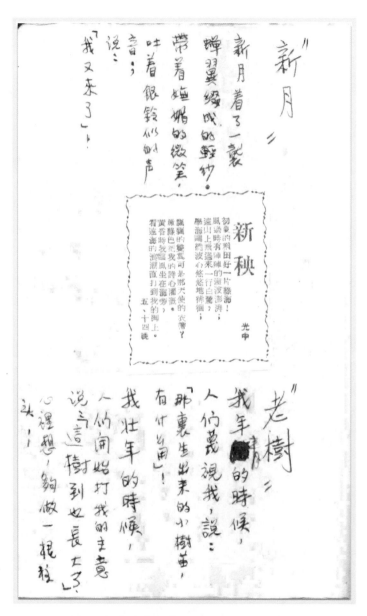

圖六　現代詩創作〈新月〉、〈老樹〉

靈感來自余光中〈新秋〉。

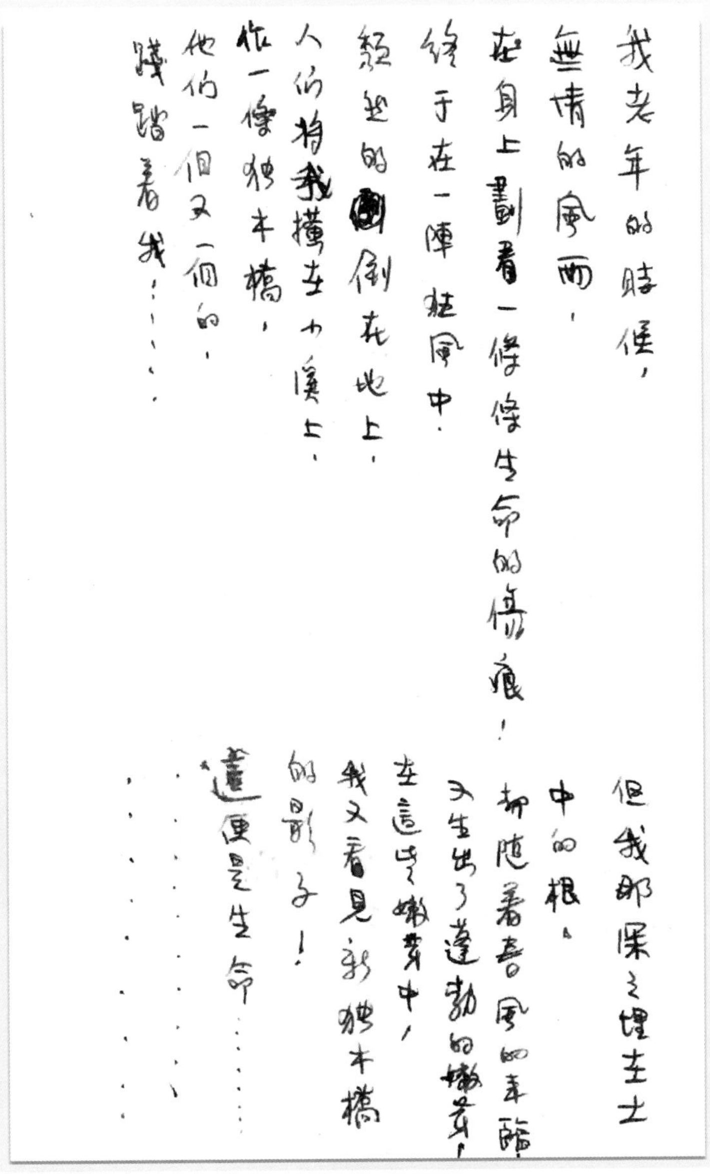

我老年的時候，
無情的風雨，
在身上劃着一條條生命的傷痕！
終于在一陣狂風中，
綑起的圈倒在地上，
人們拾我攤在溪上，
作一條獨木橋，
他們一個又一個的，
踐踏着我……

但我那深深埋在土
中的根，
却隨着春風的來臨，
又生出了蓬勃的嫩芽！
在這些嫩芽中，
我又看見新獨木橋
的影子！
這更是生命……

圖七　現代詩創作

本詩無題。

八　日記

　　「生活日記」是宗述一九五二年二月至次年四月的日記，一九五二年二月至九月，幾乎每天記，此後就零零落落。

　　「煙霧集」是一九五四年八月一日至八月二十五日的日記。

　　兩本日記都有「卷頭語」，可見其寫日記的原由和對自己的期許。

　　由於日記或涉個人隱私，或只是生活瑣事，只錄一九五二年四月二十八日一篇，此日記所作詩二首，雖是高中生，已頗見功力了。

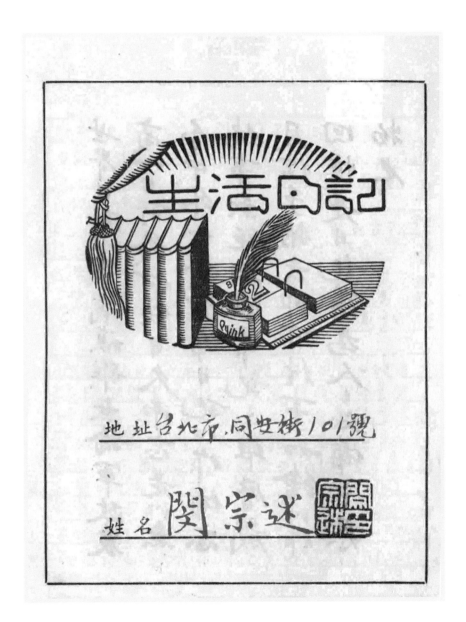

圖一　《生活日記》書名頁書影

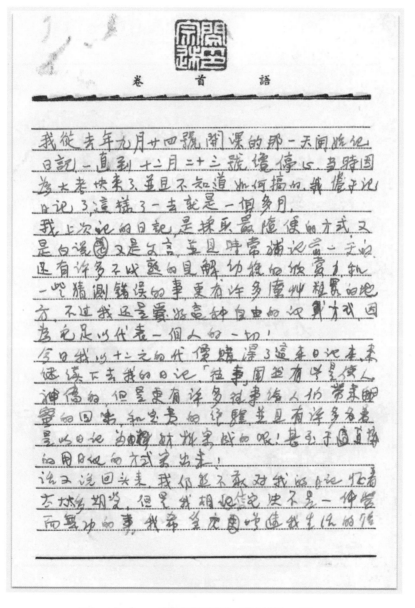

圖二之一　《生活日記》卷首語，頁一

寫於一九五二（民國四十一）年元月三十日。

卷　首　語

力，助長我□生活的進步！！！

這本的名叫「生活日記」，　　後來曾經，
「生活的目的，在增進人類全体的生活」。
「增進人類全体的生活」也可以說是　國文
讀過的「服務的人生觀」，我願意我自
己生活進步，更願意幫助別人生活，幫助
別人進步！

　　　　　宗迷溪，四十一年之月廿日。

人類之所以不同于禽獸者因人類有

「理智」一炬，可以控制過份的感情，

和不良的欲望！

　　　　　1.30.41. 十五之十八百。

圖二之二　《生活日記》卷首語，頁二

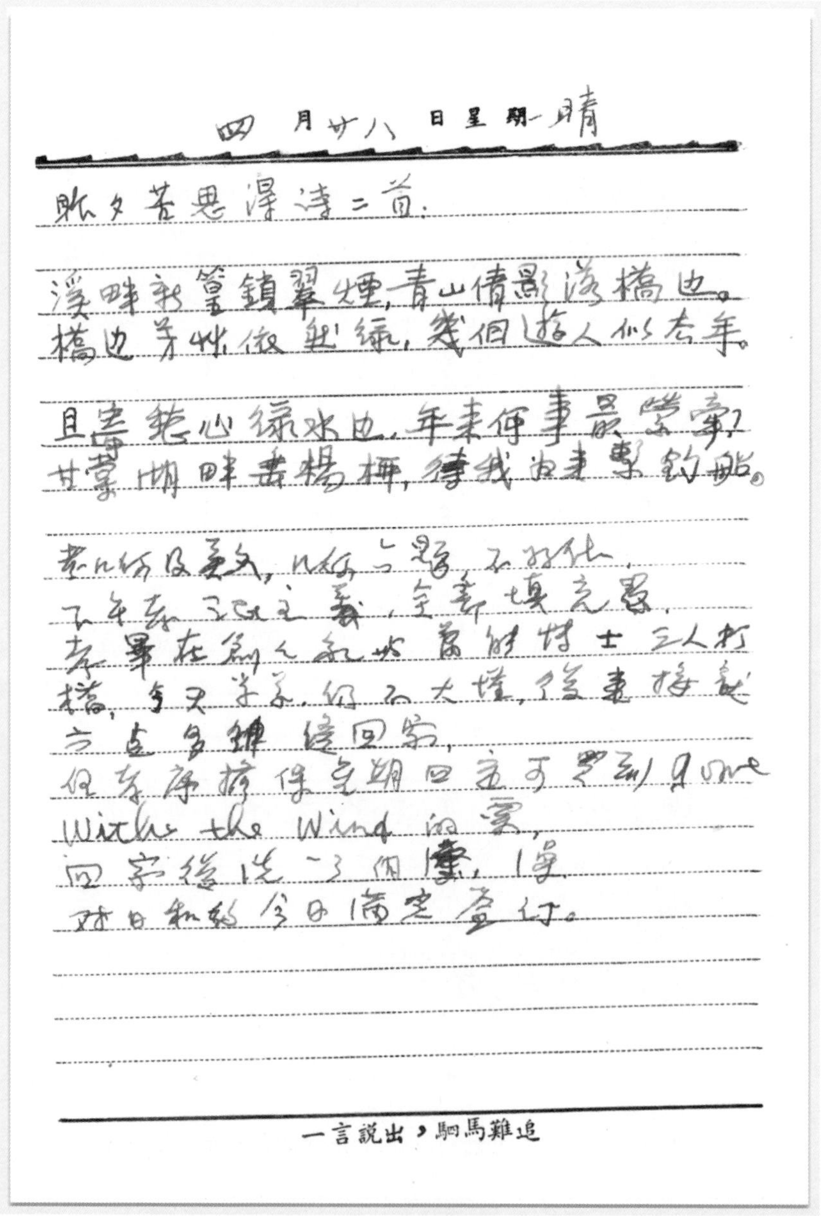

四 月 廿八 日星期一 晴

昨夕苦思潭詩二首。

浮畔新篁鎖翠煙，青山倩影沒橋也。
橋也芳草依舊綠，幾個遊人似去年。

且喜春心綠水也，年來何事最縈牽？
甘棠湖畔舊楊柳，待我他來覓釣船。

老師教我畫，為我畫一張，不到此
下午我因為全畫填完呀，
李昇在鬧人和我為他博士三人打
撲，多又玩牌，所以太遲，後來按照
六點多鐘達回家。
但李原稿保星期日去了買到 Gone
With the Wind 一套，
回家讀完了兩個鐘，浮
昨日和約今日為定舉行。

一言說出，駟馬難追

圖三 一九五二（民國四十一）年四月二十八日的日記有詩二首

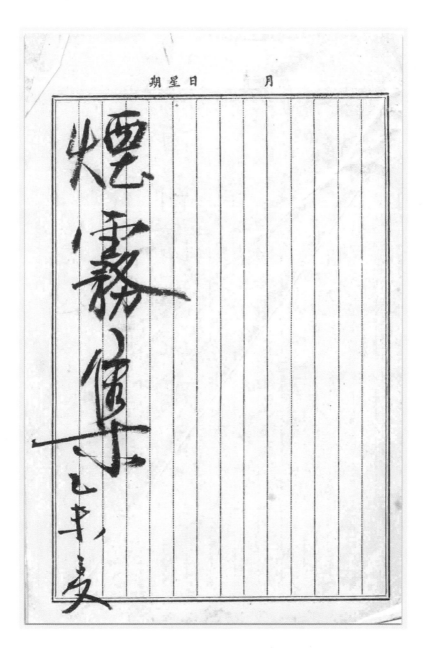

圖四　《煙霧集》書名頁書影

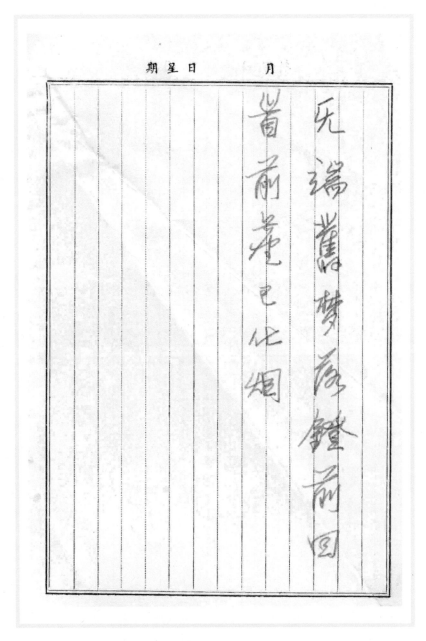

圖五　《煙霧集》卷頭語前題詞

圖六之一　《煙霧集》卷頭語，頁一

作於一九五四（民國四十三）年八月一日。

圖六之二　《煙霧集》卷頭語，頁二

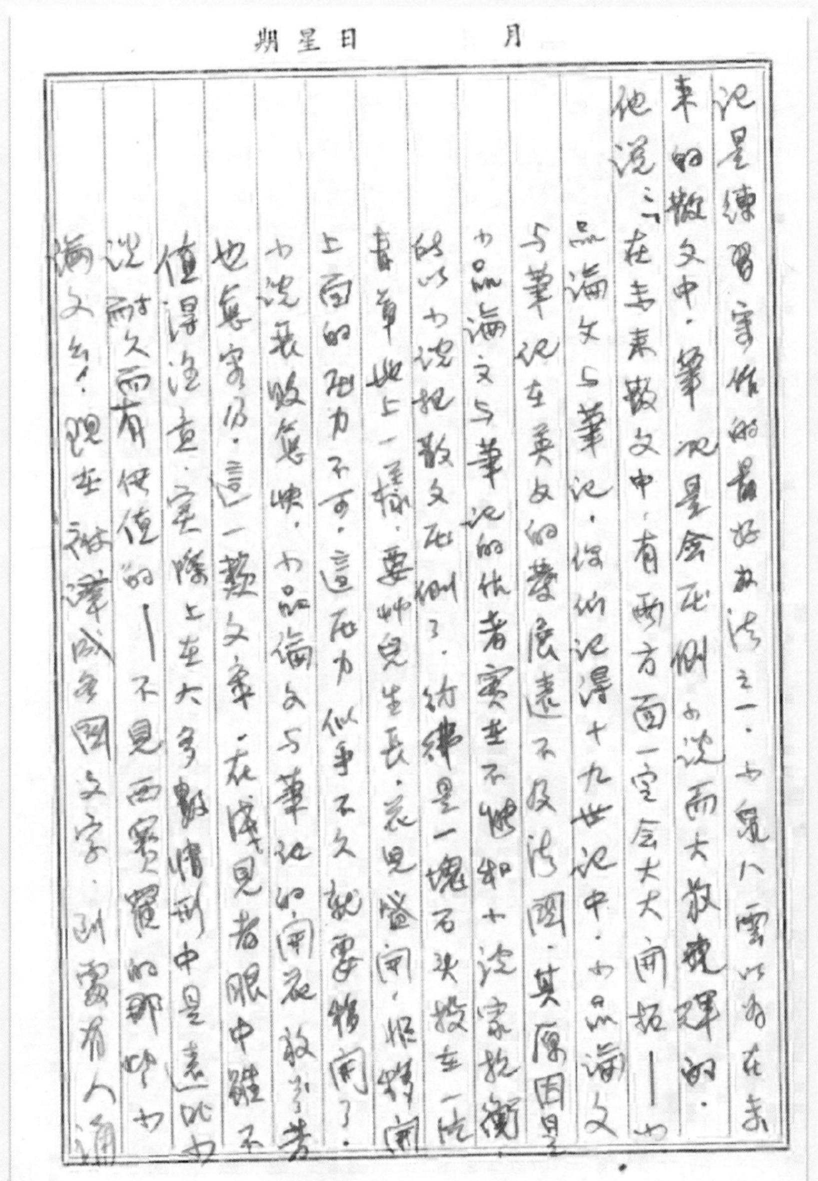

圖六之三　《煙霧集》卷頭語，頁三

圖六之四　《煙霧集》卷頭語，頁四

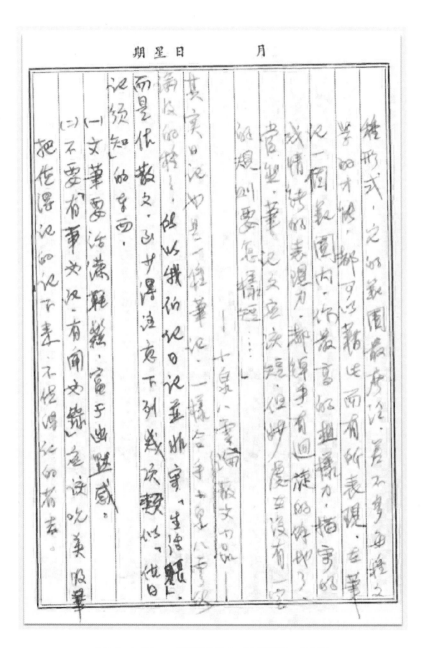

種形式，它的範圍很廣泛，差不多再沒之

學的才能，都可以藉此而有所表現，主要

記一個範圍內，你若是高超的想像力，描寫的本領

或情緒的表現力，都得手有過旋餘地的好地方了。

當些，筆記文字決定很短，但妙處在沒有一定

班想則要怎樣短……

　　——十月八日論散文加品

其實日記也是一種筆記，一樣合手與筆，八雲集

而是很好的。但以我的心目記是抓住「生活記」

記須知的東西，正如淨注意下列幾次數的「往日

(一) 文章要活潑雅緻，富于幽默感。

(二) 不要有軍文义，有關文章，生活吃美收筆

把生活記的記下來，不怕得記的有去。

圖六之五　《煙霧集》卷頭語，頁五

期星日　　月

(三)

子要有「头巾气」、「新八股」「青年会气」、「辯部气」、「故学生哩」……雅之荒腔作势，醺怒百出，令人作呕之浮辞滥调。

這些僅是一般善通常识的毛病，至于其餘千奇百怪的情形，難以一言而盡，此盡之子倘，現論我將来是吃那行饭，一經明瞭，簡潔的故父手筆，是这具備好，就实临惜刑看来、我是死活与筆桿断絕关係的。我明知古今之世，弄筆桿者辉有如此人头地者，近年来台湾大学的理工学院成为趨向之由一個道鄉、科学救国，技術人員至上，是明明推左自前的鄉人雅「這洋」之列，却不萝其要，固由「譯這不只此一個也。

四十三年八月一日宗述於壽北

圖六之六　《煙霧集》卷頭語，頁六

九　手抄詞集選

　　昔日學者以為抄寫可以對作品有更深刻之體會，尤其出版不甚普及的年代，許多著作未能出版，欲得其書，只有抄錄一途。

　　宗述抄錄喬大壯《波外樂章》兩遍、《飲水詞》、《三李詞》、《五代詞選釋》各一遍，詳加標點，或有評語。見其用功之深。茲選《波外樂章》、《飲水集》數頁於後，蓋宗述於此二家用功最深也。

　　喬曾劬，字大壯，四川華陽人，一八九二年生，出身清季北京譯學館。通法文，以詩詞、書法、篆刻名世，名詞家汪東稱其為「一代詞壇飛將」，唐圭璋評其詞：「深婉密麗，爛如舒錦。」曾任中央大學教授，授篆刻與詞學。一九四七年夏天來臺灣，任教於臺灣大學中文系。次年夏天返南京，七月三日乘火車赴蘇州，自沉蘇州河，年五十六。

　　宗述亦擅長詞學、書法與篆刻，深喜大壯之詞與篆刻。一九五五年七月在臺灣大學覓得大壯自選詞集《波外樂章》四卷，一九五九年抄錄一遍，一九六〇年又復抄錄一過，均以朱筆圈點。

　　清代納蘭性德《飲水詞》為宗述所酷嗜，於一九五〇年代抄錄一遍，並加點評，一九七〇年碩士論文作《李勘飲水詞補箋》。後擬作《飲水詞箋》未果。

　　李後主、李清照與李太白合稱三李，宗述喜其詞，於一九五四年抄錄一過。

　　一九六六年春宗述向汪雨盦（中）師假得俞陛雲〈五代詞選釋〉抄本，詞與釋文從頭至尾以十行紙抄錄，題〈詞苑零縑〉於卷首。

圖一　手抄《波外樂章》封面書影

宗述題「波外樂章，辭肝樓抄本」。

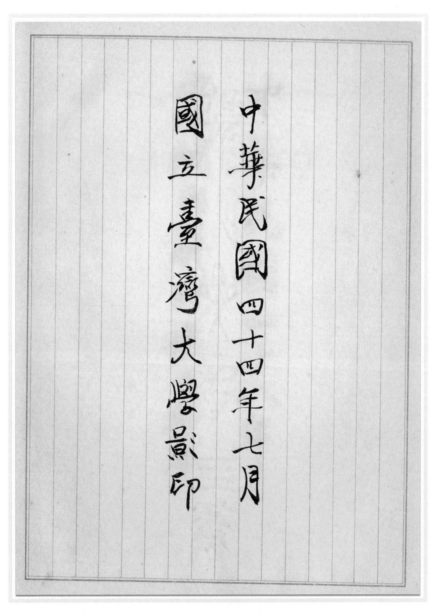

圖二　宗述手抄《波外樂章》牌記

於一九五五年七月影印臺灣大學藏本。

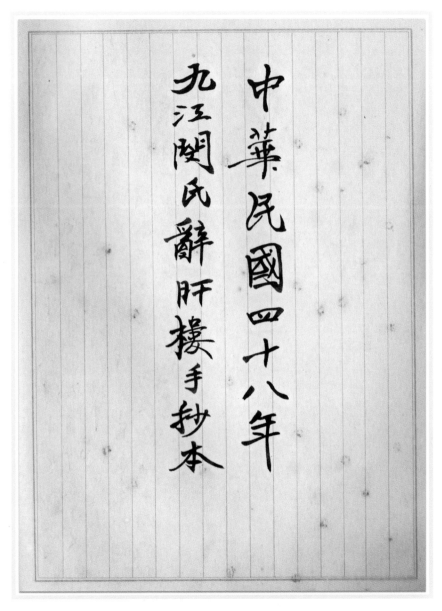

中華民國四十八年

九江關氏辭肝樓手抄本

圖三　宗述手抄《波外樂章》牌記二

一九五九年手抄本。

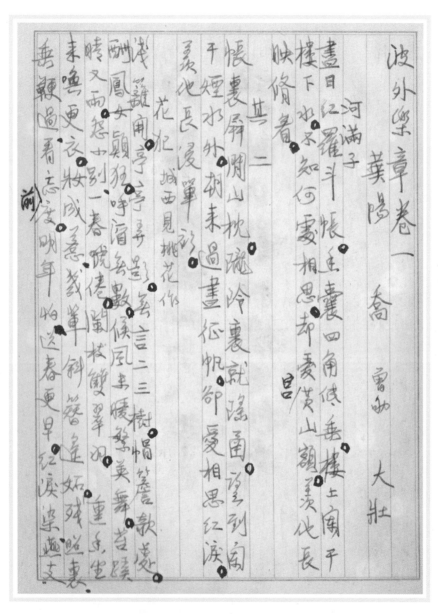

圖四　《波外樂章》，頁一

一九五九年手抄本第一頁。

圖五　宗述第二次手抄《波外樂章》於一九六○年

波外樂章卷一

襄陽　喬　曾劬　大壯

河滿子

盡日紅羅斗帳香　裹四角低垂樓上闌干
樓下水不知何處　雲相思都愛呂黃山頻美
代長映修眉

其二

地長浸單衫　犯城西見桃花紅
悵裹舜閒山枕瓏玲裹就隊面望到闌
干煙水外胡來過盡征帆都愛相思紅浪裹
淺羅閒亭亭弄影多言二三樹娟娟款雲
酬鳳女顛狂呼眉毳毵侯鳳玉暖絮英舞苔
輭晴又雨怨小別一春曉倦偎闌枝凝翠狎狎
熏香生來喚更衣妝成慕幾葉斜簪逗妒

圖六之一　一九六〇年第二次手抄《波外樂章》，頁一

甚頭上釵梁病酒今年憔悴卷春日油壁輦
逢道左通鈞未可對床曲朱闌待青瑣
送了春歸後江抬畫舸

其三

蜀江千里芳菲路斜陽下時春盡晴井
喧畫莊戲蝶佳節金盤櫻筍離觴
慢引念游絲青斷歲華朱槿藍寰香銷
肅屏風上布帆穩長空煙霧回掃故山無賴
盧螺黛選揀驅馬新樓飛廔慶閣頭白
方亢十隱哼牧泪教撫一曲琴絲四三詩本
攲枕龍聲勸人歸計準

小重山

江樞陰成岸咿蕎棟花開牟牟杜鵑啼伯
鶯東去燕西飛相逢夢更遠依依楊柳
笛中吹十江亭子外雨如絲一天寒色治春歸

圖六之二　第二次手抄《波外樂章》倒數第二頁

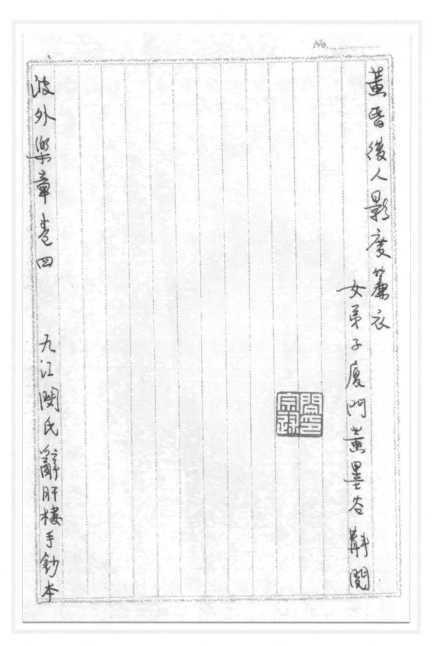

圖六之三　第二次手抄《波外樂章》末頁

圖七　宗述手抄《飲水集》（原名《側帽集》）題字

圖八　宗述為手抄《飲水集》題詞，並有辭肝樓印記

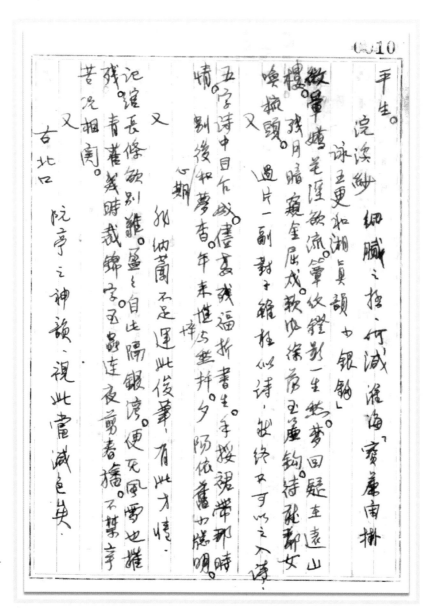

圖九　宗述手抄《飲水集》，之一

宗述手抄《飲水集》共一百〇六頁，茲選評語較多者十二頁。

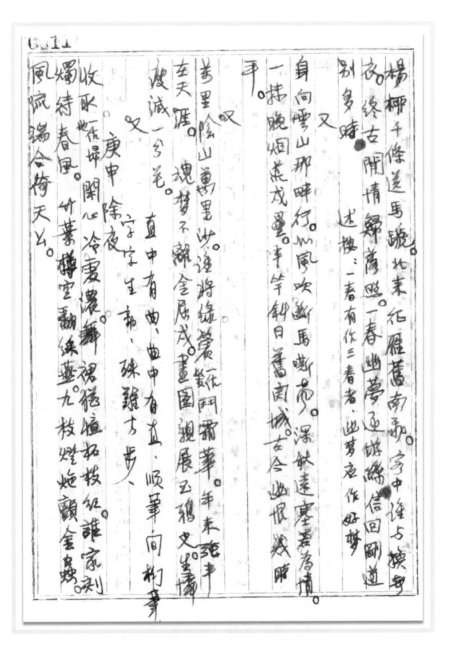

圖十　宗述手抄《飲水集》，之二

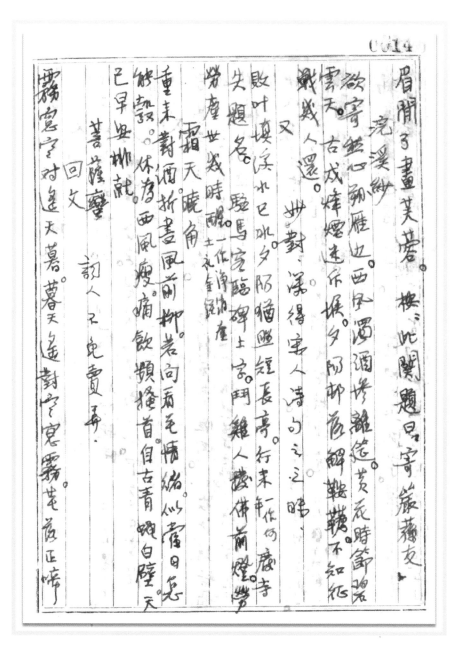

眉間了畫芙蓉。換、此闋題曰寄簾藕衣。

浣溪紗
欲寄無心卻雁邊。西風滷酒慢離邊黃花時節碧
雲天。古成烽燧休提夕陽柳底解鞍韉不知征

戰幾人還。
又　對漢得事人淒切之之晚、
敗葉埋溪水已咻夕陽猶盡短長亭。行來一作何處寺
失題名。　驟馬空臨碑上字。鬥雞人接佛前燈勞
勞塵世幾時醒。土作靜燒塵

霜天曉角
重來對酒折畫風前柳若向君邊怕笑
添毅。休倚西風瘦痛飲頻搔首自古青蛾白髮天

已早安挑就。

菩薩蠻
回文　　　詔人不免賣年。

霧窗寒对遥天暮暮天遥对寒窗霧花底正愁

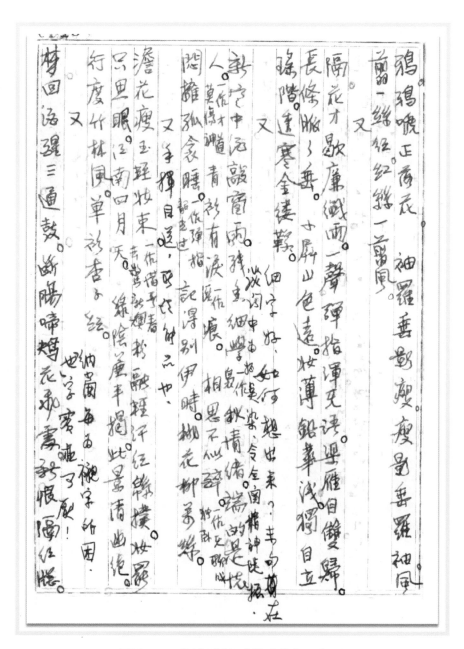

圖十二　宗述手抄《飲水集》，之四

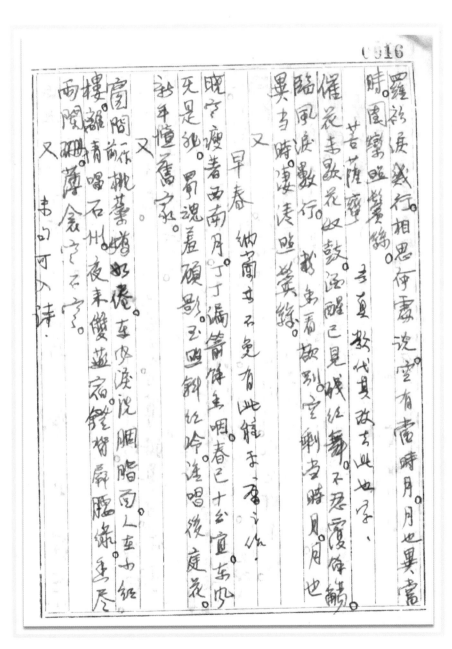

圖十三　宗述手抄《飲水集》，之五

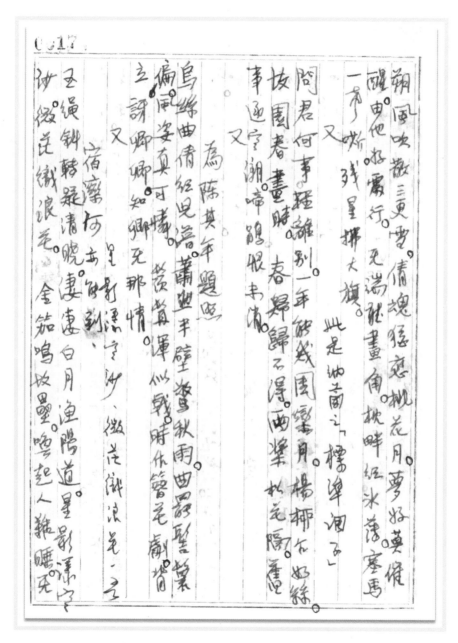

圖十四　宗述手抄《飲水集》，之六

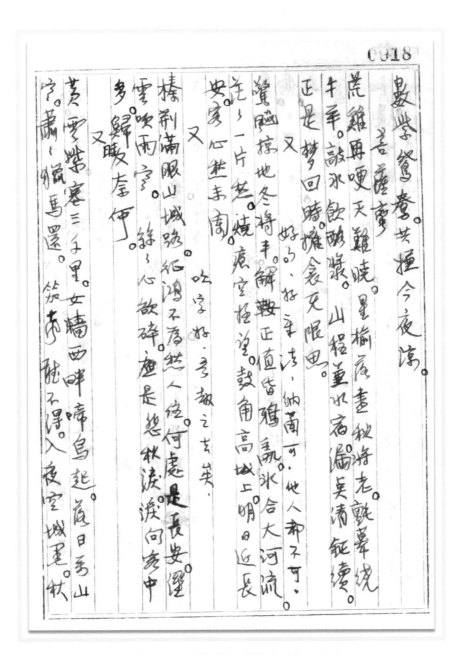

圖十五　宗述手抄《飲水集》，之七

圖十六　宗述手抄《飲水集》，之八

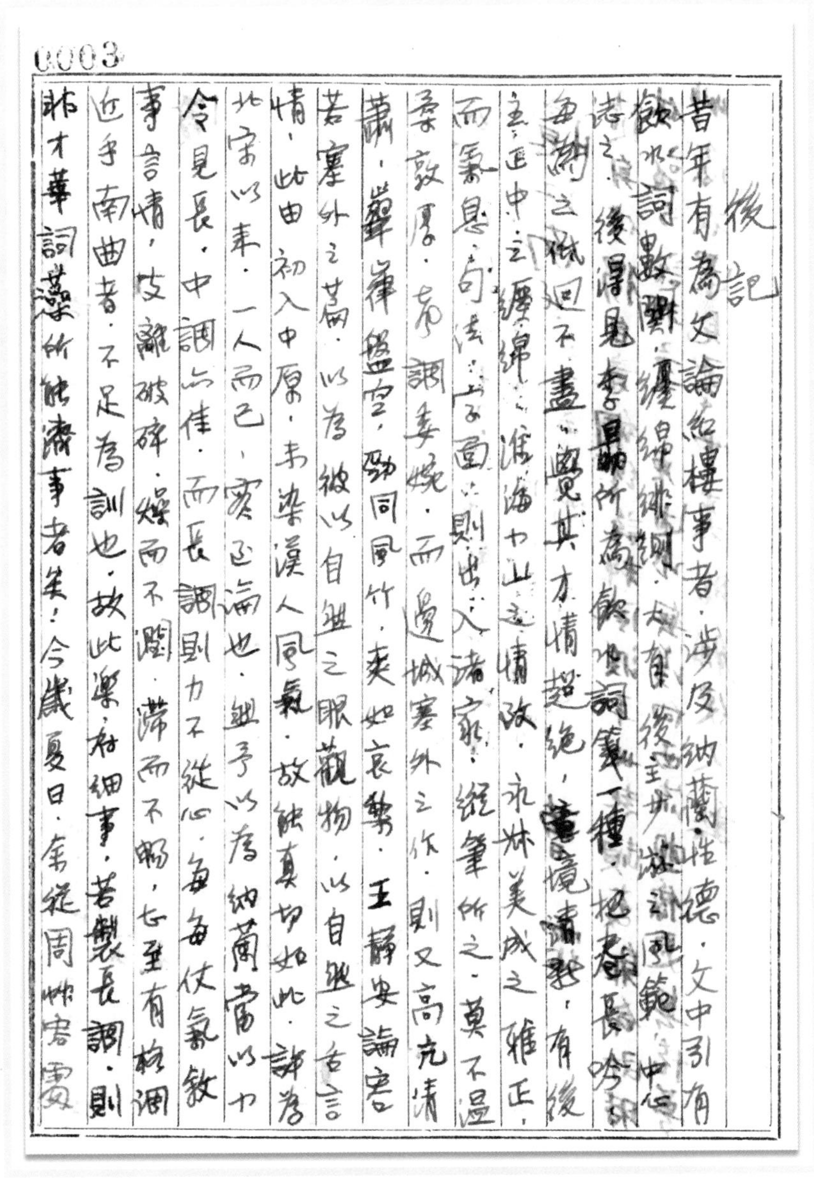

後記

昔年有高文論納蘭事者，步及納蘭性德，文中引有

飲水詞數闋，纏綿悱惻，真有後主遺風。觀其詞篇一種，心

誌之。後得見李鼎所為飲水詞箋

西湖之憾，迴不盡，覺其才情超絕，竈境清艷。有後

主正中之婉綿，濱海如山遠，情致，永林美成之雅正。則又

而氣息，句法，字畫，則出入諸家，縱筆所之，莫不逼

肖。蘩華盤空，勁同寒竹，夾如哀艷。王靜安論者

若塞外之篇，以為被以自然之眼觀物，以自然之舌言

情，此由初入中原，未染漢人風氣。故純真切如此。評者

北宗以來，一人而已，竇正論也。細予以為納蘭富以

令見長。中調尤佳。而長調則力不從心。每使氣斂

近于南曲者，艾不足為訓也。故此樂府細事，若製長調，則

事言情，支離破碎，燠而不暢。滿而不潤，至有枯調

非才華詞藻所能濟事者矣！今歲夏日，客從周州

圖十七　宗述手抄《飲水集》，之九

宗述手抄《飲水集》之〈後記〉，頁一。

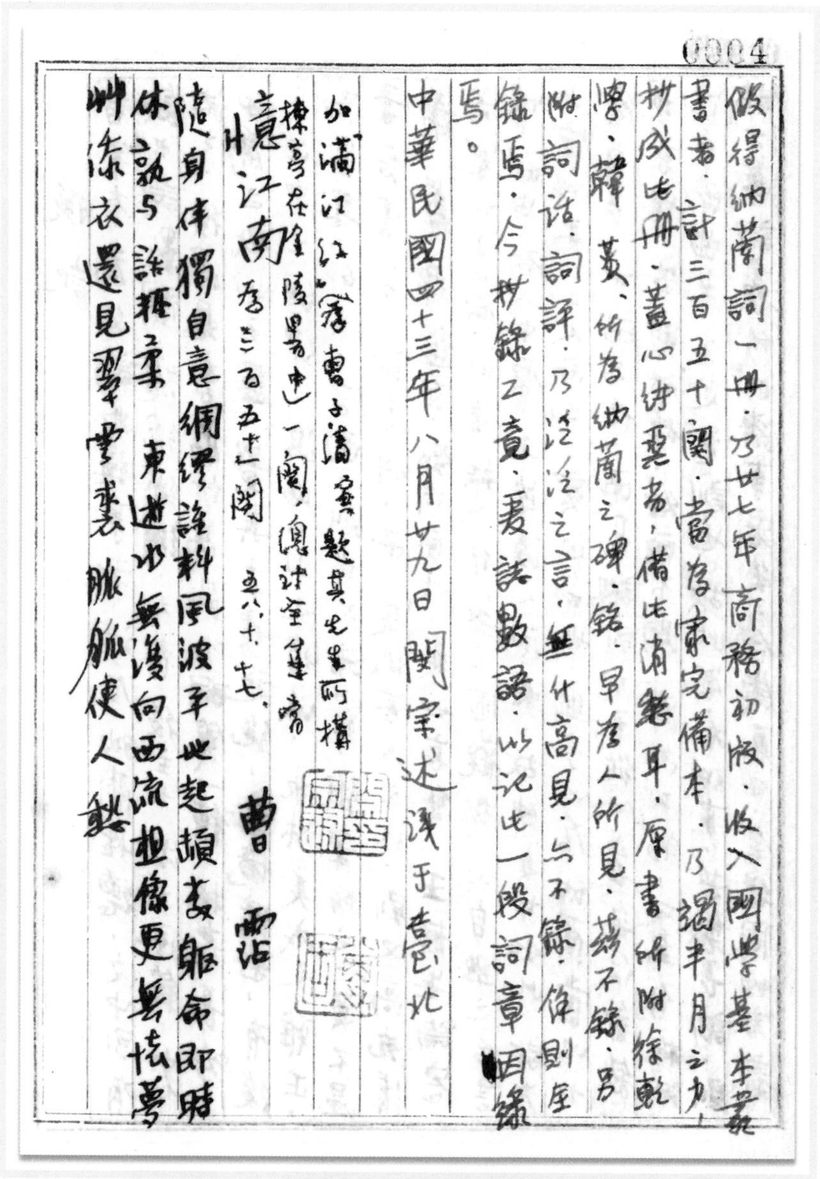

做得納蘭詞一冊，乃廿七年商務初版，收入國學基本叢書者，計三百五十闋，當為家完備本，乃遍丰月之力，抄成此冊，蓋心許愛者，備此浦慈耳，原書竹附徐軼學、薛黃、竹為納蘭之碑銘，早為人所見，茲不錄，另附詞話詞評，乃泛泛之言，無什高見，六不錄，作則至錄焉，今抄錄之竟，復誌數語，以記此一段詞章因緣焉。

中華民國四十三年八月廿九日閔宗述識於臺北

加滿江紅　紅容曹子滿賓，題真先生所構揀亭在金陵署中，一闋，總計全集當意外江南，存三百五十一闋，五八十七。

曹雪話

隨身伴獨自意綢繆，誰料風波平地起顛蓁躬命即時休，訟5誅釋之案東遊北無復向西流，塑像更苦恨夢卅涤衣還見翠雲裘，脈脈使人愁

圖十八　宗述手抄《飲水集》，之十

宗述手抄《飲水集》之〈後記〉，頁二。

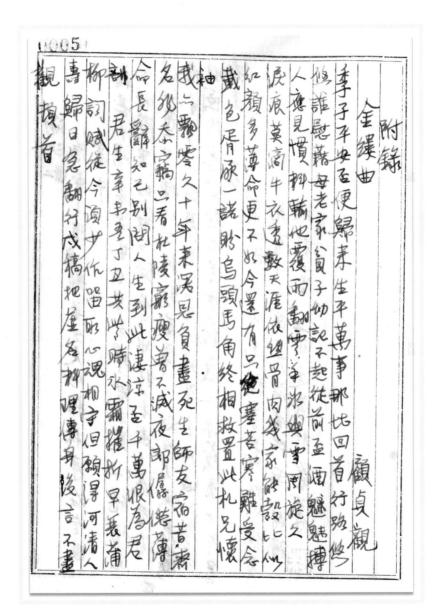

附錄

金縷曲　　　顧貞觀

季子平安否便歸來生平萬事那堪回首行路悠
悠誰慰藉母老家貧子幼記不起從前盃酒魑魅搏
人應見慣他覆雨而翻雲羊求與雪同旅久
淚痕莫滴牛衣透數天涯依然骨肉幾家能彀比似
紅顏多薄命更不如今還有只絕塞苦寒難受念
如顏多薄命更不如今還有只絕塞苦寒難受念

袖
戴色足骨承一諾胎盼烏頭馬角終相救置此札兄懷

我六霸雲久十年來深恩負盡死生師友宿昔齊
名紙天宗霸品看杜陵窮瘦曹不減夜郎僝僽傳
命長醉知己別問人生到此淒涼盃千萬恨為君
命君生辛末至丁丑芙蓉時永霸權折早義蒲
翩詞賦從今須少作留眼心視相守但願得河清人
壽歸日忽翻行戌橋牝牝雌各梳理傳身後言不盡

觀傾首

圖十九　宗述手抄《飲水集》，之十一
附錄顧貞觀【金縷曲】。

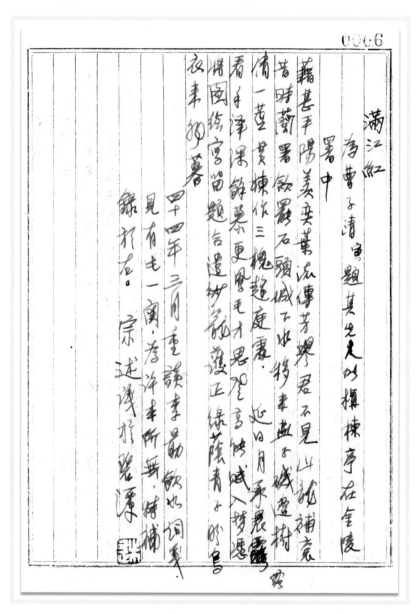

圖二十　宗述手抄《飲水集》，之十二

補錄【滿江紅】詞。

十　《唱歌集》選

　　宗述有《唱歌集》二冊，共六十餘首。第一冊製於一九五二年以前，第二冊製於一九五四年以前。抄錄喜愛之歌曲，或用五線譜，或用簡譜。詞有中文，有英文。有時會為歌曲填詞，並畫插圖。茲選七曲。〈玉門出塞〉、〈海上璇宮〉宗述為製詞，〈夢君君不知〉李叔同填詞，稱〈握別〉（或〈送別〉），宗述亦有詞，見〈六　寄懷集〉。

圖一　宗述手繪《唱歌集》封面書影

圖二　《唱歌集》封裡

宗述繪貝多芬像，並有題辭。

圖三　手抄〈野玫瑰〉歌譜，並繪歌德畫像

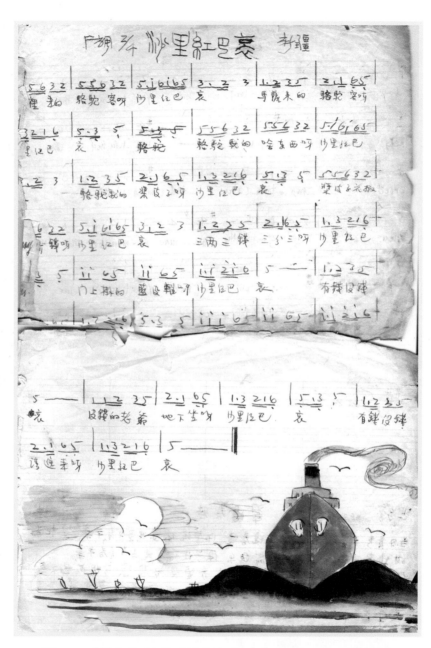

圖四　手抄新疆民歌〈沙里紅巴哀〉歌譜，綴以遊船圖

圖五　手抄〈可愛家庭〉歌譜

圖六　手抄〈夢君君不知〉歌譜

此曲原美國作曲家 John Pond Ordway（1824-1880）所作，原名 Dreaming of Home and Mother，後來此曲傳到日本，改編為日語歌曲〈旅愁〉。李叔同又為此曲調填中文歌詞，稱〈送別〉或〈握別〉。宗述念中學時音樂課本填了溫庭筠的〈更漏子〉詞。宗述於一九五〇年（十七歲）為此曲填詞。見本書〈六　寄懷集〉。

圖七　宗述手抄〈玉門出塞〉樂譜，附錄自製歌詞

圖八　手抄〈海上璇宮〉樂譜，宗述製詞

圖九之一　手抄〈杯酒高歌〉樂譜，頁一

圖九之二 手抄〈杯酒高歌〉樂譜，頁二

宗述附注云：尋覓此曲，久不能得，今得之，譯為五線譜。

十一 　《古典音樂唱片目錄》

　　宗述喜聽西洋古典音樂，購買唱片與音響器材從不手軟。自一九六一年即開始購買原版唱片，並有筆記本登錄唱片曲目、相關資料、聆賞心得等。至一九八九年二月，共有筆記本十二冊，登錄唱片一三八七張。每冊前製作「索引」，抄錄與音樂有關的名言，貼指揮家或作曲家、演奏家相片。茲錄第一冊六頁及該冊索隱二頁，可見其用心。

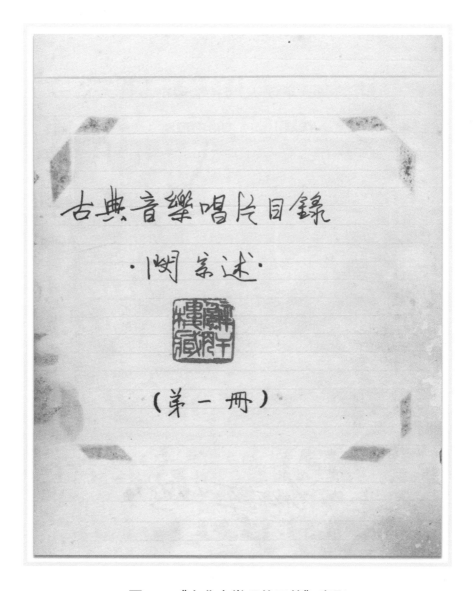

圖一 《古典音樂唱片目錄》書影

此為第一冊頁首書影，上有辭肝樓藏印記。

圖二　封裡貼指揮家影像

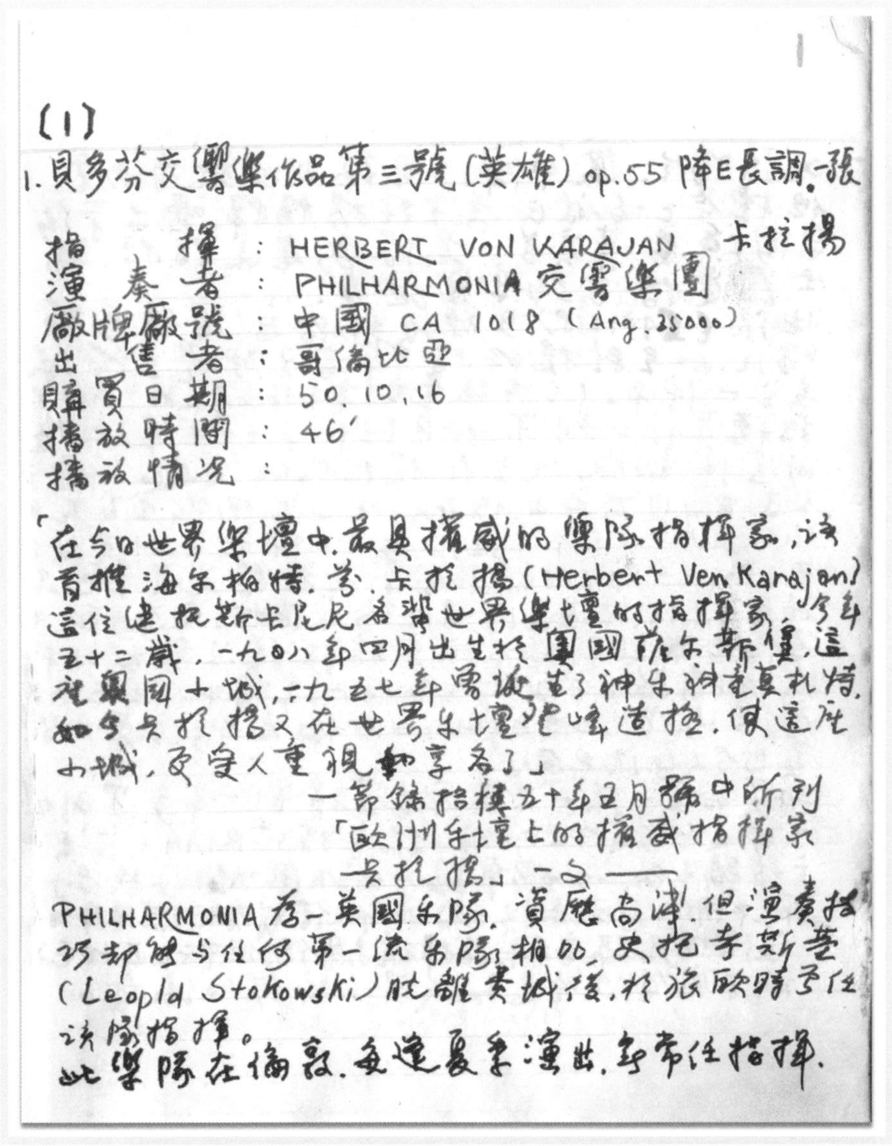

〔1〕

1. 貝多芬交響樂作品第三號（英雄）op.55 降E長調 一張

指揮：HERBERT VON KARAJAN 卡拉揚
演奏者：PHILHARMONIA交響樂團
廠牌廠號：中國 CA 1018（Ang. 35000）
出售者：哥倫比亞
購買日期：50.10.16
播放時間：46′
播放情況：

「在今日世界樂壇中，最具權威的樂隊指揮家，該首推海伯特．馮．卡拉揚（Herbert Ven Karajan）這位繼托斯卡尼尼名滿世界樂壇的指揮家，今年五十二歲，一九〇八年四月出生於奧國薩爾斯堡，這座奧國小城，一九五七年曾誕生了神童莫札特，如今卡拉揚又在世界樂壇登峰造極，使這座小城，更受人重視和享名了」
—節錄指揮五十年五月號中所列「歐洲樂壇上的權威指揮家卡拉揚」一文——

PHILHARMONIA為一英國樂隊，資歷尚淺，但演奏技巧卻能與任何第一流樂隊相比，史托考斯基（Leopld Stokowski）脫離費城後，於旅歐時曾任該隊指揮。
此樂隊在倫敦，每逢夏季演出，年常任指揮。

圖三之一　宗述唱片記錄〈貝多芬交響樂作品第三號（英雄）〉，頁一

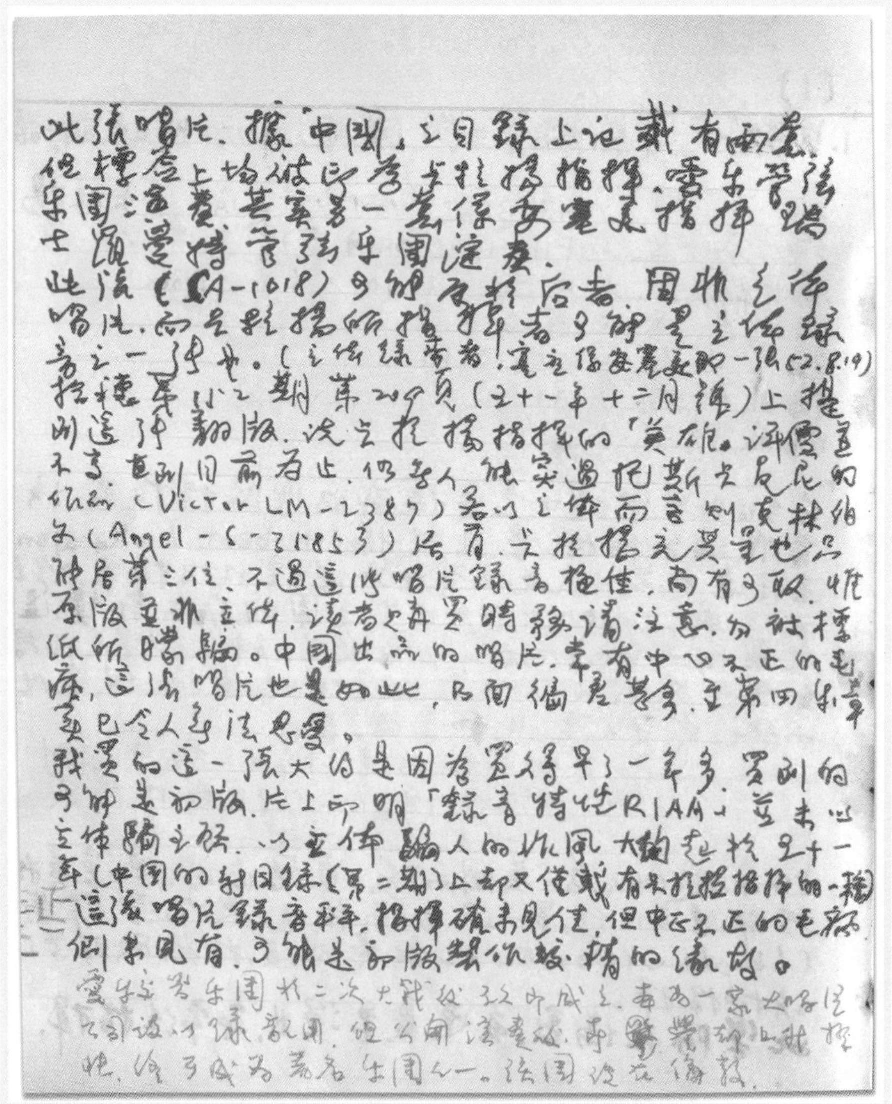

圖三之二　宗述唱片記錄〈貝多芬交響樂作品第三號（英雄）〉，頁二

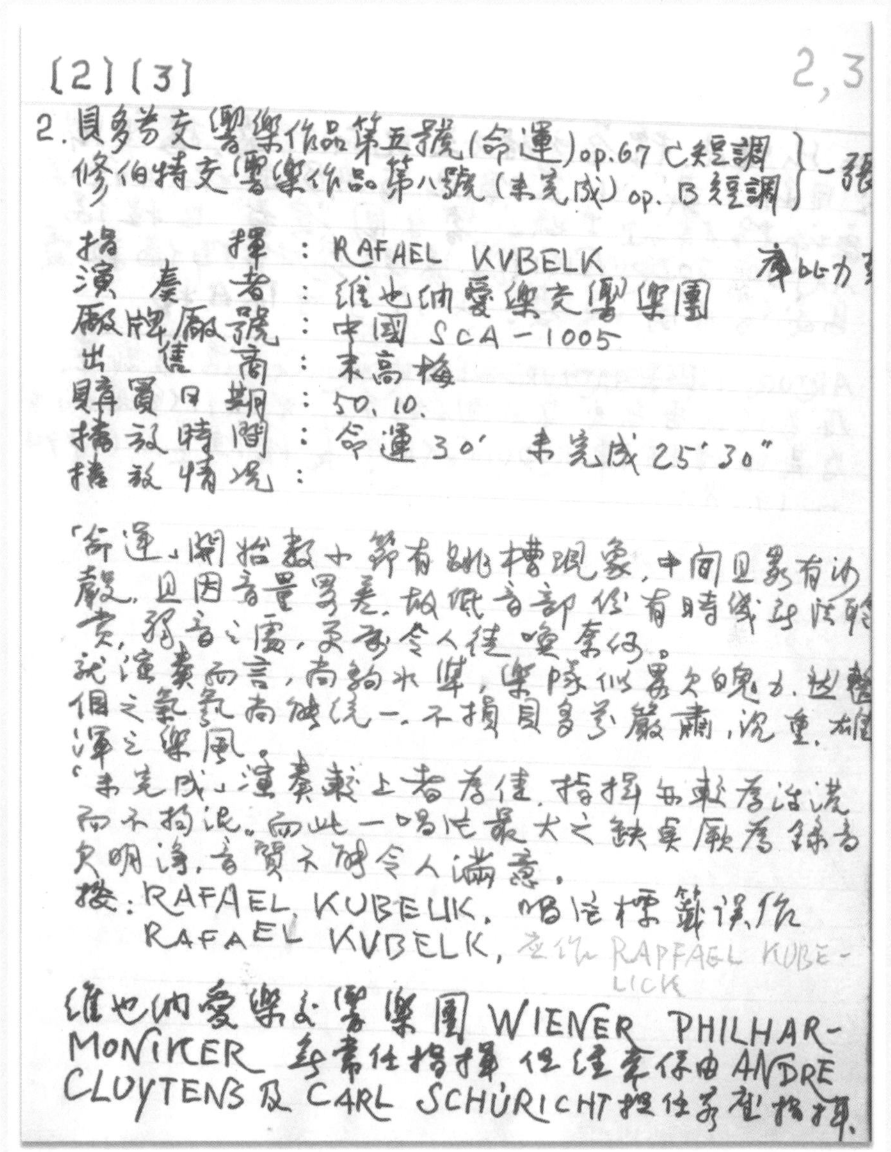

[2] [3]　　2,3

2. 貝多芬交響樂作品第五號(命運) op.67 C短調 } 一張
修伯特交響樂作品第八號(未完成) op. B短調 }

指　　揮：RAFAEL KVBELK　庫比力克
演奏者：維也納愛樂交響樂團
廠牌廠號：中國 SCA－1005
出售商：來高梅
購買日期：50. 10.
播放時間：命運 30′　未完成 25′30″
播放情況：

「命運」開始數小節有跳槽現象，中間且多有沙聲，且因音量過差，故低音部份有時幾乎不能聽見，弱音之處，更常令人徒嘆奈何。
就演奏而言，尚夠水準，樂隊似略欠魄力，然整個之氣氛尚能統一，不損貝多芬嚴肅，沉重，雄渾之樂風。
「未完成」演奏較上者為佳，指揮亦較為活潑而不拘泥。而此一唱片最大之缺點為錄音欠明淨，音質不能令人滿意。
按：RAFAEL, KUBELIK, 唱片標籤誤作 RAFAEL KVBELK, 應作 RAPFAEL KUBE-LICK

維也納愛樂交響樂團 WIENER PHILHARMONIKER 無常任指揮 但經常係由 ANDRE CLUYTENS 及 CARL SCHÜRICHT 擔任客座指揮.

圖四之一　宗述唱片記錄〈貝多芬交響樂作品第五號（命運）〉，頁一

圖四之二　宗述唱片記錄〈貝多芬交響樂作品第五號（命運）〉，頁二

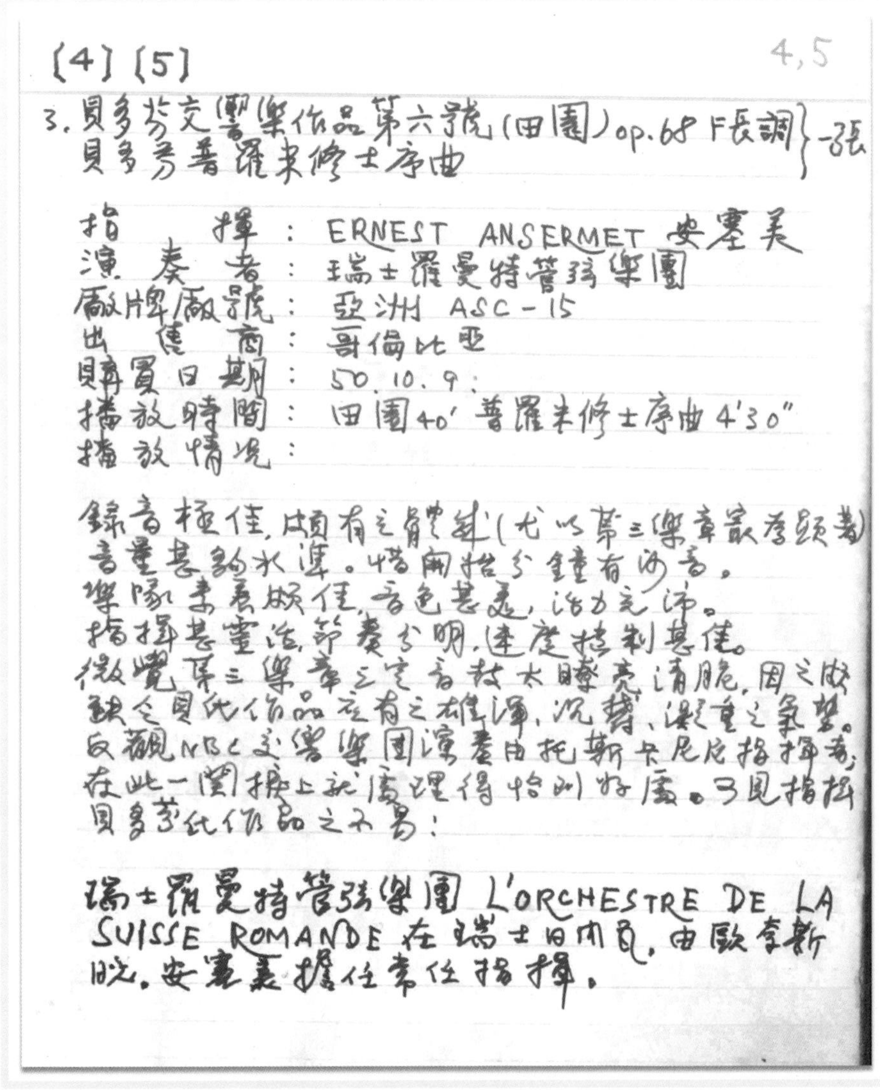

[4] [5]　　　　　　　　　　　　　　　4,5

3.貝多芬交響樂作品第六號(田園)op.68 F長調 }一張
　貝多芬普羅米修士序曲

　指　　揮 : ERNEST ANSERMET 安塞美
　演　奏　者 : 瑞士羅曼特管弦樂團
　廠牌廠號 : 亞洲 ASC-15
　出　唱　商 : 哥倫比亞
　購買日期 : 50.10.9.
　播放時間 : 田園40' 普羅米修士序曲 4'30"
　播放情況 :

　錄音極佳,咸有之能其(尤以第三樂章最為顯著)
　音量甚夠水準。慢兩拍分鐘有沙音。
　樂隊表現頗佳,音色甚美,活力充沛。
　指揮甚富浩,節奏分明,速度控制甚佳。
　微嫌第三樂章之定音鼓太噪亮清脆,因之咸
　缺乏貝此作品应有之雄渾,沉摯,激昂之氣熱。
　反觀NBC交響樂團演奏由托斯卡尼尼指揮者,
　在此一關揑上就處理得恰到好處。3圓指揑
　貝多芬氏作品之子弱:

　瑞士羅曼特管弦樂團 L'ORCHESTRE DE LA
　SUISSE ROMANDE 在瑞士日内瓦,由歐李斯
　脫,安塞美擔任常任指揮。

圖五　宗述唱片記錄〈貝多芬交響樂作品第六號(田園)〉

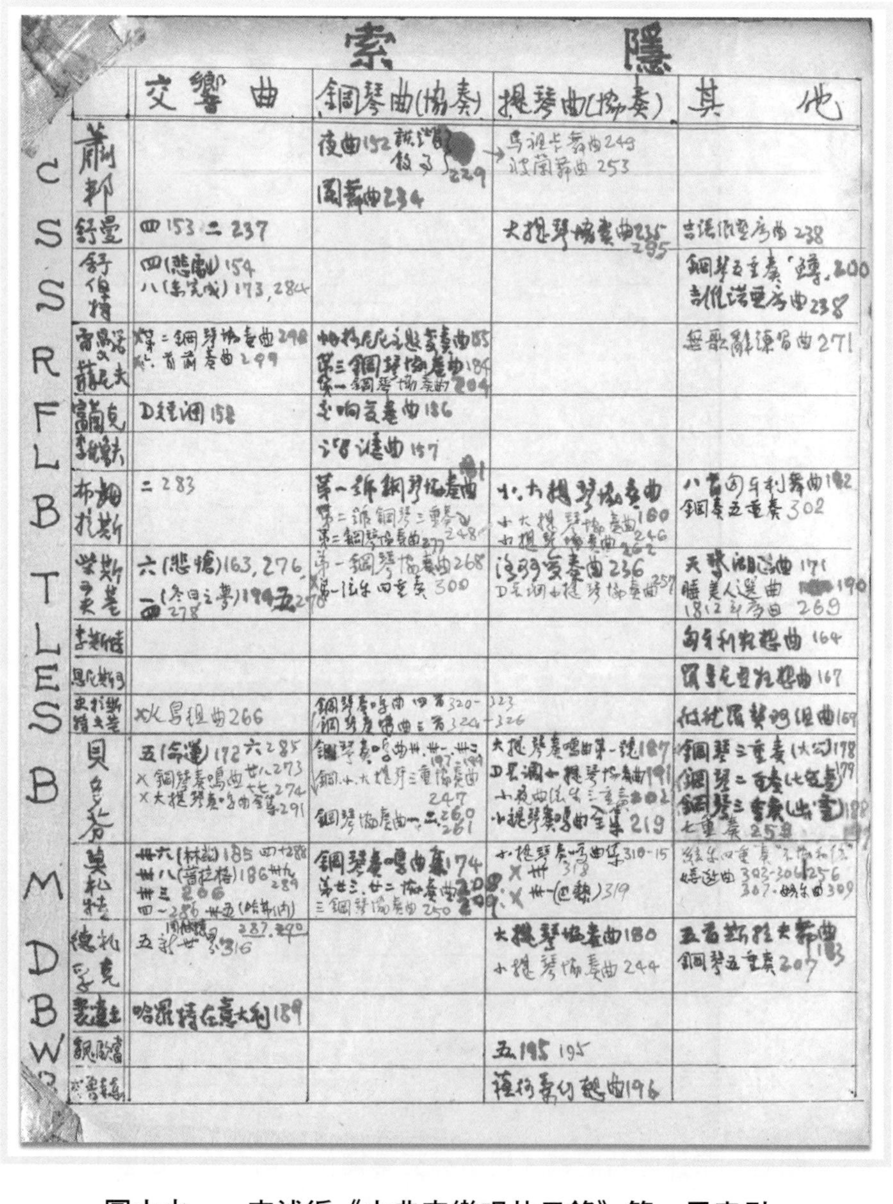

圖六之一　宗述編《古典音樂唱片目錄》第一冊索引

圖六之二 宗述編《古典音樂唱片目錄》第一冊索引

十二　長輩與同窗作品

　　長輩錄宗述尊翁孝吉、大伯父孝同作品；同窗錄廖令德、林端常、洪惟助作品，三位自大學以來與宗述交往最密，受其影響最大的同學。

孝吉作品

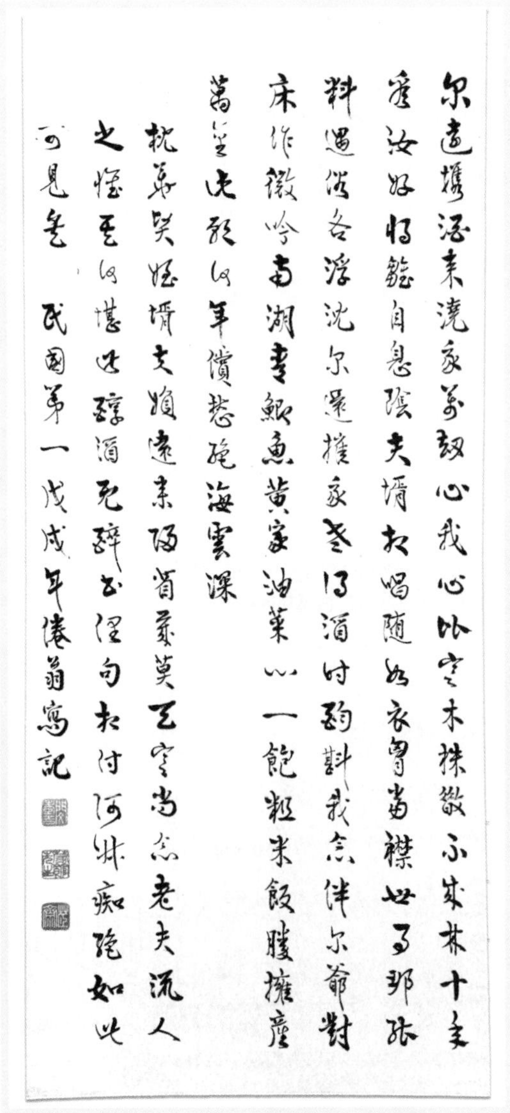

圖一　孝吉為姪女婿枕華所書詩作，一九五七（戊戌）年。

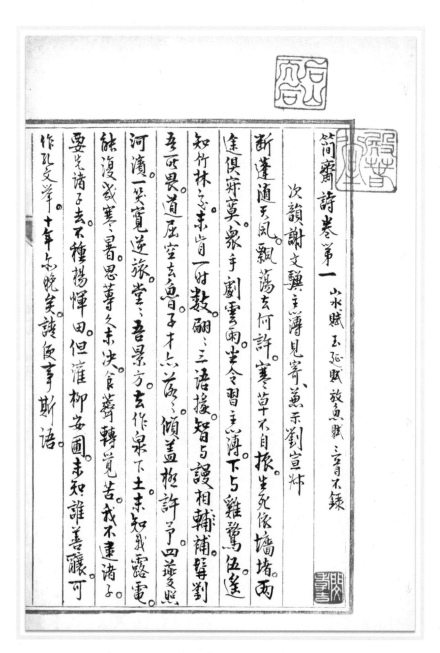

圖二之一　孝吉抄錄《簡齋詩》第一至十三卷，有眉批，頁一。

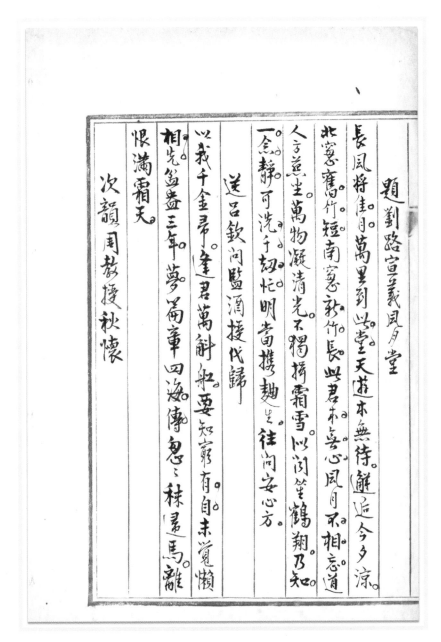

題劉路宣義風月堂

長風將佳月萬里到此堂天遠未無待離近今夕涼。
北窗齋竹短南窗秋竹長此君未喜心風月不相忘道
人亏藐生萬物凝清光不獨攜霜雪以問笙鶴翔乃知
一念靜可洗于斯忙明當吾攜麴子往問安心方。

送呂欽問監酒攜代歸

以我千金帚逢君萬斛舩要知窮有自未覺懶
相先盆盎三年夢蒿藋四海傳急急株遙馬離

恨滿霜天。

次韻周教授秋懷

圖二之二　孝吉抄錄《簡齋詩》第一至十三卷，頁二。

海濱先生七秩壽頌

中華民國四十三年二月八日榮逢

海濱鄒先生七秩攬揆之辰，春台載熙，以德遠邇，人興兩壽、

洪範有歲，枝葉克輝，大椿方茂、蓬瀛樓閣入望皆仙翁、

表雄奇勁靈自地修海陽之故事、爰重春英、叩國老

之生年將疑甲子、是則馘嘘祝禮以催後於上庠、爵

蓋廣敦、延美意於多士矣、斯敬式用作頌声其辭曰口

卓爾先生志德怵張、弱冠力学誰日与量壯謀鼎革、

鳳壽寫翔獻瓚嘗宇直先言有章、燗彼巨懿示我

金雘深慈甄育畫啟宮牆、閎文弘護省紀周行春

圖三之一　孝吉為立法院長張道藩擬〈海濱先生七秩壽頌〉，頁一。

凤霖雨广被无疆、永思達園賓蕪衆芳、興中託

始例叢三長遠遊、觀治馳譽四方、漢隆高氣仁旨廠、

昌末禍昔潛見冰形霜晦沉識偉抱應之弥彰公、

不自多妄顯芳藏回懷祿成以衍餘芸琴華、

燈夢日競表焙黨珍堅枝圖重元良祝公為年端、

駿泵强壽海為酒同醉雲輸、

張道。孝撰拜祝

核

呈

以册夏一本寫妙通報報於中之報蔣發唇簽凡因邊言

開泗言言
中趙言言

立法院用箋

圖三之二　孝吉為立法院長張道藩擬〈海濱先生七秩壽頌〉，頁二。

圖四之一　孝吉為其師古直所著《鍾記室詩品箋》題箋

孝吉之師古直，曾任廣州中山大學教授，其著作《鍾記室詩品箋》於一九六八年在臺北廣文書局出版。

圖四之二　孝吉於《鍾記室詩品箋》扉頁以朱筆述出版之原由，頁一
孝吉於出版品扉頁以朱筆記述出版原由，字則由宗述代筆。

秦火雖烈此卷終存回思校錄此書之時距今

歲正四十年予年六十又一矣流光彈指感痛彌深

率成短章示兒輩云

太乙巉天日斫風著書老子亦猶龍回頭四十

年閒事都在模糊淚眼中

陶公品列蒲中上千載無人破此疑誰耕後時

原別重太山沒字直題秦碑
陶公詩原在上品為人竄列先生據太平御覽破此疑案

懟我真荒陸氏莊山躓莽塞未升堂九原倘作

徒增唰㸓鱔庖蛙爾擅場

也快事

戊申七月
菖蕃寫記

圖四之三　孝吉於《鍾記室詩品箋》扉頁以朱筆述出版之原由，頁二

孝同作品

　　一九四九年兩岸隔絕以前，孝吉先生與長兄孝同先生常有書信往返，論學談詩，亦談家中瑣事。茲錄孝同信一封，詩二首。

圖五　孝同與孝吉家書

圖六　孝同寄孝吉詩

圖七　孝同寄孝吉詩

令德作品

　　令德中學時即喜書法、篆刻，進入中國文化學院，與宗述日夕論藝，益精進。退休後，自習山水畫，亦有可觀。茲錄書法一對聯、一條幅。二件均於二〇一四年回台灣時在舍下所書。對聯為大字楷書，條幅為草書唐錢起〈省試湘靈鼓瑟〉詩：「善鼓雲和瑟，嘗聞帝子靈。馮夷空自舞，楚客不堪聽。苦調淒金石，清音入杳冥。蒼梧來怨慕，白芷動芳馨。流水傳瀟浦，悲風過洞庭。曲終人不見，江上數峯清。」

　　山水畫二幅，一幅傳統山水畫；一幅是美國山水，卻題自作的〈華岡憶往懷宗述端常〉詩。此詩後來令德又署作修改，云：「遊樂小園[1]三紀遙，分餐共硯性情豪。大成館內讀龜骨，菲華樓[2]前仰二喬[3]。書工唐楷驚登善[4]，印變漢文過三橋[5]。依舊白雲紗帽裏，草山夢返恨早凋。」題「憶華岡舊遊兼懷宗述、端常」。

　　治印錄五方：「端常藏書」、「惟助翰墨」、「小石」、「張敬字清徽藏書記」、「榮銚翰墨」。「小石」為其子小名。張敬為其臺灣大學中文系老師。榮銚當是臺大中文系同學。

1　小園：華岡附近有園林試驗所，遍植各種花木。我們常去散步。
2　菲華樓：當時女生宿舍。
3　二喬：令德、端常各心儀一位女同學，但從未表白。令德暱稱所心儀者為大喬，端常稱心儀者為小喬。
4　登善：唐代大書法家褚遂良字登善。
5　三橋：明代書法家文徵明長子文彭，號三橋。明王世貞《吳中往哲像贊》曰：「文彭善真、行、草書，尤工草、隸，咄咄逼其父。」其篆刻成就尤高，影響後世甚巨。治印家立有宗派自文彭始。

圖八 廖令德為洪惟助書對聯

圖九　廖令德書錢起詩

圖十　廖令德山水畫

圖十一　廖令德繪美國山水畫

題〈華岡憶往懷宗述端常〉詩。

圖十二　令德於一九六九（己酉）年赴美國進修前，
　　　　為端常、惟助治印留念

圖十三　令德為兒子、老師、同窗治印

最上：為兒子小石治印；中上：為張敬老師治印；下三：為同窗榮銚
治印。

端常作品

圖十四　端常書〈後山詩〉

書後山詩。丙辰年（1976）春夜端常來舍下酒敘，當時二人三十餘歲，俱未婚，薪資低，教學研究環境不佳，頗有潦倒之感，二人不覺同吟後山詩。數日後，端常寄來此條幅，氣韻生動，筆法自然，常懸掛我書房。

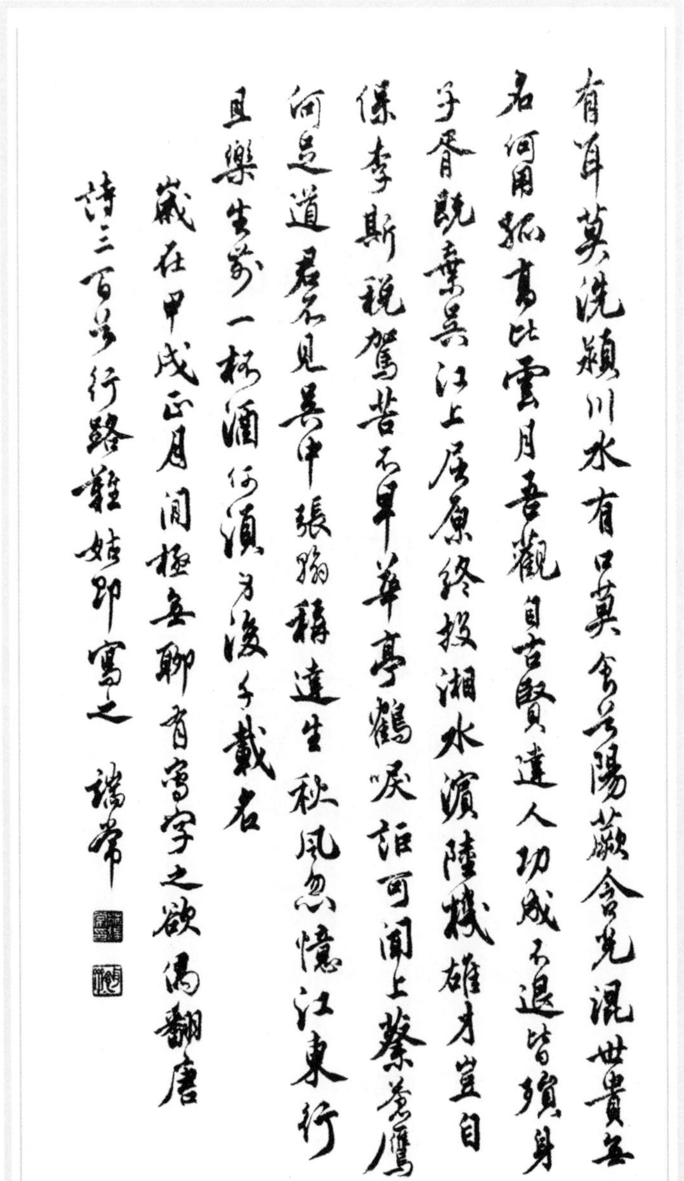

有耳莫洗潁川水，有口莫食首陽蕨。
含光混世貴無名，何用孤高比雲月。
吾觀自古賢達人，功成不退皆殞身。
子胥既棄吳江上，屈原終投湘水濱。
陸機雄才豈自保，李斯稅駕苦不早。
華亭鶴唳詎可聞，上蔡蒼鷹何足道。
君不見吳中張翰稱達生，秋風忽憶江東行。
且樂生前一杯酒，何須身後千載名。

歲在甲戌正月閒極無聊有富字之欲偶翻唐
詩三百首行路難娃卯寫之　端常

圖十五　端常書李白〈行路難〉，一九九四（甲戌）年。

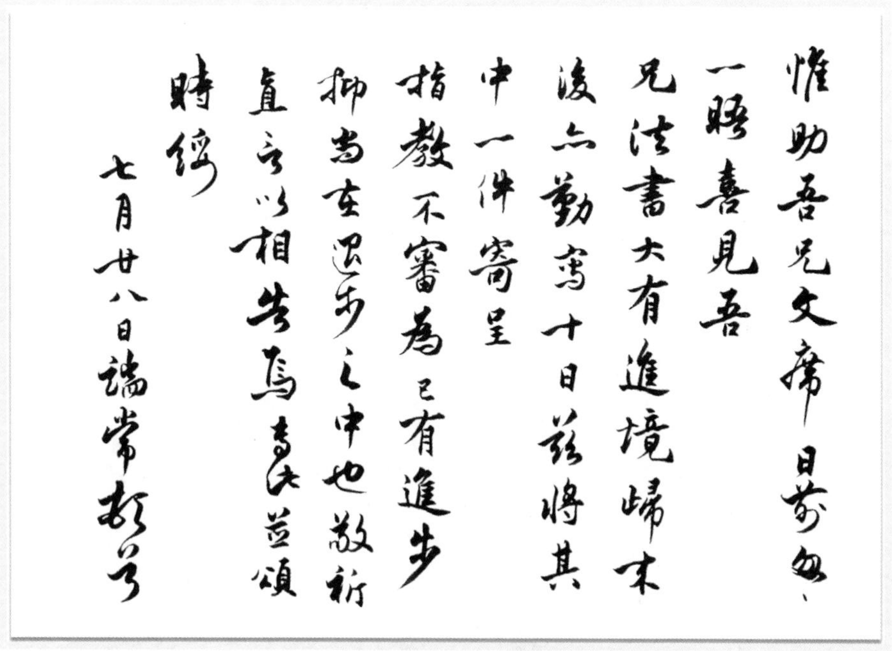

惟助吾兄文席 日前叨、
一晤喜見吾
兄法書大有進境歸末
後六勤寫十日茲將其
中一件寄呈
指教不審為己有進步
抑尚在退步之中也敬祈
直言以相告為要並頌
時綏
七月廿八日端常拜

圖十六　端常與惟助書

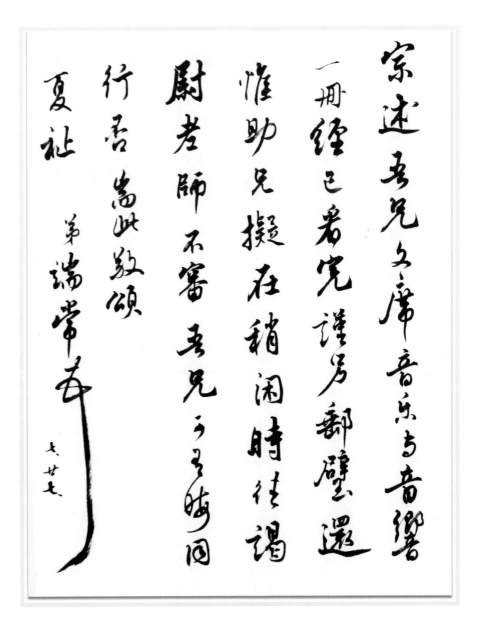

圖十七　端常與宗述書

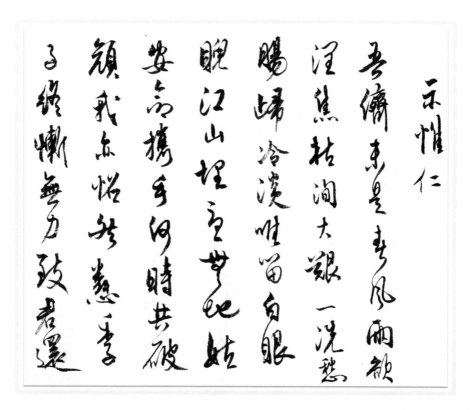

圖十八　端常詩〈示惟仁〉

惟仁為惟助之弟，好鳴不平，於一九七二年間倡言：「萬年國會特權
利益交結，立委、國代必須全面改選，走向真正民主，國家才有希
望。」被當時政府逮捕，以「陰謀叛亂」罪名判刑十年。端常受顧貞
觀寄吳漢槎〈金縷曲〉之啟發，作此詩。

圖十九之一　端常印刻「耳食齋作」，附短信

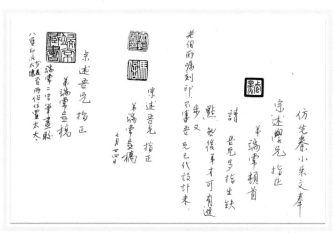

圖十九之二　端常印刻六方

上一：林；上二：端常；下右一：上官黑；下中二：富軻私印、馮
信；下左：端常藏書

惟助作品

圖二十之一　惟助書李白〈廬山謠寄盧侍御虛舟〉，四屏之二

惟助對自己作品難有滿意者，因而隨作隨棄，少有保留。茲商請堂姪銘聰拍攝於一九九○（庚午）年，惟助為堂兄惟平所書之四屏。原稿因室內潮濕，紙已發黃。

壯觀天地間大江茫茫去不還黃雲萬里動風色
白波九道流雪山好為廬山謠興因廬山發
嶺石鏡清我心謝公行處蒼苔沒早服還

丹崖夾情琴心三疊道初成遙見仙人彩雲裏
手把芙蓉朝玉京先期汗漫九垓上願接盧
敖遊太清
李白廬山謠寄盧侍御虛舟　庚午　惟助

圖二十之二　惟助為堂兄惟平書李白〈廬山謠寄盧侍御虛舟〉，
　　　　　　四屏之二

故人賞我趣　挈壺相與至

班荊坐松下　數斟已復醉

父老雜亂言　觴酌失行次

不覺知有我　安知物為貴

悠悠迷所留　酒中有深味

陶潛飲酒詩　戊辰暮春　洪惟助於內湖夢庵

圖二十一　惟助書陶潛〈飲酒詩〉

於一九八八（戊辰）年作，現懸掛於惟助之弟惟智家中客廳。

圖二十二　惟助為樊曼文老師治印，上為印面，下為邊款

「樊曼文印」。惟助從宗述治印，大約刻了十餘方。刻印太費眼力，有一次，眼睛聚焦於石章小方塊二個多小時，猛抬頭，火冒金星，天地旋轉，十餘分鐘後始漸恢復正常。於是決定封刀。此一方為惟助所刻，唯一存留於世上之印。幸得曼文老師保存，去歲從美國攜回臺灣，拓下了印章及邊款。

圖二十三　惟助作宗述修訂絕句四首之一

惟助作詩、詞均請宗述、端常指正。戊申年（一九六八）臘月，七星山下雪，惟助與端常上山追雪，返回宿舍，當晚作絕句四首，寄宗述教正，宗述修改後，以毛筆書寫寄回。

圖二十四　惟助作宗述修訂絕句四首之二

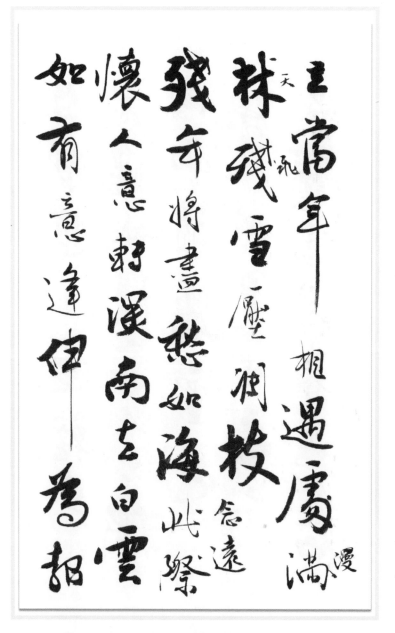

圖二十五　惟助作宗述修訂絕句四首之三

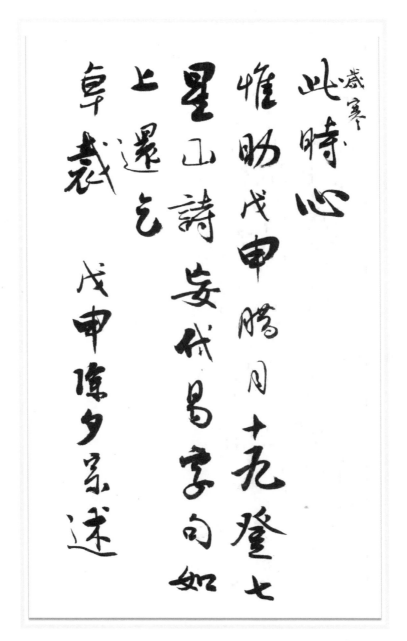

圖二十六　惟助作宗述修訂絕句四首之四

惟助〈戊申臘月十九登七星山〉詩四首原作：

聞道七星飄白雪，蕭條意緒強登臨；
少年病酒非無故，舊夢驚回恐不任！

裙屐如雲遊興奢，放歌攜手逐輕車；
劇憐幽境無人共，獨向山頭撲雪花。

羣山萬壑笑吾癡，煙靄淒迷暮色遲；
佇立昔年相遇處，滿懷殘雪對枯枝。

舊愁萬斛堆胸臆，嬾慢疏狂成嘯吟；
南去白雲知我否？逢伊為報此時心。

十三　師友書信

　　宗述較內向，交友並不廣闊，但許多有成就人士以能與他交遊為幸。高陽是名滿天下的作家，亦深悉古典詩詞。宗述曾寫信給高陽討論高陽文章，並提出可商榷之處。高陽回信感謝，並表達願與交遊。惟助曾有機緣與高陽飲酒聊天，言及宗述，高陽說：「閔氏父子學問實在好！」顏崑陽是當今中文系名教授，信中亦表達「願得機緣，一吟高韻」。王文興是臺大名教授，名作家，曾作一文〈懷仲園〉，謂宗述是影響他最深的人。景新漢是宗述高中同學，曾任臺大詩刊主編，在臺灣大學畢業時寫信給宗述，說要拜宗述為師學填詞。端常更不用說，詩詞、書法、篆刻，聽西洋古典音樂等等都受宗述深刻的影響。李曰剛師赴新加坡講學後仍來信勉勵宗述。我在宗述舊篋中選出七函以誌宗述之交遊。

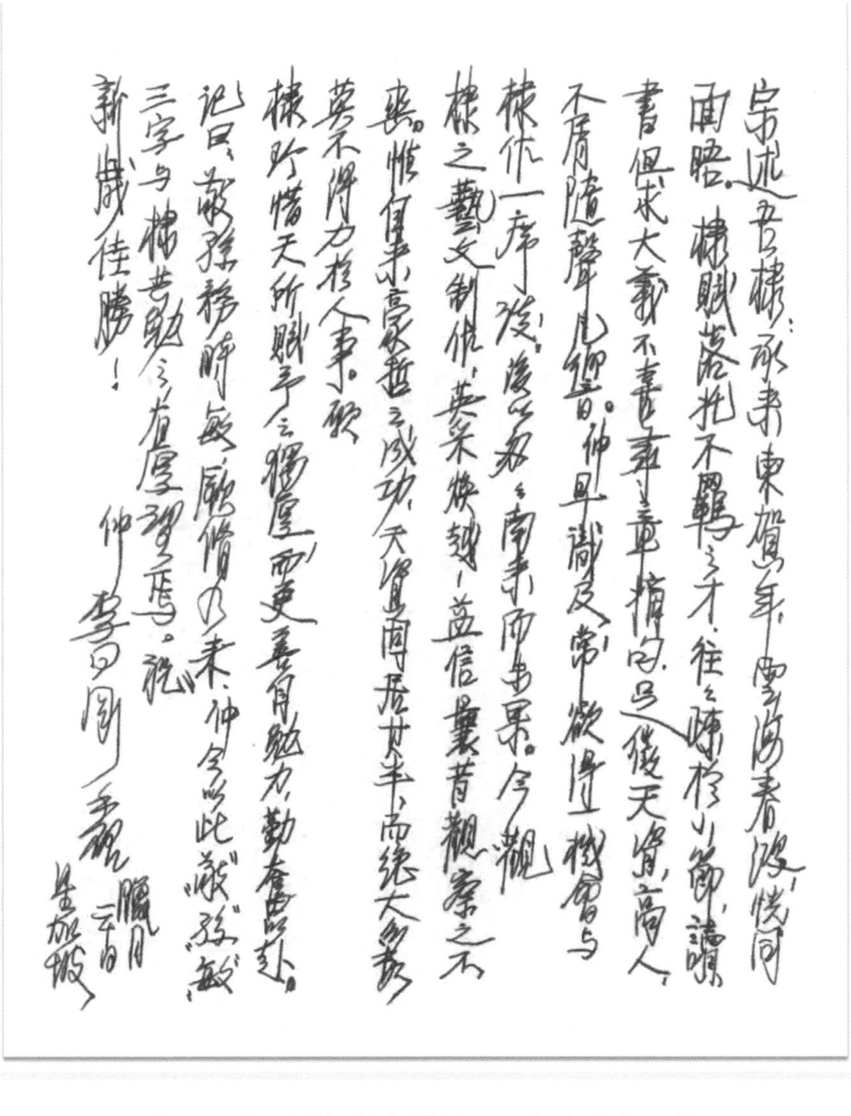

圖一　李曰剛師勉宗述函，一九六六年元月

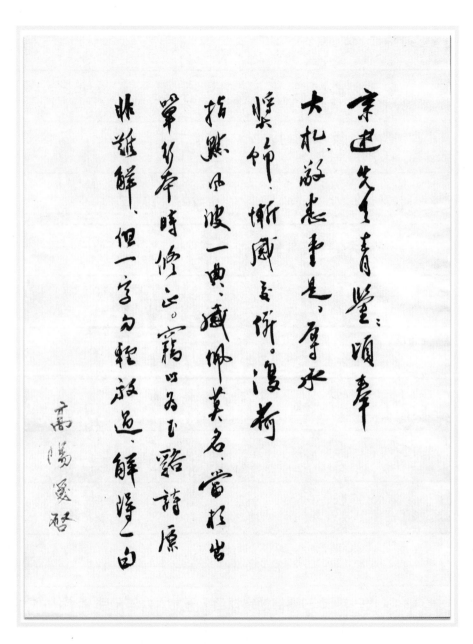

圖二之一　歷史小說名家高陽（本名許晏駢）回覆宗述函，之一。

是一鳴、鮮淨一首是一首、積久而功自

見、令浮

間矣、蓋証今之自信不廣、自明末

以來蔑玉酤諸生面失之程實驚、

唁誤儒生字書爭之失、以故諉

龍埃之作唁不浮其解、此人張雨

高陽　晏啟

圖二之二　歷史小說名家高陽（本名許晏駢）回覆宗述函，之二。

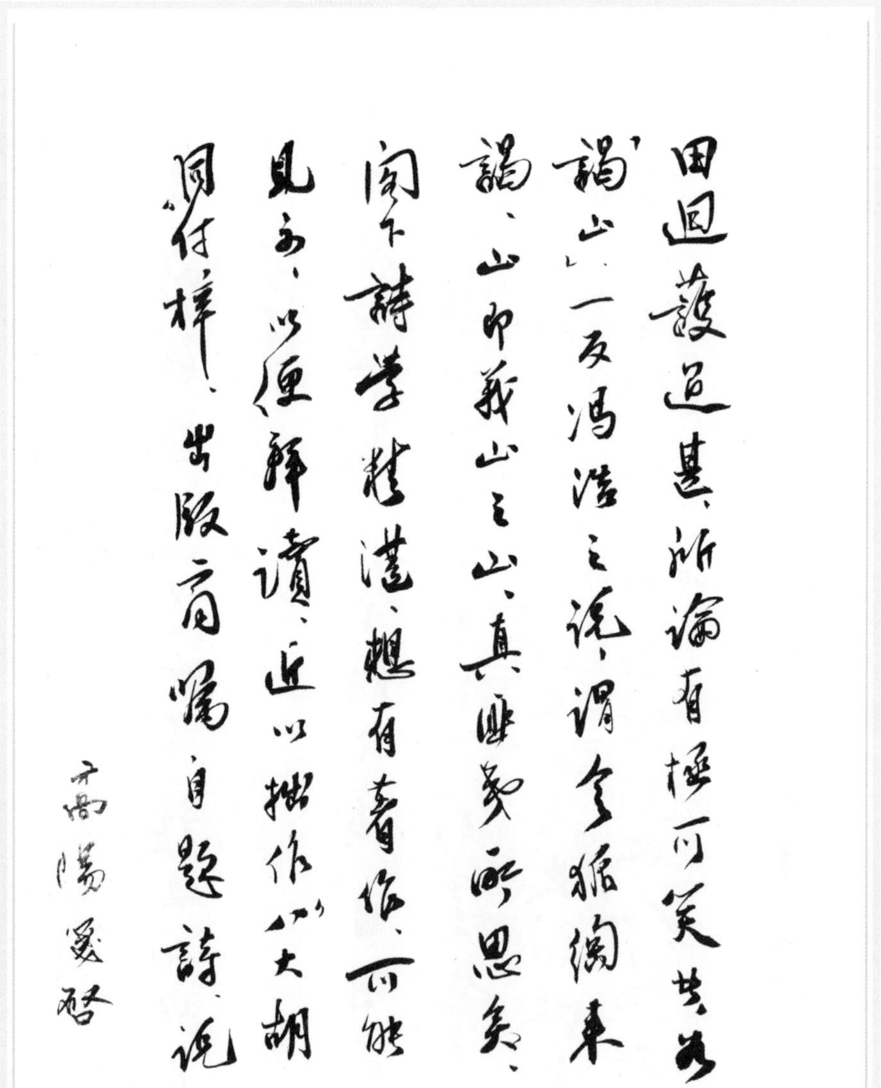

回護過甚，所論有極可笑者，為「謁山」，一反馮浩之說，謂今據偽本，謁山、山即義山之山，真與夢所思矣。閣下詩學精湛，想有著作，可能見示，以便拜讀。近以拙作《大胡同》付梓，出版商屬自題詩，說

高陽 燮啓

圖二之三　歷史小說名家高陽（本名許晏駢）回覆宗述函，之三。

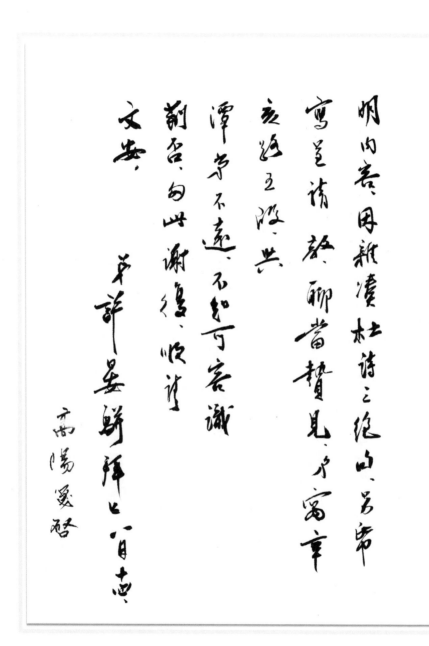

明內兄　因新凟杜詩之絕句，另當
寫呈請教，聊當贄見，不寫章
亥涉之游興
潭亭不遠，不如可容識
割吾，勾此謝復，順請
文安
弟　許晏駢拜上　八月廿
高陽愛啓

圖二之四　歷史小說名家高陽（本名許晏駢）回覆宗述函，之四。

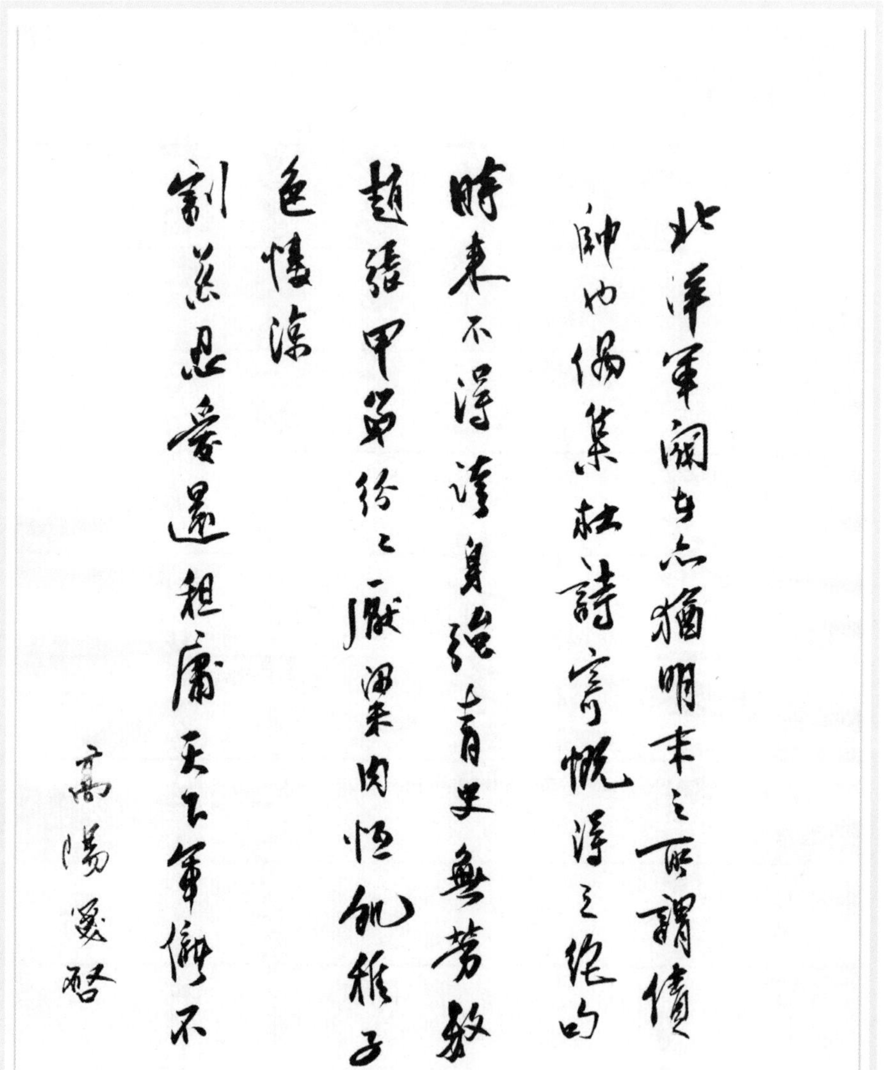

北洋軍閥女六猶明末之所謂傷
帥也偽集杜詩寧悅浮之絕句
時來不浮逢身絕青史無夢教
趙潞甲第給之一厥渾染肉恨飢雅子
色憶涼
剝蒁思夢遠租庸天下軍儲不

高陽燮啟

圖二之五　歷史小說名家高陽（本名許晏駢）回覆宗述函，之五。

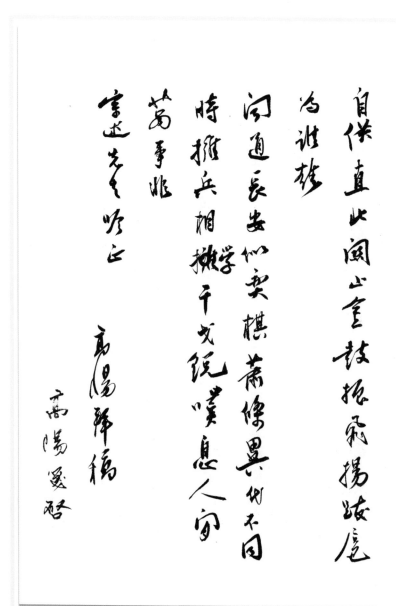

圖二之六　歷史小說名家高陽（本名許晏駢）回覆宗述函，之六。

宗述兄：很抱歉，這封信今天，我才回給你。第三月考歷得我喘

不過氣來。今天剛考完。河心情糟說改的詩，我想我原來的作

的不成菩為詩，經你一改，多少有點像了。經這些劃來，我始終有

一種感覺，我們所讀的課本，太沒意思了，到來了仍舊老先，尤其

言課美明著妙的教學。因此我這些劃對定特別不闊心我們死後

有遠擇你好的糊列，這經教育制度是該改革我教的容說判

之聘公列不令我的意思，不過我們是新奉科，現此勝列。其做等

可注主稿自己心愛的科目，被菩很要的，如果把橫力化去沒更之上.

圖三之一　王文興念高中時致宗述函

那麼將一筆勾銷。據這種思想的並不止我一人，我的同學們對於

愛羅日，不見得也毫不在意。這種態度是這學期才有的，從我

初中的放不羈跟得可笑。

議員競選熱了一陣子，大家奎陪作戲，競選時說亦左例

分跟師都是好朋友，街上也會掛着你喊拜託，視熱那事。

「原野奇俠」達中冊子，味道還不錯，可惜印得像電影故

事。你又修三民主義考第三，蕃。

時地。

圖三之二　王文興念高中時致宗述函

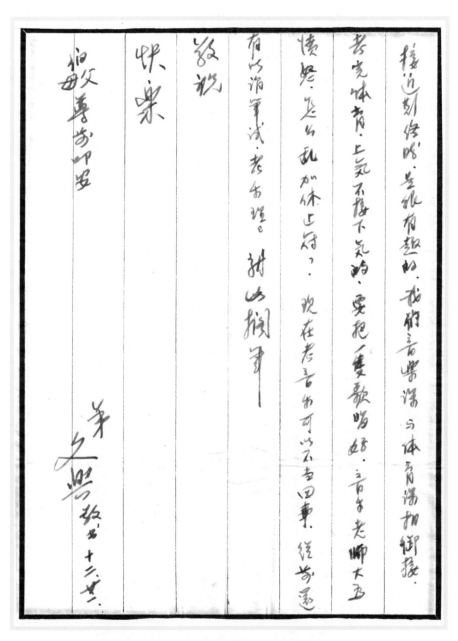

圖三之三　王文興念高中時致宗述函

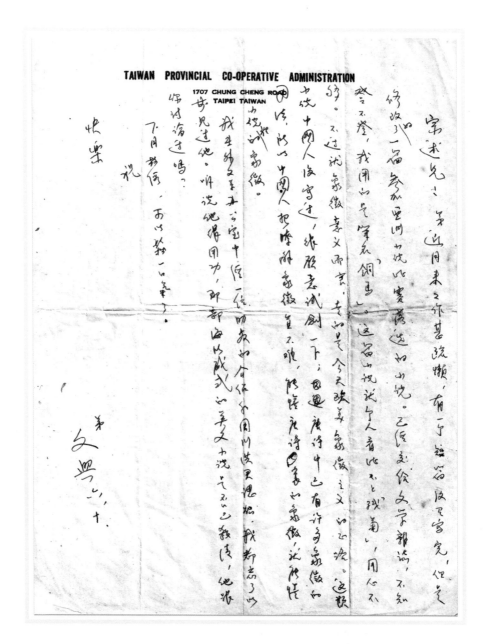

圖四　王文興就讀臺灣大學英文系時致宗述函

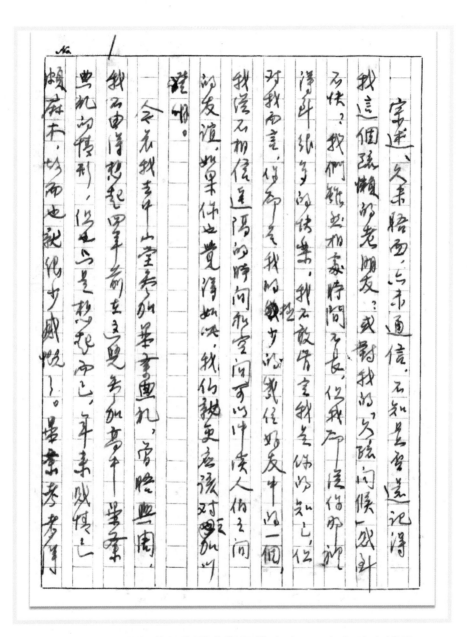

圖五之一　景新漢於臺灣大學畢業時（1959年）致宗述函

景新漢為宗述高中同學，信中所提興周、川洪均是建國中學同班同學。

極糟，是否能順利畢業尚未知之數，但不論
怎樣，四年總是過去了，四年來遇到了不少
的事情，思想上也起了不小的變化，但我不知道
如何去傳達這筆爛帳，也不知道怎樣对你
說些什么。要而言之，幾年來我在作人和讀
書上都到了「走火入魔」的地步。記得一次我
和與周在我房間談，就曾經這樣告訴過他，可
是他問我「走火入魔」作何解釋：當時他是我們
社團和新潮的負責人，在這樣組織廣，声譽方隆，正是
春風得意的時候，自然不會了解我的心境，實際
上這也只是我個人的感覺而已，很難对人說得清楚
勉強舉與人相處為例，我在台大認識人之多，可

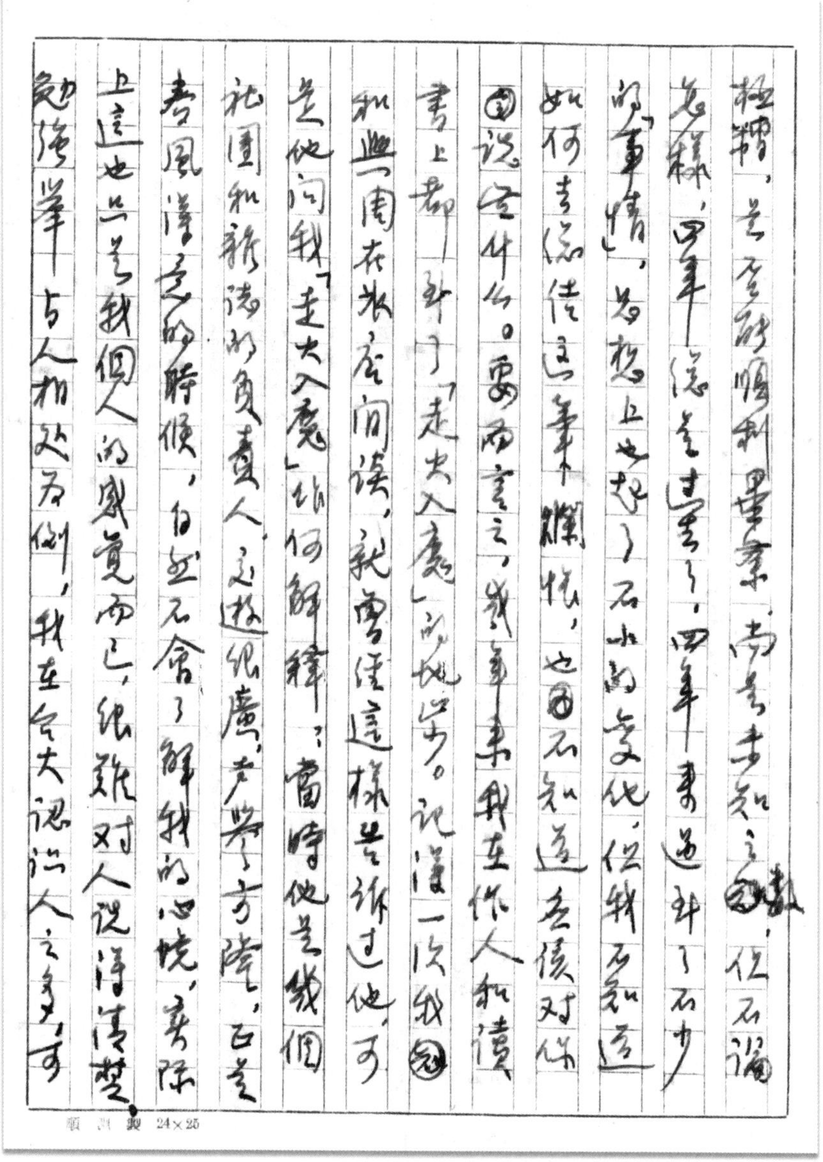

圖五之二　景新漢於臺灣大學畢業時（1959年）致宗述函

No. 2

（說著玩的，）四數一數，但是正真的摯友」，卻僅僅可數，並非看不起人，或性急不投合，實則既顧具特點。即以與同而論，幫了過我不少忙，我作論文時，並以川洪的資料見示，我竟未去函道謝，有時寫好了信，亦懶於寄出。雖們與同大堂，不會因此而見怪於我，然這總不是好現象。至於讀書，更是找不到出路，記得川洪前曾說君「缺乏時代野心」，此一評語，現在用之於我，卻是再恰當不過。君為友輩中學問修養均高人一等者，故頗望與君詳談，以資解為我解困惑耳。

來日往花蓮三月後入營受訓外，一切均不可料，亦未有任何打算，過一日是一日耳。

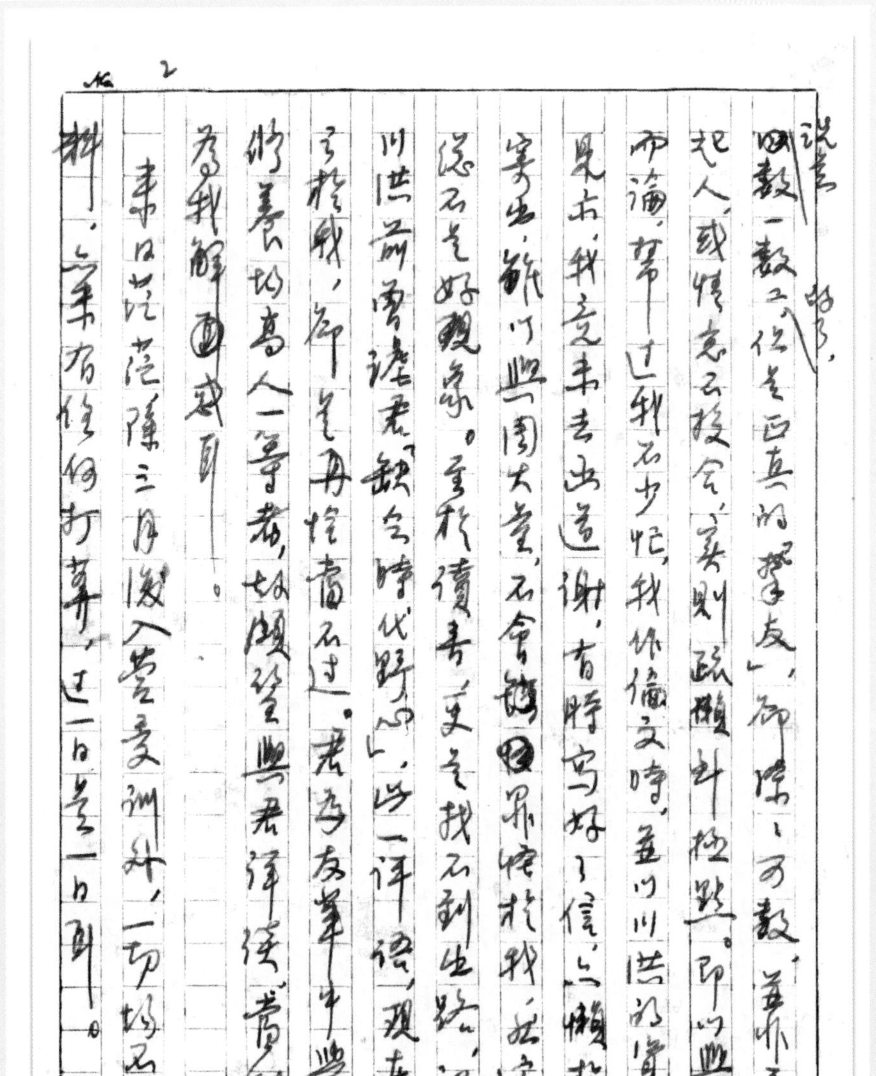

圖五之三　景新漢於臺灣大學畢業時（1959年）致宗述函

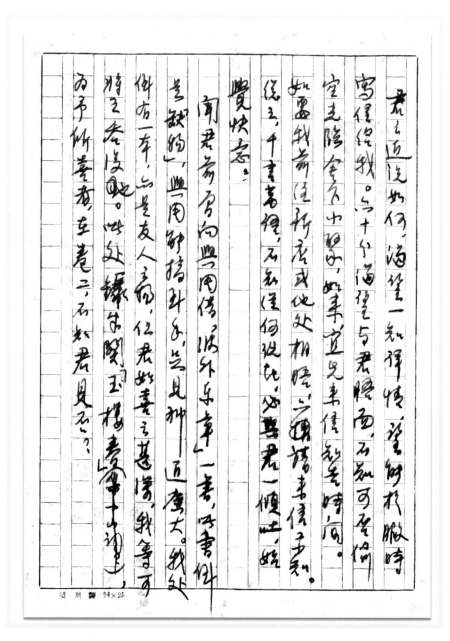

君之近況如何，海隅一別，彼此情況，尚不知悉。我於離臺時，寫信給我。如十分海隅与君慣面，不致可笑何空走階台入机歟，如畢業先未来信，新寄書時，同。如盡我前往新店或他处相晤之可接續寄書信子新後三，千書寄信，不知這份彼此，必要留君一順此。如

獎快志：
南君寄寫向興用信，城外至章一書，此書伴美觀物，興用聊楮升年，當見神－道廣大。我处倘有一本，尚是友人高，仁君如喜之慈讃，我等寺特之　合後如。此処嬢住関玉樓臺峰等十丹神志，而予所憶臺南，在巷三，不知君見否？

圖五之四　景新漢於臺灣大學畢業時（1959年）致宗述函

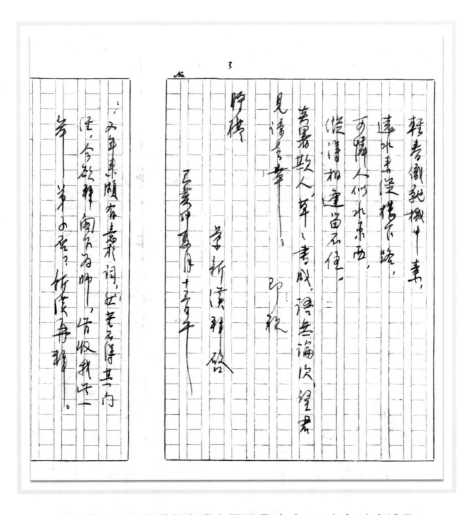

圖五之五　景新漢於臺灣大學畢業時（1959年）致宗述函

圖六之一　端常致宗述函

當時端常就讀中國文化學院中文所，宗述就讀政治大學中文所。二人為嘲弄朋友，集李義山詩，竟可以徹夜不眠。端常集詩後，較小的字為宗述集詩。

中國文化學院
COLLEGE OF CHINESE CULTURE
HWA KANG, YANG MING SHAN
TAIWAN, REPUBLIC OF CHINA

時有餘，其中滋味，君兄自然明白，爲了兩付

對聯，就往往使人氣結，好不容易找到一句

意思和句形都了對者，偏、它的平仄卻也相

同，而有時找到一句平仄不謬的句形者，又

定的意思都完全同了，爲了這兩封付對，我

已兩度將稿子丟棄，後來費了三小時寫其潦書

作罷，所以又撿了起來續成之。

昔四句言其幾不知風月，以重以對個把兩處

對花明，不知可否，第七句應作「城中懶大增」

圖六之二　端常致宗述函

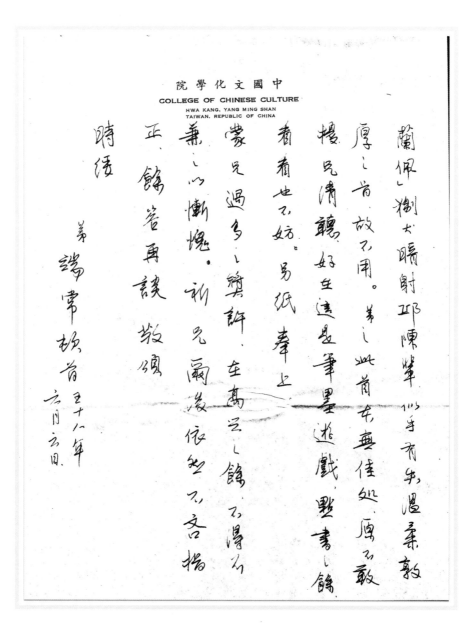

圖六之三　端常致宗述函

中國文化學院
COLLEGE OF CHINESE CULTURE
HWA KANG, YANG MING SHAN
TAIWAN, REPUBLIC OF CHINA

憶向天階問紫芝陽吾白道細如絲

重吟細把真無奈雨落花明俱了

知萱有蛟龍碧先必空教楚些岩

詠江離日西千綠池邊樹莫遣

佳期又後期

憶向色階向芳芝微雪東接迢末還垂吟細

把算多季夜陽臨流不自持室有蛟龍

慈失水空教楚些詠江新誦滿宮學士皆

趙色莫遣佳期又後期

圖六之四　端常致宗述函

圖七之一　顏崑陽致宗述函。

顏崑陽曾任淡江大學、中央大學、東華大學等校中文系教授。

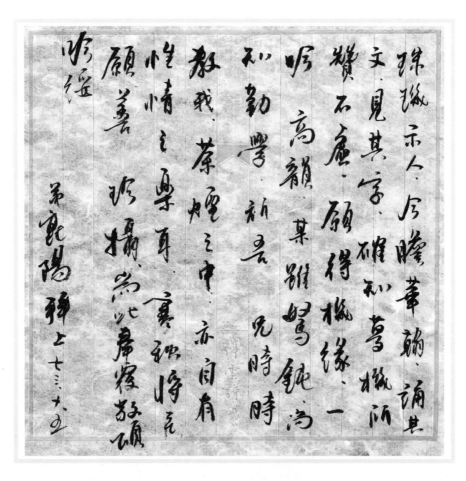

圖七之二　顏崑陽致宗述函。

十四　詞

　　詞是宗述的最愛，用功亦最深。一九五四年暑假，宗述高二升高
三，即將大學聯考，卻在抄納蘭性德《飲水詞》，三百五十闋。抄
畢，又抄《三李詞》（李白、李後主、李清照）。一九五九年手抄喬大
壯《波外樂章》，次年又抄錄一過。其後所為論文，多與詞有關。碩
士論文《飲水詞補箋》頗見功力。當時口考老師建議：李勗的《飲水
詞箋》並不出色，鼓勵宗述直接做《飲水詞箋注》。宗述覺得很有道
理，但終其一生，並沒有完成。我曾想為宗述完成此事，但轉眼已進
入衰年，恐無機會，甚為遺憾！

　　《悠波閣詞稿》四卷，共七十八闋，是宗述高中時所作，以毛筆
書寫成冊（〈六　《寄懷集》、《悠波閣詞稿》選〉中影印封面及詞稿
二頁）。「少年情懷總是詩」，作品頗見情韻，章法、修辭亦有可觀。
我在〈序〉中已有畧論，王偉勇教授有專文論《悠波閣詞》，收入
〈十九　懷念宗述詩文〉中，請參考。

　　《悠波閣詞稿》以後的作品並沒有抄錄成冊，斷簡零編置放於書
桌抽屜中。茲選錄十九闋。

　　大學四年級時，閔宗述、林端常、陳光憲和惟助修習尉素秋師講
授的「專家詞」課，部分習作刊登於中國文化學院中文系刊《華風》
第二期（1967年5月31日出版）。吾等愛詞，頗受宗述影響。茲附宗述
作品後，以為誌念。

　　宗述高中同學周川洪中英文俱佳，喜宗述詩詞，曾將宗述數首詩
詞譯為英文，茲選錄〔虞美人〕詞一闋，以見當時同學之風雅。

悠波閣詞稿

卷第一

菩薩蠻　　登樓

殘陽欲下孤煙直，短篷初放燈如織。向晚獨登樓，蘆花一片秋。
淒涼望故國，千里霜月白，凝恨對斜暉，雁歸人未歸。

卜算子　　重遊碧潭

去年舊遊地，往事如夢影。重來已是紅葉飛，寂寞小遊艇。　　江昏
寒雨斜，野闊秋風緊。朦朧橋影寶雕弓，湛湛潭水冷。

憶江南

江南好。何處是京華。燕子磯頭殘月冷。烏衣巷口夕陽斜，弦管後
庭花。

蝶戀花

江南舊夢拋棄久，高柳梢頭，新月還依舊。百尺朱欄前後走，堪憐欄下黃花瘦。　　溪畔青蕪堤下柳，雙槳清波，此恨從頭數。一霎涼風生冷袖，亂鴉斜日黃昏後。

南歌子

風吹長蘆岸，月照短松林。萬條碧柳舞臺城，正是後湖荷放水紋平。　　可憐烽火裏，招得幾人魂。凝眸危坐待天明，欲語京華舊事淚先零。

眼兒媚　紅杜鵑

凡花不上美人頭，能惹幾多愁。硬葉直莖，粗萼怒蕊，不慕輕柔。　　待得子規啼聲罷，紅顏命已休。敗梗枯枝，零香殘粉，誰掩風流。

江城子　張泌有二疊江城子，效之。

澹然江水映斜暉。夢初回，燕雙飛。欄干佇立，可是待人歸。過盡千帆都不是，斜斂手，淚雙垂。　　如今回首事皆非。水洄洄，雨霏霏。紅顏憔悴，鏡裡鬢毛催。空幃似繞當時曲，金弦響，玉簫吹。

如夢令

錦繡江山如畫，水色山光相射。驀把青霜橫，淅淅英雄淚下。還罷，還罷，殘月城頭冷掛。

醉花陰

寶帳倚案看青霜，風緊大纛張。對浩浩長江，明月窺人，鐵甲生寒光。　　半生效命在沙場，誇智勇無雙。被白髮欺人，匈奴未滅，長夜更心傷。

八聲甘州

看滔滔碧浪拍長堤，風物度窮秋。捲敗葉飛揚，淒風苦雨，不忍登樓。苦恨故鄉縹緲，歸思託沙鷗。甚連年如此，島上淹留。　　夢裏江南春好，撫橋頭碧柳，依舊輕柔。攜一管短笛，駕一葉輕舟，待搖入藕花深處，看翠盤萬盞瀅清流。垂絲釣，隨波長放，不繫金鈎。

訴衷情

綠蔭新減碧紗窗，惆悵又春殘。寂寞小園幽徑，蜂蝶逐零香。　　蟬鳴急，燕飛忙，細思量。野草挹露，杏花帶雨，魂斷江南。

風入松

杜鵑爛漫近清明，水面泛輕萍。晴光倒映池邊樹，新來綠、啼遍黃鶯。猶恐春光不足，倚欄人弄秦箏。　　淡黃衫子碎花裙，眉黛遠山橫。翻飛鳳蝶朱欄下，逐羅袖、依約香氛，惆悵年華如水，芸窗一夜愁生。

青玉案　端午前二日久雨忽晴，步稼軒元日之韻

豔陽天裏花千樹，正初停黃梅雨。微風颭起塵滿路。白楊如醉，芭蕉猶捲，影碎參差舞。　　可堪閒愁千萬縷，目送孤鴻天涯去。流綺韶華誰與度。繁星休數，新月正在銀河依稀處。

南鄉子

皓月燦寒光，流水嗚咽枉斷腸。依依甘棠湖畔柳，思量，絲柳可能比恨長。　　魂夢繞歸帆，瑩淚徒揮濕艷陽。日暮長安何處是，徬徨，春草無情滿小塘。

滿庭芳

羣匪猖獗，逆賊縱橫，錦繡河山變色。敗壁頹垣，對一鈎寒月。多少江南舊事，一回首、灰飛烟滅。只剩得，滿懷悲憤，繞一腔熱血。
　城堞、擊悲歌，投筆從戎，壯懷激烈。提百萬雄師，立功吳越。堪笑儒冠多誤，看英雄、連戰三捷，奮虎威，溯江而上，抵京陵城闕。

漁家傲

鶯囀芳林春光媚，桃花流水紅顏褪。杜宇聲聲空啼淚。堪回味，黃昏院落紫門閉。　　年華虛度終不悔，日日高歌日日醉。誰信斯人獨憔悴。人不寐，階前殘花隨淚墜。

踏莎行　三十九年中秋

黃昏院落，明月高樓。萬重烟水暮雲收。細想當年多少事，不堪回首又中秋。　　長江秋水，依舊東流。甘棠蕭瑟柳枝愁。何日軍前頻報捷，中原父老望歸舟。

鷓鴣天

為續新詞上小樓，沉沉暮靄澹煙浮，數竿綠竹當窗翠，一道青溪入海流。　　思往事，憶前遊，杏花春雨柳絲柔。近來時有江南憶，極目滄波無限愁。

臨江僊

薰風十里南湖路，馬蹄香染繁英。浣紗村女笑盈盈。菱肥藕嫩，波軟綵舟輕。　　好是柳堤天欲晚，輕衫白袷登臨。涼波不動遠山橫。荷花香裏，坐待月華生。

小重山　辛卯春分

休將歸夢比愁濃，庭前春草長，綠成叢。最無聊賴杜鵑紅，窗前坐，盡日雨濛濛。　　歲月去匆匆，有誰同寂寞，恨無窮。悠悠往事盡成空，柔腸斷，言自不由衷。

早梅芳（平調）

春雲淡，紫烟浮，輕寒上小樓。陰晴不定，一溪碧水繞堤流。飛鳥驚銀彈，游魚畏釣鈎。恨蕉風椰雨，何事苦淹留。　　驚宿夢，憶前遊，何處是神州。寒燈孤枕，新愁舊恨兩悠悠。異地無佳夢，他鄉有隱憂。家園好，何日上歸舟。

摸魚兒

飄碧空、一片白雲，長橋流水風軟。清清冷冷又黃昏，天氣乍寒還暖。年光短，只貪戀殘陽，剩斜輝一片。春雲慢捲，竟沉落西山，了無消息，更何時回轉。　　紅牆內，猶是舊時花苑。如今桃李早滿。燕語鶯啼依然好，只是紅銷香減。君不見，芳草地，落紅遍地無人管。心灰意懶。似孤雁失群，窮邊荒塞，何況遼天晚。

虞美人　植物園荷放

陣陣香薰舊紅樓，盞盞翠盤浮。此情此景向誰言，依舊娉婷婀娜似當年。　　種蓮自應得蓮子，天意原如此。何須怨恨苦蓮心，但恨昔年蹤跡不堪尋。

憶江南　讀《業障》為伊稽維廉作（二闋）

浮生恨，回首幾滄桑。忍憶當年兒女事，傷心明月憑闌干，唯有淚千行。

前調

鷺鷥港，夜泛木蘭艒。水映蘆花飄碎錦，雁翻月浪閃零光，青鬢已如霜。

　　　一九六八年宗述就讀政大中文所一年級時改寫此詞，錄於下：

〔憶江南〕雙調　讀英人史普森所為說部《業障》譯本，感而賦此。鷺鷥港月夜泛舟云云，書中之情節也。

浮生恨，飛絮舊垂楊。映壁孤鐙搖短焰，穿簾落葉拂空牀；惟有淚千行！

鷺鷥港，夜泛木蘭艒。月射蘆花飛曉霧，波翻雁影閃零光；青鬢已成霜！

浪淘沙　贈別

蓬島又西風，憔悴殘冬，藕塘蕉影綠蔭中。每憶舊時攜手處，往事成空。　　好惡有君同。論淺譚濃，正思沙岸續遊踪。驚聽驪歌成小別，四載匆匆。

訴衷情

春殘剩得杜鵑啼，幽徑暗紅稀。那堪晚鐘聲裡，人在小橋西。　　南湖畔，柳依依，亂鴉棲。忍上危樓，憑高目斷，芳草淒淒。

卷第二

浣溪紗　（四十二年初作）七夕颱風大作

幻裏雲裳夢裏踪，多情轉恨不相逢。鵲橋吹斷怨狂風。　　繞閣飛花
添憔悴，撲簾飄雨伴惺忪。人間天上此情濃。

赤棗子　和龍石詠葵花

披葉翠，戴冠黃。修莖矯夭傲群芳。貪戀斜陽無限好，臨風肯效月
眉彎。

蝶戀花　傳此調蘇小小托夢某生嘗歌之，生僅記其首句曰：「妾本錢塘江上
住」，好事者多續之，今戲另為一闋。

妾本錢塘江上住。杏臉桃顋，身是無瑕玉。苦恨輕風吹碧樹，隨風卻
上章台路。　　滿目愁懷兼別緒。各自分飛，誰肯隨儂去。豆蔻年華
能幾許，當時人面無尋處。

沁園春

陌上春濃，枝頭雀唱，嫩柳舒青。隨流水縈洄，髮苔不定，因風飛
舞，花片輕盈。遠樹含煙，遙峰沉黛，流年暗換不分明。看綠野，萋
萋芳草，牽繫人情。　　當年低按秦箏，將閑愁分付紫檀心。愛紅袖
朝垂，朱簾暮捲，茗澄玉盞，酒碧金樽。過眼雲烟，傷懷往事，聲新
曲舊不堪聽。愁予處，但殘霞照水，暮雨臨城。

漁家傲　飲水詞有昭君怨一闋，宮怨也。

湘裙輕颺行且卻，嬌軀懶步風前弱。玉腕凝香鮫綃薄。爐灰撥，憑窗閑弄簾鈎索。　　好夢驚殘恩寵割，羅衣疊遍渾難著。隔院風飄絲管樂。顏非昨，闌干粉淚隨花落。

踏莎行　龍石效夢窗體製〔踏莎行〕一闋，步夢窗元韻和之。

翠玉嵌扉，碧綾裝扇，繡幃暗度沉檀淺。林深頻惹紫鵑啼，苑幽應有紅葉亂。　　短夢半窗，修竹千箭，終難解珮窺皓腕。隔簾人影有無中，華燈長夜將誰怨。

虞美人　戲效龍石周川洪體[1]

翠橫眉黛釵橫鳳，脈脈秋波送。當年相見杏花中，綠葉陰陰掩映玉人容。　　一曲清歌梁上繞，輦路生芳草。如今同是異鄉人，殘月孤鐙無寐憶前塵。

水調歌頭　四十二年中秋浮雲掩月，步東坡元韻。

秋色臨蓬島，已是菊花天。睽違故園松柏，屈指幾經年。深夜露濕高樹，階下寒螿不住，簾幕泛輕寒。嫦娥羅襪冷，蹤跡到人間。　　憶年時，歌舞地，料無眠。魄影薄幸，年年長是向人圓。只恨無情歲月，磨損謝公雙屐，不肯為人全。天畔層雲黯，何處覓嬋娟。

1　周川洪，宗迪建國中學同學。

浣溪紗

拂面秋風帶雨濃，捲簾人立小樓東，濕鴉欲下暮煙中。　　度嶺浮雲
和野笛，環山密樹掩疏鐘，又看江上放孤蓬。

虞美人

雕桐深院聞啼鳥，為報春將老。暗暈初上水晶鐙，又是惱人時候近
黃昏。　　薰香銷盡隨殘雨，羅帳朦朧語。京華憔悴念蕭郎，萬里
雲羅思我錦衾寒。

小庭花

昨夜清寒細雨中，又添翠黛鎖雙峰。秋光閑淡桂華濃。　　可惜方回
腸斷句，如今空對雁來紅。一庭落葉舞西風。

虞美人　　植物園荷塘秋色

闌珊遊意人歸處，煙鏁相思樹。凋零菡萏葉披離，空剩滿塘烞水碧
琉璃。　　夢回已是韶光換，笛訴高樓怨。遣懷莫近水西亭，第一
淒風飄雨斷人魂。

浣溪紗

剩有澆愁酒一厄，情懷不似舊春時，那堪高樹亂蟬嘶。　　記得南湖
湖上夜，荷香濕度雨如絲。祇今惆悵寫新詞。

臨江僊

日暮歸雲何處去，星明冷雁南翔。故園經歲隔滄浪。空彈兩行淚，更
疊九迴腸。　　驚碎一牀歸夢渺，殘更落葉敲窗。曉風簾幕透寒光。
傷心身是客。羈旅傍他鄉。

浣溪紗　題四十一年十一月七日遊烏來照片

溪畔重蔭碧樹遮，波迴風暖向天涯，涉溪須趁好年華。　　倒影嵐光
齊落水，斜暉日照半平沙，莫貪景好不還家。

多麗

柳梢青，妖嬈輕拂長亭。正玉珮、辭顏別後，斜陽一抹銷魂，驪駬
回、今宵入夢，青鸞去、昨夜傷心。無奈多情，天涯人遠，只將尺素
慰飄零。玉笙寒，吹入愁腸。三弄透霜林，聲猶徹，破霞穿霧，絕響
空城。　　嘆木落、千山瘦盡，莫道蕭條西泠。暮烟昏、風摧敗葉，
秋雲黯、雨墮殘英。露白經秋，葉紅逝景，碎萍飄散蘸殘星。問一
帶、繞堤芳草，能向舊痕生。歸去矣！魚沉冷浦，雁過空庭。

鷓鴣天

雲黯寒輕起暮笳，秋風一夜佈霜華。忍將今夜樓頭月，化作明朝障
面紗。　　思往事，繞天涯，行雲不返剩咨嗟。起尋階砌曲廊上，
冷艷輝凝蝴蝶花。

木蘭花

白楊乍舒黃金縷，紅妝初試白玉手。一絃一柱奏清音，此曲祇應天上有。　為君滿酌新豐酒，細按輕歌消夜久。直須行樂且忘憂，他日朱顏成皓首。

鵲踏枝　即蝶戀花

香暖長橋風細細（川端橋頭有梔子花圃）。極目平蕪，秋色連天際。幾縷炊烟鴉噪裏。有誰會此憑欄意。　堪憶汀洲漁唱起。篙影櫓聲，柳色青如洗。可惜湖山隔萬里，思量一夕成憔悴。

薄倖　紅睡蓮

紅粧多態，軟腰身端為誰裁。況復有輕盈修臂，綰結合歡絳帶。記曲塘粉面臨風，額黃欲掩嬌無奈。展碎齒羅裙，水晶宮裏，心事伊誰能解？　自昨夜初凝露，又添得滿身珠戴。不勝曉寒輕，纔醒還睡，夢中有恨秋雲礙。韶華難再，怕風片雨絲，香心愁損將誰怪？面艷膚膩，舊日容光何在？

菩薩蠻

沙汀舟返燈如織，望舒初上炊烟溼。涼氣入高樓，凝成一片愁。玉階蟲訴泣，何事催秋急？鴻雁塞關飛，多情江上迴。

卷第三

清平樂

薄寒吹曉，路畔甦芳草。噪簷處處聞啼鳥，為報春光重到。　　人生到處為家，何須苦戀天涯？且把膽瓶朱菊，看作庾嶺梅花。

綺羅香　步梅溪韻

絲雨揚塵，寒風舞柳，極目遙岑日暮。如帶長堤，欲繫愁心難住。念朱門、燕宿空梁，記碧波、人離歌浦。剩咨嗟、往事都休，夢魂忽到孝陵路。　　暝暝城上凝碧，衰草荒烟螿泣，桃葉古渡。霜柏描峰，依約佳人眉嫵。秦淮上、新月生時，是歌船、載愁浮處。到此日、鐙黯茗濃，恨深誰共語？

山花子　南胡、琵琶合奏「塞上曲」第二折「昭君怨」

苜蓿葡萄入漢家，旌旗無色送離車。撲面朔風吹淚冷，滴琵琶。　　曾是紅顏隨綠水，而今翠黛委黃沙，淒絕哀絃心欲碎，繞天涯。

攤破浣溪紗　南胡、洞簫合奏「漢江薄暮」

帆影波光夕照斜，炊煙起處織輕紗。隔水遙聞人喚渡，是誰家？　　細櫓輕搖掠岸草，夜潮微湧漱寒沙。搖盪一江燈火裏，數歸鴉。

浣溪紗

帶雨濃香葉底浮，穿華蛺蝶縱輕柔，故探纖足入深幽。　　簾外一聲
鶯喚醒，夢回蓮臉帶嬌羞。菉葹斜控軟金鈎。　　（別作「夢回情緒惱
人羞」）

蝶戀華

柳暗江昏天欲曉。一棹風帆，目斷江南草。點點驚烏城上繞。綠楊深
處紅樓小。　　明日棄舟迎夕照。酒面翻風，縱馬橫塘道。波暖秦淮
絃管鬧，畫船簾捲佳人笑。

浪淘沙

卍字曲欄干，鳶結蘿攀。佳人初著茜羅衫。帳冷芙蓉銀燭暗，幾寸
春寒。　　寂寞下朱簾，心事微瀾。冰魄惆悵照無眠，倚枕箜篌含
怨起，端為誰彈。

浣溪紗　　四十三年兒童節，春遊碧潭。

槳劃柔波漾淺痕，層巒疊翠入膏渟，溼煙縈樹近山村。　　滿谷飛花
春欲盡，一天飄雨夢難成，沙洲歸棹正紛紛。

憶舊遊　記四十三年兒童節銀河洞、碧潭之遊

蕩十里薰風，偶飄霏雨，時節清遊。又過青潭路，問翻阡踏陌，花謝
春休。剩得幾絲楊柳，曲徑入深幽。看雲際車飛，谷空霧滿，瀑細長
流。　　　輕舟、搖檜槳，亂一潭澄碧，驚起沙鷗。橋影斜遮下，縱送
眉傳眼，也應含羞。搖盪心旌如水，人意似波柔。且憑軒攬勝，倚闌
聽笛樓外樓。

浣溪紗

堤柳參差夜未央，誰家笛韻透波涼，水樓鐙影入蒼茫。　　　敗梗不堪
迎驟雨，斷橋依舊壓繁霜。一番回首一思量。（別作「祇今回首費思
量」。「燈影入」一作「人影立」。）

浣溪紗

碧樹涼蟬對晚霞，水邊柳下繫輕槎。銀刀朱盞剖沉瓜。　　　快雨擊窗
溫故紙，爽風拂袖試新茶。灌壺閑洒玉簪芽。

念奴嬌

別來蕭索，憑危欄目斷、漁鐙明滅。靄靄青山渾不見，空見一鉤殘
月。冷霧迷江，溼炯障樹，愁損腸千結。遠影孤帆，舊時清夢難說。
　　　莫道陶令廬前，虎溪清淺，波送纖纖葉。舊怨千般銷不盡，新怨
幾曾銷歇。門外桃華，樓前楊柳，難禁烽煙劫。雲低雨悶，惆悵黃梅
時節。

蝶戀花

空谷飛花悲葉落，暮雨朝雲，溼浸羅衣薄。月射江流流似昨，眼前無
計銷愁卻。　　簾外晚風吹寂寞，底事傷懷，心似蕉葉剝。今日芙蕖
當日蕚。年光不共人擔擱。

風入松

劇憐蜂蝶逐零香，菡萏損芬芳。細風吹入綠雲裏，清漣亂、浮彩搖
光。懊惱枝頭蟬唱，聲聲都入愁腸。　　晚風簾幕透新涼，夢隨永夜
長。曲廊杆下紅牆外，有誰知、花落臺荒。惆悵韶華如水，芙蓉一葉
秋霜。
（按：臺一作苔）

點絳唇　　和汪彥章原韻

斜暉片片，亂紅流盡愁千斗。寒窗埋首，人共黃花瘦。　　翠袖明
璫，長記調笙手。伊知否，燭煙散後，遙夜留殘酒。

錦堂春　　雨後碧潭失其碧而作

樓上寒輕風細，堤邊衰草黃沙。多情何苦深如許，腸斷付昏鴉。
誰念零眉殘粉，千嶂落日西斜。霜林冷送繁華夢，迢遞隔天涯。

憶江南　雙調

青杏小，紫陌柳絲長。密意如雲深款款，柔情似水幾灣灣，含睇伴何郎。　　多少怨，香散玉樓寒。淚冷馬蹄人已去，心灰畫角月將殘，不復倚朱闌。

卷第四

東風第一枝

一夜東風，半窗草色，春來綠遍庭院。多情照眼梅花，為映今年人面。舊遊日遠，曾記得、海天翔燕。嘆韶光、一去不回，滄海桑田幾變。　　望故國、雲烟難辨。念京華、甚時能見。湖山夢裏縈迴，愁絕庾郎心眼。笛射寒潭，聲漸徹、縠紋猶顫。驚鳥起繞樹徬徨，門外月華如練。

卜算子

高樹已藏鴉，短竹方暝㴐。蕭條永巷閉斜陽，寂寞柴扉掩。　　瓦甕溢新醅，柏燭輝春燄。記得江南好風月，幾度蓬萊淺。

采桑子

五代後蜀主孟昶降宋，後花蕊夫人相隨至葭萌江畔之葭萌驛時，題詞於壁。未竟而解卒促之就道，遂未能盡其意云。予今考之，蓋半闋〔采桑子〕也，乃續成此解，深感其情，哀其遇，千載之後，猶可想見其倉惶就道之狀，淚隨墨下之情也。

初離蜀道心將碎，遺恨綿綿，春日如年，馬上時時聞杜鵑。　　葭萌故作迴腸字，流向誰邊。冷驛荒煙，回首鄉關路幾千。

眼兒媚　董敏同學屬題奧黛麗赫本像

黛眉恰似遠山橫。明眸襯檀唇，荔滑香頤，桃夭粉頰，不語含情。
海天悵隔吹簫意，星冷夜沉沉。風姿遙想，名花有主，無路堪尋。

荷葉盃

王靜安有〈戲效花間體荷葉盃〉六闋，風致閑艷，意境高華，誠為出藍之作，姑步六章，聊當笑樂之資。

記得畫堂深院，初見，低首弄花枝；相看不覺日西遲，知摩知，知摩知。
一握纖纖玉手，眉皺，一霎眼波流；曳裙飛屐不回頭，羞摩羞，羞摩羞。
相約荼蘼花下，初夏，雪膚掩輕綃；幾回忍俊折柔腰，嬌摩嬌，嬌摩嬌。
天際暮雲凝紫，映水，搖盪一江明；陌頭楊柳又舒青，行摩行，行摩行。
十二高峰如列，煙月，凝眸到更殘；孤舟搖曳上空灘，難摩難，難摩難。
昨夜夢中相見，魂顫，推枕起徘徊；朱顏今日料應非，歸摩歸，歸摩歸。

宗述在一九六七年曾改作，錄於下：

〔荷葉杯〕戲效花間體
王觀堂有〈戲效花間體荷葉杯〉六闋，風致閑艷，意境高華，誠為出藍之作。
茲勉成其數，藉誌嚮往，工拙非所計也。

記得畫堂深院，初見，低首弄花枝；相看不覺日先西，癡摩癡，癡摩癡。

偶觸青蔥纖手，驚驟，一霎眼波流；曳裙飛屐不回頭，羞摩羞，羞摩羞。

相約荼蘼花下，初夏，雪腕褪雲綃；幾回扶醉舞蠻腰，嬌摩嬌，嬌摩嬌。

天際暮雲凝紫，照水，搖盪一江明；千絲楊柳繫繁星，清摩清，清摩清。

十二高峰明滅，煙月，凝睇到更殘；孤舟搖曳上晴灘，妍摩妍，妍摩妍。

昨夜夢中相見，魂顫，推枕起徘徊；朱顏今日料應非，悲摩悲，悲摩悲。

慶春澤　夜雨不寐

曲巷迴風，低簷吹雨，寒絲斜注溝深。細斟輕揚，瀝滴飄灑樓陰。汎瀾恰似愁人淚，碎珊瑚、一握紅水。料難禁，染透珠簾，溼透單衾。

　　無端又是秋光好，嘆霜飛九月，葉落空庭。顧影征鴻，相看滿目凋零。寒塘況是蒹葭老。掩波光、敗梗浮萍。不堪尋，舊日雲烟，此日心情。

慶春澤

仙掌供愁，連環鑠恨，陌頭芳艸緜芊。青鳥不來，淒涼舊夢縈牽。南園依舊飄香絮，墮江皋、都化輕烟。記當時、春雨如油，小閣閒眠。

　　無端重到經行處，嘆野塘猶在，蓮葉田田。雁背嬋娟，如今照向誰邊。高樓此夜歌聲渺，怨東風、落盡榆錢。掩湘絃、風動孤鐙，寒侵重簾。（五七年五月十七日改艸寫舊作）

悠波閣詞稿終

綺羅香　步梅溪韻

清笛吹寒，酸風射眼，燈火高城日暮。翠幕長堤，欲繫愁心難住。嘆朱門、燕宿空梁；記碧波、人離蕭浦。剩咨嗟，往事都休，夢魂忽到孝陵路。　　暝暝城上凝碧，衰草荒烟蛩泣，桃葉古渡，敗蕚殘英，依約舊時眉嫵。秦淮上，新月生時，是歌船，載愁浮處。到此際，鐙黯甌涼，恨深誰共語！

蝶戀花

月落江昏天欲曉，風送孤帆，目斷吳天渺；點點驚烏城上繞，綠楊深處紅樓小。　　過眼芳菲何草草？錦瑟華年，都向緇塵老。抵死留春春去早，鈿車休過橫塘道。

浣溪紗　暮春碧潭泛舟

槳劃柔波漾淺痕，崇巒疊翠入膏滂，濕煙縈樹近山村。　　滿谷飛花春欲盡，一天飄雨夢難成，沙汀歸棹正紛紛。

鷓鴣天

雲黯寒輕起暮笳，秋蟲一夜悄無嘩。月成明鏡珠成淚，人隔千山夢隔紗。　　風裏絮，雨中花，無端搖落任橫斜。明朝日暖長安道，又見芳塵走鈿車。

案：以上四闋發表於《華風》創刊號，臺北市：中國文化學院中文學會，1965年6月25日，頁25。

此四闋亦見於《悠波閣詞稿》；〔綺羅香〕、〔鷓鴣天〕二闋有大幅度修改。

蝶戀花四首　　陽明山賞櫻

照眼山櫻春意鬧，一望繁花，紅遍千枝杪。裙履如雲來絕早，緇塵十丈天方曉。　　轉眼紛華何草草，宿鳥歸林，漸覺人聲杳。莫遣淒風吹雨到，殘紅滿地無人掃。

其二

極目陽明山上路，溼遍樓臺，一夜空階雨。如燄繁櫻知幾許？濛濛一片堆紅霧。　　葉底鵑聲啼正苦，萬里鄉關，魂夢深深處。但願春光留得住，不辭再被秋風誤！

其三

嫩萼嬌花清露洗，一樹亭亭，斜出溪橋底。如此春光渾似綺，黃鸝啼遍深山裏。　　萬種閒愁難剪理，舊日情懷，畢竟能餘幾？日暮危闌休獨倚，殘英片片隨流水。

其四

拂面涼風吹木葉，落盡殘花，滿地堆香雪。化作春泥芳未歇，幽懷待與何人說？　　莫道客愁容易輟。旖旎春光，可奈成虛設。信是蓬萊清景絕，年年依舊芳菲節。

注：一九六四年作。

淡黃柳

一春如夢，風雨催寒食。小院花飛天似幕，誰信夭桃數朵，猶是江南舊顏色。　　正淒切，伊誰弄長笛。聲如咽，情何極！嘆無端載得春風筆。萬斛閒愁，欲傾無計，目斷晚烟如織。

一九六八年中文研究所一年級作。

《華風》第二期刊登「專家詞」課同學習作

高陽台　讀　尉老師折肱雜詠敬賦

雲壓危樓，風搖亂葉，山深不耐春寒。極目傷心，無聊獨倚闌干。望中萬瓦魚鱗覆，裊長空、幾縷炊煙。更何堪、歸雁遲遲，芳草芊芊。

　　無端尺素傳雙鯉，悵輕車失路，廣坐無歡。水闊山長，此情聊托蠻牋。遙知心繫華岡路，續新聲，又是明年。誦瑤篇，詞意如龍，詞筆如椽。（閔宗述）

高陽台　聞　尉老師折臂中市悵然賦此

秋谷霜紅，桃溪縹碧，燦霞遙擁青岑。學海書城，師生酬唱情深。相逢勝地花間住，秉燭游，一刻千金；度新聲，踵武前賢，佳構如林。

　　忽驚尺素傳天外，道輕車翻墜，折臂失簪。遠思如潮，憑欄無奈愁心。高樓目極雲天渺，遣幽懷，都付低吟；盼來春，重理絃歌，共惜分陰。（洪惟助）

高陽台　　前題

雲絡平岡，風飄暗雨，無邊落木聯翩。雪雁傳書，動人一片愁顏。萬行涕淚飄難盡，恨夜長，魂夢難安。起徘徊，不戀單衣，不避風寒。

　　春山還自生春草，更春華滿樹，碧水凝煙。何日相從，清沂謳詠流連。人間終有團欒月，奈今宵，不照人圓。愴離情，驛路迢遙，芳草芊緜。（林端常）

高陽台　　　前題

荷盡無香，菊殘有色，小園芳草萋萋。重覓前踪，凭欄清淚沾衣。登高難望興華路，遣幽懷，都付新詞。黯雲天，幾度跼躅，幾度歔欷。

　　萬般愁緒憑誰訴，恨身無雙翼，魂夢難飛。歲晚風多，滿階落葉堪悲。寒燈夜雨添憔悴，最傷心，鯉斷鴻稀。攪柔腸，淅瀝簷聲，暗透屏幃。（陳光憲）

蝶戀花

王半塘丁稿中有和馮正中〔鵲踏枝〕十闋，王靜安亟稱之，謂「乃鶩翁詞之最精者，望遠愁多休縱目等闋，鬱伊惝怳，令人不能為懷，定稿只存六闋，殊未為允也。」案其詞有序云：「馮正中〔鵲踏枝〕十四闋，鬱伊惝怳，義兼比興，蒙者誦焉。春日端居，依次屬和，就均成詞，無關寄託，而章句尤為凌雜。憶雲生云：『不為無益之事，何以遣有涯之生。』三復斯言，我懷如揭矣！時光緒丙申三月二十八日。」頃　尉老師頒題「夜雨」，命製〔蝶戀花〕詞，予不敏，亦用正中元韵，勉成四闋，雖不至於「羌無故實」，然亦不過借他人之酒杯，澆一己之塊壘而已！效顰之譏，自知不免矣！

天際浮雲生幾片，乍暖還寒，一霎陰晴轉。開遍繁櫻吹又散，殘紅狼藉知何限？　　薄晚涼風醒酒面，細雨霏微，濕潤階除淺。人隔千山渾不見，夢迴珊枕思量遍！

其二

遙夜更深深幾許，無賴春寒，底事頻來去？燕子歸來憑寄語，年華早被東君誤。　　窗外雨絲飄幾縷，淅瀝廉纖，灑遍岡前路。重到當時攜手處，落花凝淚君知否？

其三

聽雨乍驚更漏短，一寸甘霖，不惜千金換。凋盡紅英天不管，傷春傷別腸空斷！　　憶昔夭桃開曲岸，人面如花，咫尺隔銀漢。卻羨同遊歌舞伴，羅衣染得幽香滿。

其四

蠟炬將殘天欲曙，幾度窺窗，終是無情緒。紗帽山前飄薄霧，曉風掠過簷前去。　　枕上閒愁餘幾縷，夢裏遊蹤，踏遍華岡路。驀地相逢無一語，早知往事無尋處。（閔宗述）

注：宗述〈蝶戀花〉四首曾於一九六七年四月八日刊登於大華晚報《瀛海同聲》。

浣溪沙

如帶殘霞映淡江，昏鴉棲穩短松岡；惱人時候近昏黃。　　射眼酸風寒似剪，穿簾涼月皎如霜；又聽落葉打疏窗。

其二

隱約燈光是彼鄰，桂香如霧散氤氳；當空皓月照蓬門。　　青鳥不來
空佇立，黃鵠一別暗銷魂；小園屐齒印苔痕。

其三

庭戶無聲到夜闌，淡雲來往小星殘；中天月色好誰看！　　攬鏡自憐
青鬢在，登樓還怯客衣單；況無人與共高寒！

其四

如水清光照遠岑，尚餘鐘鼓答疏砧；為誰惆悵擁單衾？　　展卷燒殘
几上燭，推窗驚起樹間禽；冰輪欲墮夜沉沉。（閔宗述）

浣溪紗

誰念清秋獨倚欄，微雲淡月萬重山，風吹庭樹水潺潺。　　柳外黃鸝
何限恨，階前紅葉不堪看；思君終日淚自潸。

其二

枕上輕寒心上愁，珠簾半捲月如鉤，飛花流水恨悠悠。　　蓮漏將殘
人不寐，燈花生暈費凝眸；為君腸斷玉明樓。

其三

好夢貪歡未肯休，一湖春色共遨遊，玉簫吹徹採菱謳。　　柳映畫船
春水暖，風飄雲鬢異香浮，喃喃細語足溫柔。

其四

殘月高梧風滿庭，花前獨立送流螢，重尋綺夢了無憑。　　滿眼飛花隨逝水，一懷愁緒寄長亭，遠山橫黛若為情。（洪惟助）

踏莎行

紫燕穿簾，蜻蜓點水，鞦韆閒卻斜陽裏。濛濛飛絮撲行人，闌干倚遍愁無際。　　暮色淒迷，孤燈映壁，徘徊欲下深更淚；不辭細雨逐尖風，芳郊踏遍心如醉。（洪惟助）

玉樓春

夢魂又踏芳園路，絮語綢繆香暗度，覺來風雨正愁人，欲續前歡無覓處。　　綠叢鶯燕頻相妬，鎮日撩人聲不住；春雲冉冉恨無窮，花落盡隨流水去。（洪惟助）

滿庭芳

作盡秋聲，淡煙薄霧，催墜楓葉紛紛，敗籬殘菊，無處不消魂。回首京華舊事，最難忘，秋景黃昏。西山裏，嬌嗔笑語，溫暖勝濃春。

　　如今消瘦損，蘭情水盼，無影無痕。歎繁華似夢，歲月如奔，心事數莖白髮，空惆悵，流水孤村。誰知我，眉峯碧聚，浥淚透羅巾。（陳光憲）

踏莎行

丙午夏日，華岡十二子，受訓於裝甲兵學校，有同學謝素行、黃婉容、李傳慧、虞韓秀尺素相邀共遊清華大學，午宴於韓秀府上，隆情厚誼，歷歷難忘，感而成賦。

竹影搖青，荷香送暖，羣英歡聚清華院。烹魚煮韮款佳賓，殷勤翠袖情何限。　　曲水芳樽，蘭亭雅宴，畫樑驚起雙雙燕。軍歌一曲謝紅顏，人生此會堪留戀。（陳光憲）

周川洪譯宗述詞

"The fair lady yhe"　　　　　　　　　　　　　　周川洪　譯

In   the   deep   shawdy   lanes.   The   birds   moan.
Pray   ye   saying.   Spring   has   gone !
And   when   the   agony   time   comes   to   dawn.
They   set   the   crystal   lamps   upon.

The   fragrant   fire   ceases.   So   does   the   rain.
Yet   one   murmurs   quietly.   through   in   poim.
"Pray   for   the   day   of   the   gitteing   beams;
 It   is   nothing   now   but   empty   dreams"

虞美人　閔宗述原作

雕桐深院聞啼鳥，似訴春光老。暗暈初上水晶燈，又是惱人時候近黃昏。　　薰香銷盡隨殘雨，羅帳朦朧語。當年深悔入侯門，獨自枕寒衾冷怨何人。

周川洪是宗述高中同學，喜宗述詩詞，曾將宗述數首詩詞譯為英文，茲錄〔虞美人〕詞一闋，以為誌念。

十五　詩

　　宗述對詞下功夫深，創作亦較多，讀中學時即有《悠波閣詞稿》四卷，彙錄詞作七十八闋。詩作較少，未彙編成集。茲由遺留的手稿或從《生活日記》、《寄懷集》錄出十餘首，由政治大學中文學報《中華學苑》第三十七期（民國七十七年十月出版）中錄下〈聲伯師逝世十周年追懷〉詩六首。後錄大學時期習作楚風〈晨曦〉、〈弔屈原文〉二篇。

詩二首

溪畔新篁鎖翠煙，青山倩影落橋邊。
橋邊芳草依然綠，幾個遊人似去年。

且寄愁心綠水邊，年來何事最縈牽？
甘棠湖畔垂楊柳，待我歸來繫釣船。

作於一九五二年四月二十八日，從《生活日記》摘出

讀史

倉皇西狩太匆匆，誰與三郎感慨同；
旒冕美人俱泯滅，只今唯有荔枝紅。

作於一九五三年十月，從《寄懷集》摘出。

讀《苕華集》二首

苕華集者，王靜安先生之詞集也，其格調極近納蘭容若。

萬千愁緒付苕華，婉轉心傷只自嗟。
霧隱峭崖雲障路，漫天霖雨濕瓊花。

哀樂中年一部詞，非關載酒寫相思。
浮生多恨誰能免，說與時人總不知。

　　　　　　──甲午歲寒

從《寄懷集》中摘出，一九五四年作。

秋日書懷_{用阮亭秋柳韻}

其一

乍涼天氣起秋魂，掠地驚飈擁殿門。
幾簇繁英餘碎萼，半泓積水膩殘痕。
亂鴉遍噪岡前樹，宿鳥爭棲荻裏邨。
獨上高樓舒望眼，舊時哀怨與誰論？

其二

平岡蘆白勝吳霜，狂絮隨風入謝塘。
華廈自鋪雕玉瓦，虛堂各剖鏤金箱。
斷無青眼能為阮，祇恐烏衣不姓王。
此日身臨歌舞地，那堪重憶大功坊！

其三

涼飈吹動舊時衣，轉眼紛華事已非。
隱約危峰雲氣散，淒迷斜徑雨聲稀。
辭枝病葉魂先斷，戀樹殘花意欲飛。
休問新愁添幾許，移山壯志已相違！

其四

紛紛眾卉詎堪憐，照影斜陽起暮烟。
浥露殘荷花似玉，迎風衰艸骨如綿。
漫標盛業凌千載，忍負高秋又一年。
誰信南柯幽夢裏，猶思植柳大江邊。

華岡說詩贈　閔君宗述
王盧不廢等江河，獨往何妨曲士訶，
千仞華岡雲物盛，為君青眼一高歌。
　　　　　　　惕軒

此為大三「杜詩」課習作，老師成惕軒先生，只在詩稿上打圈圈，未改動字
句，題詩一首以贈。

〈戲集玉谿〉

朱欄畫閣幾人遊，年少何因有旅愁。
豈到白頭長祇爾？他生未卜此生休！
欲為平生一散愁，酒壚從古擅風流。
不知腐鼠成滋味，上盡重城更上樓！
楮葉成來不值錢，傾城消息隔重簾。
從來此地黃昏散，繡被春寒獨自眠。

〈戲集義山嘲端常〉

浪笑榴花不及春，可堪無酒又無人。
如何一夢高唐雨，更入新年恐不禁。

（手跡又見〈一 書法〉）

聲伯師逝世十周年追懷

歲月易得，　聲伯師歸道山，忽忽已十載。感念疇昔，勉成六章，言無可采，用表追思之微忱爾。　　受業閔宗述敬識

江右鍾靈地，同欽積善家。士林馳盛譽，詞曲擅才華。

　　聲伯師籍隸江西省清江縣，縣有吾國之藥材集散地樟樹鎮。　師生長世族，家累鉅貲，而樂善好施，每冬施衣施食，定為常例，從未間斷，是以善名聞於四方。　師以精研詞曲見重士林，而子、女、婿、皆卓然有所建樹，天之報施於善人者可謂昭昭矣。

蚤入盧、龍室，師承一脈流。春申江上客，不負少年遊。

　　師蚤歲負笈國立暨南大學中國文學系，從曲學巨擘盧冀野（前）先生，詞學名家龍榆生（沐勛）先生遊，得其真傳。冀野先生為曲學泰斗吳瞿安（梅）先生之大弟子，而榆生則為詞學宗匠朱彊村（孝臧）先生之傳人。暨南大學距滬上匪遙，故第三句及之。

木柵絃歌地，裁成桃李多。辛勤傳絕學，一唱眾聲和。

　　師任教國立政治大學中國文學系多年，授詞、曲、左傳等，備受推崇。每以侵晨招諸同學授以唱詞之法，一唱而眾和，今則成絕響矣。

滾滾漢江側，先生喜駐節。鐸聲傳海外，門下慕高蹤。

　　師嘗應聘往大韓民國任交換教授，聲譽甚隆。自茲而後，同門前往任教者接踵於途。於促進中韓文化交流，貢獻極多。

有幸春風坐，曾蒙教誨殷。操觚明體例，積學在多聞。

　　宗述幸列門牆，從　師受詞、曲研究等科目。新歲開課時，　師命吾儕作元旦試筆詞，宗述步清真韻填〈玉燭新〉一闋，刻意求工，竟渾忘其意境頗嫌衰颯。　師諭之曰：元旦試筆，不可作頹唐語，事關體例，不可不察。積學之首要，在於多聞。切記切記。宗述敬謹受教。

轉瞬十年過，回思一泫然。門牆容下駟，不舞愧薪傳。

　　宗述以下駟之材，雖蒙教誨，然多年以來，曾無寸進，竟成羊公不舞之鶴。每一念及，悚愧交并。

原載《中華學苑》第三十七期，1988.10，頁21-22。

晨曦

惟長夜之漫漫兮，聞促織之幽泣。迴華胥之遠夢兮，孤鐙映於四壁。聊披衣以憑檻兮，月將沉而風急。樹搖柯而振葉兮，屮含煙而露滴。

冀朝暉之蚤照兮，迴首以瞻彼東荒。層雲浮於深谷兮，薄霧漫於空江，破沉沉之夜色兮，吐蒼蒼之微光。雞聲起於后牖兮，霞影映於前牕。

越峰巔之密樹兮，覩赤丸之漸昇。照林梢而煥彩兮，映露點而成暈。激金箭以漫射兮，聚熾鐵以蒸騰。甦羣生於沉寐兮，興四野之鳴禽。販媼荷擔而適市兮，耕夫携鋤而出邨。沸鳳城之歌吹兮，起廣道之車塵。是長夜之既逝兮，斯一日之方臨。

大學一年級作。

弔屈原文 用賈長沙原韵

歲在乙巳兮，誦習懷沙。愍夫屈子兮，沉身汨羅。遭世溷濁兮，不如無生。人之大患兮，在於有身。烏乎痛哉，胡天不祥！豺狼當道兮，鳳鳥遠翔。獨汝靈均兮，高尚厥志。芰荷為衣兮，蘭蕙是植。心儀比干之忠兮，慕夷齊之廉。枉尺直尋兮，乃所不銛。壅君不識，豈有它故兮。錯以璞玉，為堅瓠兮。謫遷遠放，不騎驢兮。跂望赦詔，回其車兮。飄泊江湘，不覺既久兮。姦邪誤國，獨蒙其咎兮。訊曰：嗟呼！魂渺渺難招兮，天蒼蒼而無語；猿哀哀以長嘯兮，水濺濺言東去。誦遺篇之璀璨兮，昔既久而彌珍。緬素行之高潔兮，豈異夫食壤之蟥。懼兩東門之將蕪兮，不忍懷寶而藏。雖飄飄若不繫之鷗兮，終弗可以相羊。心謇謇而寧溘死兮，亦靈脩之故也。奈椒樧勃於君側兮，蒿艾充於都也。鷦鷯惟餐練實兮，覷腐鼠豈下之。弗待鴟之見嚇兮，羌掉臂而去之。慨往古之忠良兮，何其每同於沸釜之遊魚。悟太白之佯狂兮，聊頻傾夫綠蟻。

就讀中文系二年級「楚辭」課習作。

十六　文

　　收錄文章五篇：〈關於尊師〉是一九五四年發表於《建中青年》的習作。〈自述〉是大一國文課的作文。由此文可睪窺宗述的成長歷程及其思想情懷。〈談中文系的課外書〉、〈漫談讀中國書〉是一九六五、一九六七年刊登在中國文化學院中文系學會系刊《華風》第一、二期的作品。可見其博學。〈談求學的「自由」〉是在政治大學中文系教書時為畢業班同學而寫，勉勵同學熟悉規律，才能「自由」創作。

關於尊師*

　　我在這裏並不打算板起面孔來彈「尊師」的老調，而是要敘述幾點在「尊師」一事上不大為人所注意的幾個可大可小的問題，以就教於讀者。

　　「禮」，是尊師中最具體的表現。古人論禮有三要素、即禮器、禮儀、禮容。「禮器」在今日，一般是不被注意的，「禮儀」，也有明文的規定。值得研究的乃是「禮容」。我們不可以哭喪著臉去向長輩拜壽，也不會在公祭某人的場合中笑臉常開。但大多數人在向師長行禮的時候，是「寡面無情」的；好像是「頗為委屈」，這種僅具有形式的禮，是缺乏誠意的，誰也不願意去接受一張平板冰冷的面孔。「敬」由內心發出，而在臉上表達出來；應該是一種誠懇的，親切的，崇敬的臉孔。所以單有「禮儀」的禮，不是一種完整的禮。孟子曾說：「禮人不答反其敬」，不含敬意的禮，不能算是禮。

　　孔子以為「禮之用，和為貴」，和可以解釋作「中」，也就是「恰如其份」。禮不可以馬虎了事，但也不可過份。所謂「禮多必詐」；或竟近於諂媚，都是值得我們留意的。

　　單是有禮並不足以敬師，還有更重大的敬。孟子以為齊國的官員們「君命召，不俟駕」，但見了國君卻曾談過仁義，是大不敬！孟子的敬是：「我非堯舜之道，不敢以陳於王之前」，所以儘是說逢迎的話，不敢進逆耳的忠言，是最大的不敬。師長說話，不論是對是錯，

* 發表於《建中青年》第二期，1954年6月15日頁4。

一百個答「是是」，或者文過飾非，不肯婉言說直話，都是不敬。孔子認為「直而無禮則絞」，我也可以反過來說，「禮而不直則偽」。所以我們在師長有錯誤的時候，應該和顏悅色的提醒一下，才是最重大的敬。

「尊師」常與「重道」連在一起，韓退之說，「師者，所以傳道，授業，解惑也。」所以弟子先蒙師長解惑，然後授以名山之業，最終則傳師之道。孟子所謂「尊德樂道」，所以敬師不僅敬其人，而且要尊其道。重其道，而能傳其道，才是不折不扣的做到了「尊師」兩個字。

自述

　　予氏閔，名宗述，民國二十二年生於江西省九江縣。甫四齡，中日戰興。時家君方任職中央黨史會，舉家隨政府遷重慶，遂就讀於黨史會所設之天池小學。日本既降，曾返故里小住，旋又赴南京，未及半載，舉家來臺灣，其時則民國三十六年十月也。翌年，入省立建國中學初中部，畢業後考入原校，民國四十四年高中畢業。是年秋，入二十五史編刊館工作，民國四十五年冬，入國防部服務，今歲六月，以上尉退役，參加大專校院聯合招生，錄入本院中國文學系。

　　予賦性弗慕榮利，鄉先賢陶靖節之高風，有以啟之；常懷鯁介，素惡爭攘，先德閔仲叔之懿德，是所承焉。嘗自制一印以自勵，文曰：「辭肝樓鉢」；「辭肝」者，仲叔先生之獨行也！

　　予持身嚴謹，擇交亦慎。蓋鑑於輓近青季，或習染浮囂；或朋比頑劣，與之論交，何異「朝衣朝冠坐於塗炭」？竊有取於木強內斂，差近沈冥，然於是非黑白，自有衡量，絕不同於鄉愿耳。

　　予幼嗜文史，就家有藏書拉雜囫圇而讀之，雖不能盡解，而興會日濃。逮乎入中學，自圖書館中借閱中國文學與夫譯本西洋文學書籍，幾罄其藏，典守者以蛀書蟲目之。自是聚書成癖。復又性憙古典音樂與平劇，近年來搜羅此兩類唱片及有關文獻資料，所集亦頗可觀，然皆止於聆賞暨分析，不能進而引吭高歌，亦不能吹奏樂器也。其能操觚者，厥為治印，蓋予自初中時，即寢饋於斯道，歷年來所製者，已成印拓三冊。每應朋舊之索，暇時於晴窗下吮毫書石，運腕奏

刀，亦一樂也。然一旦而遇劣石，其敗人興會亦復不淺。性又憙品茗，嘗見潘文勤有一聯曰：「淺碧新磁烹玉茗，硬黃名帖拓銀鉤」，此中真趣，不足為外人道也！

　　竊以為治國學者，音韻訓詁與夫文章詞賦，二者不可偏廢；茲姑舉近三百餘年來之經學大師為例：顧亭林、黃梨洲、龔定庵、汪容甫、俞曲園、章太炎、黃季剛諸先生，文章自成一家；其中龔之詩詞、汪之駢文、黃之唐篆與歐陽通體小楷，皆負盛名於一時。蓋音韻訓詁為研習國學之工具，必求其得心應手，運用熟練，以開啟國學寶庫之門，苟視熟習工具為目的，則可謂本末倒置，不足取也。然苟肆力於文章詞賦，於音韻訓詁絕無所窺，即令名列文苑，恐亦不免以文士終其一生，而有揚子雲之悔。（揚子雲嘗自謂文章「雕蟲小技也，壯夫不為」）能於斯兩途兼優幷擅，則庶幾能弗愧於顧，黃、龔、汪、俞、章、黃諸君子矣！

　　中國文學，既為余所夙嗜，是以此生亟願從事於國學之研究與國故之整理，來日苟有所得，亦願從事於教學。人或謂研究國學者，終日埋首於故紙堆中，殊無前途可言。此蓋極無卓識，無志氣之短視耳！要知中國文化之復興，正在此時。人謂：「二十世紀為歐美人之世紀，二十一世紀為中國人之世紀」。蓋謂吾國文化必將發皇興盛而佈諸四海。此雖遠矚，確為篤論。予生逢此代，得以躬預挽狂瀾、振墜緒之鴻業，每一念及，不勝鼓舞也！

漫談讀中國書[*]

　　我來華岡求學，不覺已滿四年。在這段日子裏，蒙　師長諄諄教誨，同學切磋勉勵，獲益匪淺。當茲驪歌聲起，謹略抒個人對讀中國書的一些淺薄看法，以就教於本系各位學長。這裏所指的中國書，是狹義的；也就是僅指本系研讀範圍以內的「線裝書」。

　　首先談談讀書究竟有甚麼用處？關於這個陳舊的問題，我想北宋大儒張橫渠的答案最為精闢中肯；那就是：「為學大益在自能變化氣質。」而與他同時的大詩人黃山谷又更進一步的說：「三日不讀書，便覺語言無味，面目可憎。」林語堂先生在其名著《生活的藝術》第十二章第三節〈讀書的藝術〉中，對黃氏這段話曾有很透闢的解釋，茲節錄如下：

　　　　……他（指黃山谷）的意思當然是說，讀書使人得到一種優雅和風味。這就是讀書的目的，而祇有抱著這種目的的讀書纔可以叫做藝術。一人讀書的目的並不是要『改進心智』，因為當他開始想要改進心智的時候，一切讀書的樂趣便喪失淨盡了。他對自己說：『我非讀索福客儷（Sophocles）的作品不可，我非讀伊里奧特博士（Dr. Eliot）的哈佛世界傑作集不可，使我能夠成為有教育的人。』我敢說那個人永遠不能成為有教育的

* 發表於《華風》第二期，台北：中國文化學院中文學會，1967年5月31日，頁9-11。

人。他有一天晚上會強迫自己去讀莎士比亞的哈姆雷特（Hamiet），讀畢好像由一個噩夢中醒轉來，除了可以說他已經『讀』過哈姆雷特之外，並沒有得甚麼益處。一個人如果抱著義務的意識去讀書，便不瞭解讀書的藝術。這種具有義務目的的讀書法，和一個參議員在演講之前閱讀文件和報告是相同的。這不是讀書，而是尋求業務上的報告和消息。

林先生這部書是一九三七年冬天出版的，在三十年以後的今天看來，其「調子」也許拉得太高了一點，現在一個學生能為「改進心智」而讀書，就算難能可貴的了。這大概就是孔子所說的「古之學者為己，今之學者為人。」其實「三代以下唯恐不好名」，好名雖不失為一件好事，不過在「為人」之餘，如果也能分一些心力去「為己」，總是有益無害的。林語堂先生在《生活的藝術》第十二章第一節〈知識上的鑑賞力〉中曾提及一種情況，他說：

> 現在的學生是為註冊主任而讀書的，許多好學生則是為他們的父母、教師、或未來的妻子（筆者案：似宜改成「配偶」）讀書，使他們對得起出錢給他們讀大學的父母，或因為他們要使一個善待他們的教師歡喜，或希望畢業後可以得到較高的薪俸以養家。我覺得這一切思念都是不道德的。知識的追求應該成為一個人自己的事情，與別人無關，只有這樣，教育纔能夠成為一種積極、歡樂的事情。

（筆者案：以上所引林語堂先生《生活的藝術》中的兩段話，是採用西風社所出版的黃嘉德譯本。這個譯本的譯述，是林先生特許的；其中疑難之處，曾由林先生指示過。）

　　以上的話倒也不是幽默大師在無的放矢；「知識的追求應該成為一個人自己的事情。」這是值得再三強調的一句話。如果弄清楚了以上這些觀點，再依據這些觀念來決定我們的讀書態度，雖不中亦不遠矣！

　　書大致可以分為兩類，一類是要精讀的；另一類僅需泛覽即可。大約課內書須要精讀者較多，課外書可泛覽者較多。先談精讀：精讀先要動手圈點；連注子也在內，要把有關資料和自己的心得寫成眉批，以便查考。不信但看前人精讀的書，莫不朱墨爛然，蠅頭細楷的眉批，一絲不苟；我們如果把這些眉批鈔下來，略加整理，往往可以成為一本極有價值的參考書；前人用功之勤，可以概見。其次更重要的，在於朗誦。文選也好、楚辭、詩經、詩、詞……也好，總要能朗誦好幾遍甚至十幾遍纔能領會其佳處。因為就中國書而言，「聲音」是一大關鍵，讀英文尚須開口，讀中國書而不朗誦，如何能發現其聲調直接影響文章之氣勢，同時更與作品之情感、韻味……息息相關？如果能背誦，那就更好。杜工部不是說過嗎？「讀書破萬卷，下筆有如神」。「萬卷」是指讀得多，「破」是讀得熟。（書都翻破了，其熟自屬必然）胸羅萬卷，臨文就不會「一張白紙望青天」了。再如楚辭與詩經，其韻讀亦甚重要，不明韻讀，唸起來常常苦於不叶韻，因此興趣索然。　　高仲華老師教古詩用古音，就是這個道理。而楚辭與詩經中應該讀古音的韻腳尤多，妙在這兩部中文系的必讀要籍中，（筆者案：目前所訂這兩部書的學分似嫌略小，筆者與好些同學都認為詩經宜增為八個學分，楚辭增為六個學分，纔比較合乎實際需要。其實整個中文系的學分中，宜乎增加者尚不僅此兩門。最好是把中文系改成與東吳法律系一樣──讀五年；我想本系的　師長們一定不會認為我們這種看法荒唐）其古韻絕大多數是相通的。如果在二年級讀楚辭時，多多注意　楊心果老師所授的韻讀，那麼以後唸詩經就不會有多大的問題。怕的是讀完二年級就把楚辭束諸高閣，將那些古韻忘得一

乾二淨，等到三年級唸詩經時，又不知道要怎麼讀纔叶韻了。讀書這件事，是有貫通性、積累性的；如果讀了後面丟了前面，那麼大自然又何必賦我們大腦以「儲藏資料」的功能呢？如果認為不擲掉已得的學分，就等於多揹了一個包袱，難以在新學分裏大有收穫。這可能是工業社會的消費新觀念，個人不敢置評。

每每聽到有人讚揚「苦讀」，甚至主張「苦讀」，如果是指境遇苦而勤讀不輟，那是值得欽敬的。如果是指讀的時候並無多大興趣，只是為了要功成名就，橫下心來咬牙切齒的讀；那麼即使後來果然如願以償，似乎也未見得會有多大意義。因為「讀書」一旦成為獵取功名利祿的手段，則其人心中每甚憤懣冷酷，甚至於達到心理不太正常的境地，這對他個人和社會都是不很好的。其實讀書是一樁極有樂趣的事，所以林語堂先生對「苦讀」嘲笑備至，他說：「如果一個人把書本排在面前，而在古代智慧的作家向他說話的時候打盹，那麼，他應該乾脆地上床去睡覺。把大針刺進小腿或叫丫頭推醒他，對他都沒有一點好處。這麼一種人已經失掉讀書的趣味了。有價值的學者不知道甚麼叫做『磨練』，也不知道甚麼叫做『苦學』。他們衹是愛好書籍，情不自禁地一直讀下去。」鼎鼎大名的女詞人李易安在其《金石錄後序》裏也曾說：「……收書既成，於是几案羅列，枕席枕藉，意會心謀，目往神授，樂在聲、色、狗、馬之上。……」誠然，讀書之樂，斷斷超乎聲、色、狗、馬之上，一個「坐擁書城」，浸潤其中的人，其樂趣應該是「雖南面王不易也」的。照這樣說來，「苦讀」一事，真是「匪夷所思」了。清人筆記裏（記不清是那一本，似乎是王晫的《今世說》）有一段很有趣的記載：說是有一位西席每晚必飲酒一斗，東家知悉後，頗為不悅。問僕人：先生用什麼東西下酒？僕人說先生每晚讀《漢書》下酒。主人為之頤解，吩咐僕人說：先生既有如此妙物下酒，即再飲一斗也無妨。我想這位東家必然也是一個通人；

換了一個目不識丁的市儈，一定認為這位先生居然用什麼鬼「汗書」下酒，怕是有精神病，趕緊請他捲舖蓋吧！《漢書》真可以下酒嗎？我想大概是可以的。茲再引東坡書牘一則，以說明嗜漢書者，不僅這位西席也。

> 某到黃陂，聞公初五日便發，由信陽路赴闕，然數日如有所失也。欲便歸黃州，又雨雪間作。向僧房中明窗下擁數塊熱炭，讀前漢書戾太子傳贊，深愛之。反覆數遍，知班孟堅非庸人也。方感嘆而公書適至，意思豁然。稍晴暖，當揚帆江上，放舟還黃也。
>
> ——東坡與李公擇——

　　書要這樣讀，纔有味。如果明天要考試，今晚讀到三更半夜，弄得頭暈眼花，那就「食而不知其味」了。林語堂先生有「教育罪言」一文，其中有三段說：

> 世上沒有一種學校考試，不是一星期中預備得來，否則大半皆須落第。但一星期可預備的一點知識，一星期內也必可以遺忘。
>
> 凡是考試，都是機械的，注重記憶，不注重思想的。明朝幾個皇帝？皇帝何名？一類問題，甚便於考試。但是你對永樂有何感想，卻不便考試。明朝的興亡年月的答案，可訂七十五分，但一位學生腦袋的清楚程度，無法定為七十五分。
>
> 即使考試題目是問感想，學生也必天然走入記問之路。書上說莎士比亞之文好有三點，學生也必牢牢記住此三點。記得確者，便有一百分，其中受欺者是教員，如果教員真正準此相信

　　該位百分的學生果然懂得莎士比亞文之妙處，故結果仍不脫餵鴨的模型。

　　各位學長請想一想，這是否是實情？——至少在中學時代是如此。不過謝天謝地，在大學裏——至少在我們中文系，老師並沒有在腦筋中事先硬擬妥「標準答案」所以在回答「問感想」時，仍可以自由發揮也。

　　現在再報告我有一次讀書的情況，以博各位學長一笑。前年暑期中某日，雨過天涼，雅興大發，朗誦離騷。手執塑膠尺一枝，擊案有聲（聊表「擊節」之意），讀到末尾「陟陞皇之赫戲兮，忽臨睨夫舊鄉。」文氣至此急轉直下，尾聲出現；而這一千頭萬緒，血淚凝成的天地間至文，竟如此極富感情的猛一兜回，真可以說是力挽千鈞，具懸崖勒馬之勢；繾綣、蒼涼、沉鬱兼而有之。不覺猛力一拍，塑膠尺就此報銷了。自然，因為這不是為考試而讀書，否則不會出現這種「境界」了。

　　至於課外書，讀的時候以不查字典、辭典為妙。如果一遇到「攔路鬼」就查辭典，那就不易攝取全文的神味；因為如此時讀時停，可能越讀越乏味。如像《紅樓夢》、《聊齋》、《儒林外史》等舊小說，本來是中文系的同學必讀的；如果是初讀，應該能以鳥瞰全局為妥，有不懂的地方讓它過去，因為這些名著，此生當不止僅讀一遍，過些時候再讀，那時由於學識、閱歷的增加和情感的成熟，原來不懂的地方，每每會豁然貫通。假使抱著辭典用一年半載的光陰去讀《紅樓夢》，就得不償失了。至於那些內容豐富，甚有學術價值，足資參考的筆記、詩話、詞話、讀書札記……等，最好能擇其精闢扼要者，隨手鈔在筆記簿上，這也不失為搜集資料的一種簡易方法。我們學生的經濟能力有限，不可能見書就買，多半是借來看的；如果沒有絕佳的

吸收、記憶的能力，匆匆流覽一遍而不做摘錄，恐怕不會有多大的收穫。

另外有一個問題，那就是有時候大家覺得某一位老師講得好極了，有時又覺得他講得不如以前精彩，因此有些失望；過些時候又認為他的確有一套。這種情形，　汪雨庵老師曾有很剴切的說明。他說即使最負盛名的教授，我們也不能希望他每一堂課都講得很精采；因為一個人對某一部書、某一門學問真正心得之所在，往往是濃縮成三言兩語，一針見血，透闢極了，我們聽來自然是很精彩的。聽完這些，再聽其他的話，相形之下，就會認為不如以前妙。但是那裏會有一位教授的精粹心得多得可以連講一年呢？何況一個人的精力是有限的，情緒也不可能一直停留在高潮上；這些因素對講課也有甚大的影響。主要的是我們要能抓緊了他那三言兩語的關鍵話，再自己去揣摩、品味、研究、發揮、去「舉一反三」，就終身享受不盡了（這種情況在純文學的園地裏，更為顯著）何況讀書是不能全靠老師的，即使學徒也有出師的一天。老師給我們一筆「本錢」，指我們一條路，充其量再告訴我們一些「經營」的訣竅，我們要能善於運用這些本錢和訣竅去將本求利──最好是「一本萬利」。如果僅以「吃老本」為已足，那相當危險！因為老本是吃不了幾天的。我們的老師因其所授的科目不同，故講授的方式也各異，（我校主張自由講學，決不干涉教師的教學方式，這是我校勝人一籌的地方。）但他們都各有其本身的特色，決不墨守成規照本宣科。譬如　王忠林老師所授的《左傳》、《毛詩》，因為那是經學，講究的是家法、師承，不能憑空作沒有根據的揣測。所以他引經據典，不肯輕易放鬆一個字；但是在紛紜眾說中，究以何者最為圓滿可取，仍有他自己的看法，即使對毛公、鄭君、杜元凱的說法也未肯完全苟同；　周何老師講授《書經》亦復如是。　胡自逢老師講授《荀子》，其態度之嚴謹亦頗與　王、周兩

師相似，然而由於《荀子》究竟是子書，應該側重思想之探討與分析，所以他引徵的地方就比較更多一些，同時也無可避免的會涉及一部分「形而上」的理論。但是　汪雨庵老師講《文心雕龍》，　張安縵老師講唐宋文就不同了，他們採取比較海闊天空的方式——因為這是純文學，側重個人的心領神會，遇到可以意會而難以言傳之處，也許就兜一個大圈子。如果要像高中老師那樣逐句「翻譯」，豈非捨本逐末？

　　前面既然談到「一本萬利」的問題，就不妨再舉一個眼前的例子。譬如說　周何老師教給我們將近五十個甲骨文單字。（指曾仔細分析者而言，附帶提到者自然遠超過此數。）我們如果不加以發展，那麼就我們而言，永遠就只有這些字；甚至逐漸遺忘。而這一門絕學發皇光大的機會，就不免在我們手裏斷送了一部分；自然我們不可能今後都去研究甲骨文，但是萬一將來我們之中有人適逢其會，居然要拿這些字去教學生，試問能教些甚麼？　周何老師如果僅守定　魯老師所教給他的那些字，而不去反覆研究，以求進展，那麼他今天在講臺上就不能信手拈來，無不洽切貫通了。其他各位老師也是如此，他們都是能發揮師說；但絕非專靠老師的傳授即可有今天的成就。這一點，我想我們是應該特別警惕，自勉互勉的。古人說：「師不必賢於弟子。」如果將來我們的成就超過老師，老師一定會很高興的說他的學生比他行；並且引以為莫大的安慰，因為學生是他培植出來的呀！但是學生無論將來能否成就，卻絕不可以忘本——這是　周何老師在課堂上訓誨過的。「忘本」是我們中國從士大夫到鄉里小民所一致深惡痛絕的！老師教學盡心，學生不忘本，這就是我國讀書人所謂的「師弟之誼」精義之所在了。「薪盡火傳」，端賴於此！

　　倉促草成此文，甚為拉雜凌亂，聊當野人獻曝耳！疏漏謬誤之處，更所難免，敬請各位學長不吝指教是幸！

談中文系的課外書[*]

　　首先也許就有人會問：「中文系的學生，已經有了那麼多的必修科目，難道還要加重負擔，再讀一些課外書嗎？」筆者的答案是肯定的。當然，如果僅僅是為了一頂方帽子而讀書的話，那麼即使一本課外書也不看，到時候方帽子仍舊會掉到頭上來的。要是不甘心以擁有一頂方帽子為已足，而打算成為一個比較名符其實一點的文學士，那恐怕就必需有計畫、有步驟、有進度的去看一些課外書了。

　　坦白的說，一個讀中文系的人，決不可以成天在幾本教科書上兜圈子，好像病人遵照醫生的指示而服藥那樣捏著鼻子往肚子裏嚥。讀書不是服藥，更不是「靜脈注射」，而是像享受美味一樣，自自然然地吸收營養；是一件莫大的樂趣而決不是一種負擔。像蘇秦那樣為了求功名富貴而「苦讀」，則是「祿蠹」的行徑，不值得一談（關於這一點，林語堂在他的《生活的藝術》一書中曾反覆申論，這裡不再多說）。但是在中國文學的範圍裏，有好些「必讀書」讀起來也許正像是服藥，其實那是由於讀書不得其法，沒有能養成理解力與鑑賞力，所以弄得「食而不知其味」；追根溯底，就是有關中國文學而又未列為必讀的課外書看得太少，不能瞭解古人的「意識型態」。因之，一旦要研讀古人的作品，就會覺得很隔膜；借句軍事術語來說，就是不能「進入狀況」。連這一點都不能做到，那也就不能在讀書的時候，

* 原載《華風》創刊號，台北：中國文化學院中文學會，1965年6月25日，頁18-19。署名隸明。

產生「神交古人」、「與古人為友」的情趣,現代口語所謂不能「引起共鳴」是也。那當然會把讀線裝書視為一種「必要的痛苦」;一種獵取方帽子的「手段」。這雖然是中學時代升學主義的填鴨教育所種下的惡果,但是現在亡羊補牢,猶未為晚。中文系的課程,並不至於叫人忙得喘不過氣來,多少讀一些課外書,是不會影響「成績」的。

現在介紹幾本中文系的同學可以買來看看的課外書。筆者介紹這幾本書有一個準則,首先說明如下。否則恐怕不免見譏於大雅君子,認為調子拉得太低。

第一:此次介紹的幾乎都是線裝書,因為讀中文系離不了線裝書;但是大致都是文章不太深的書,太深了讀起來費力傷神。正如同介紹別人學著聽古典音樂,如果一開頭就把布拉姆斯搬出來,那很可能會使他終其一生再也不敢領教古典音樂了。

第二:沒有連貫性,不一定要一口氣讀完,可以隨讀隨停,也就不致妨礙正課。

第三:有趣味,不枯燥,可以視為消閒讀物,但是讀了自然有益處。

第四:也是最重要的一點,這些書在臺北可以買得到。價格也不太高,不致於令人感到經濟上負擔不起。

(一)《中國的科名》

這本書是齊如山先生的著作,由中國新聞出版公司印行,全書用白話文寫成,把清代科舉的情況介紹得很詳細,而且趣味盎然。(書名不十分妥當,因為既然叫作《中國的科名》,就應該從唐代講起,而此書僅僅談清代的科舉,似乎以題作《清代的科名》比較恰當)今天不但一般大專學生對清代科舉制度的大概情形毫無所悉,即使社會

上一般知識分子也以訛傳訛的把大專聯考總分最高者叫做「狀元」，其實根本不知道「狀元」究竟是怎麼一回事。其他科系的學生不知道這些事情沒有關係，中文系的學生最好要在這方面能有些基本常識，因為明瞭了清代科舉制度的情況，至少在看《儒林外史》（吳敬梓寫這本書，把時間寫在明朝，其實都是清朝的情況）和《聊齋誌異》的時候，就會懂得更多，也就有趣得多。因為不明瞭當時的科舉制度，就很難明瞭當時那些讀書人的意識型態（他們為甚麼會那麼想，那麼做），也就不會對他們發生同情，於是讀《儒林外史》和《聊齋誌異》所得也就不多了。再說清代人的著作，每每與當時的科舉有關，不明瞭清代的科舉制度，研究清代人的作品就不容易有深切的了解。正如同今後的人想要了解我們，就必需先了解我們今天的教育制度和實際情況，否則就無從明瞭為甚麼我們會把分數看得那樣重要，也就不會對我們發生同情了。

（二）《世說新語》

這是一部名著，所謂：「記言則玄遠冷俊，記行則高簡瑰奇；下至繆惑，亦資一笑。」而且劉孝標的注，也與裴松之的《三國志》注，酈道元的《水經》注及李善的《文選》注，同為考訂家所重。梁任公把這部書列為「國學基本書目」之一，說是：「將晉人談玄語分類纂錄，語多雋妙，可作課餘暑假之良伴。」再說我們中文系在二年級有開「詩選及習作」的課程，所選用的課本是戴君仁教授編的《詩選》，其中魏晉詩佔有相當可觀的篇幅，讀了《世說新語》，在讀魏晉詩的時候，就可以有更多的領悟。此書啟明書局（現已停業）曾經發行過有新式標點的大字版，讀起來比較方便，唯一的缺點是把劉孝標的注刪去了一部分，比起以前中華書局四部備要的本子就差一些了。

可是目前這種啟明版，恐怕也很不容易買到。此書藝文印書館也影印了一部，但是沒有標點，價錢也不便宜。

（三）《兩般秋雨庵隨筆》

明清人的隨筆，有很多頗值得一讀的，譬如明人朗瑛的《七條類稿》，朱國楨的《湧幢小品》，清人趙吉士的《寄園寄所寄》，梁紹壬的《兩般秋雨庵隨筆》等都是，在這一類的書裏面，《兩般秋雨庵隨筆》可謂後來居上，尤其值得推薦，其中所記詩文掌故很多，甚至還有燈謎，考據方面則較少，所以絕不枯燥。新興書局有影印本，沒有標點，這也有其好處，因為中文系的同學一定要趕緊培養一種能力——那就是能看沒有標點的書。否則將來會叫苦連天，後悔莫及的。要培養這種能力，不妨從閱讀這本書開始。

（四）《唐人小說》

這本書是汪辟疆（國垣）教授，采輯唐人小說中的佳構，再加以校勘整理而成。考訂極為贍詳，同時標點謹嚴，也是一大特色。唐人小說，意境高妙，文辭雅馴，如像〈李娃傳〉、〈長恨歌傳〉、〈虬髯客傳〉等，已早膾炙人口。把這本書放在案頭，有空就讀一兩篇，對國文程度必有幫助。但是一定要細讀，每一附錄都不可以輕易放過。此書由遠東圖書公司印行。

（五）《聊齋誌異》

這本書很多同學都曾看過，但很可能看故事而沒有注意蒲松齡的

文章，他的文章學《左傳》、《國策》，相當成功。我們中文系在二年級開了《左傳》的專書研究；不妨再看看蒲松齡怎樣用《左傳》、《國策》的字眼和句法來寫古文而運用自如，讀《聊齋》如果不單是看故事同時也能欣賞他的文章，自然就別有一番新趣味；而且還可以從書中窺見清代中葉讀書人的想法和風氣，以及科舉制度的弊病，正好用來與《中國的科名》一書相參照。這書在臺北可以買得到的幾種版本中，祇有商務印書館的《聊齋誌異評註》比較好，字體大，錯字少，該注出來的典實都注在每篇的後面，可以省去翻檢辭書的麻煩。再者，價格也不昂。

（六）《中國文化要義》

這本書的作者梁漱溟教授，早歲即曾以《東西文化及其哲學》一書馳譽學術界，現在雖然身陷匪窟，但是不曾向共匪的謬論低頭。始終保持著我國士大夫的人格和骨氣。《中國文化要義》一書，對中國文化作了番相當徹底的分析與批判，並且逐項與西方文化比較。有很多見解都頗中肯綮，發人深省。而他所堅持不變的立場，就是我們中國的正統思想——儒家學說。看了這本書以後，可以對數千年來的中國文化得到一種更進一步的了解；雖然我們並不完全同意他的看法，但是至少可以知道近數十年的讀書人，對他所浸潤於其中的文化有了一些甚麼樣子的醒覺。梁氏的文章不算好，至少是有些枯澀，恐怕是由於他是一位哲學家而不是文學家的緣故吧。此書由香港集成圖書公司出版，在臺灣則由正中書局總經銷。

（七）《顏氏家訓》

　　這是一部好書，其中所討論的項目非常廣泛，幾乎無所不談，而且文章也簡潔安雅，不失六朝人的本色。有些觀點雖然已不適於現代，但是有很多基本論點仍然極有價值。我們可以從這部著作中去了解當時的社會情況與一般士大夫的思想，同時有許多考據，可以做為國學上的重要參考資料。此書目前最好的版本，應該是中央研究院出版的《顏氏家訓彙注》，這是周法高先生把清人趙敬夫（曦明）的注，盧抱經（文弨）的補注，再加以他自己的補注合刊而成，考訂斠注之周詳，可以說是巨細無遺。這部毛邊紙的線裝書，共四冊，各種附錄佔了兩冊，錯字極少，後面又附了勘誤表。由商務印書館代售，要賣一百四十元，由於紙張印刷與裝訂之考究，也就無怪價昂了。

　　介紹課外書，暫時到此為止。另外有一件事要奉勸中文系的同學；筆者看到有些同學想讀唐詩，就去買一本《唐詩三百首》，這對中文系的學生來說，是很可笑的。因為那是一本「村書」——三家村的酸秀才教蒙館用的。不是他所選的詩不是好詩，而是說他選得不夠好；譬如說他選的杜詩中，就沒有選〈秋興〉八首和〈三吏〉〈三別〉，足見其鑑賞能力之低。不獨是詩的選本如此，文的選本也有這種情形。譬如說風行一時的《古文觀止》也是一本「村書」，中文系的學生決不可以提到這本書，以免貽笑大方。就筆者的淺見，如果一定要選讀本，那麼與其讀《唐詩三百首》及《千家詩》之類的「村書」，就不如讀姚鼐所選的《今體詩鈔》（中庸出版社有排字本，附有唐人詩句，售價極廉）。與其讀《古文觀止》，就不如讀姚鼐的《古文辭類纂》或是曾國藩的《經史百家雜鈔》。要讀詞選，不妨買一本開明書局印行龍沐勳編選的《唐宋名家詞選》，龍氏是朱彊村（祖謀）先生的門人，對此道決不外行。所選雖不十分允當，但是在現在所能

買到的詞選中，總不失為體例較為嚴謹的了。至於馮煦的《宋六十一家詞選》，則是據毛晉的《宋六十一家詞》選輯而成，毛氏原書未刻入的大家甚多，如子野、方回、易安、草窗、碧山、玉田等都是。馮氏的書，也只得依樣畫葫蘆，實在是一大闕失。此書文化圖書公司有影印本，但是沒有標點，讀起來可能有些不方便。如果對詩詞真有興趣，打算作比較深入的研究，那就要逐漸脫離選本的小天地，去讀專家的集子。讀專家的集子，又有其一定的路線，那就不是這篇小文可以討論的了。

談求學的「自由」[*]

音樂家為自由所付出的代價是極大的自制、紀律和忍耐。也許
這不僅限於音樂家,在一切藝術甚至生活中,我們不是都在紀
律的範疇中設法找到自由嗎?
——曼紐恩(Yehudi Menuhin 1916~)《主題與變奏》。——

案:曼紐恩是近代十大小提琴家之一,出生於美國,父母是俄國猶太
人。八歲舉行首次演奏會,被稱為神童,十一歲在紐約演奏貝多芬的
小協奏曲,令美國的聽眾和評論家大吃一驚。此後其長達六十餘年的
演奏生涯,在音樂史上也是極為罕見的。他又是一位藝術家與人道主
義者,他創辦的曼紐恩學校,造就了不少的音樂人才,我國小提琴家
辛明峰,就是由於他的賞識而受教於他門下的。

曼紐恩在他的《主題與變奏》一書中所寫的這一段話,其實可用
之於一切學問。學問必須透過紀律去獲得。紀律與規則不是用來束縛
我們的自由,而是範圍「自由」使之納入正軌,不能漫無準則或走火
入魔。

唯有通過一定的規範,始終獲致真正的自由,也是有價值的自
由;否則不但徒勞無功,而且還可能治絲益棼。其實所謂的紀律、規
則,都是前人辛勞歷練所得到的教訓,我們撿現成的,難道還能說不

---

* 此文為政治大學中文系畢業生所寫。今只見手稿,不知作於何時?

是幸運嗎？

　　就以填詞這件事來說，對一個初學者而言，簡直是戴著腳鐐手銬跳舞，什麼字數、句法、平仄、押韻、換韻，無一不令人感到顧此失彼，縛手縛腳，嚴重限制了文思的自由表達。其實只要忍耐一段時期，就應該會由於日益熟練而漸入佳境，進而左右逢源；這時候我們就會猛然領悟孟子所謂的「不以規矩不能成方圓」的道理，也就產生成就感了。

　　所以規則、紀律是幫助我們步入正軌的不二法門，不是用來限制我們或嚇唬外行的。記得以前有一位記者訪問梁實秋先生，問他的學問靠甚麼得來的，梁先生的回答也許出乎一般人意料之外，他說「我靠紀律」。梁先生的意思是控制自己的作息，進度，依照追求學識的正規法則一步一步的向目的推進。

　　其實一旦我們習慣而又善於運用這種「範圍以內的自由」，必定可以獲得解脫，因為那才是真正的自由。

　　中國文學系四年級乙班同學畢業在即，要編班刊以資紀念，希望我寫幾句話，看來難以推辭，因此就曼紐恩這段話加以引申，勉勵同學也藉以督責自己。

附記：

　　貝多芬的小提琴協奏曲，一般來說要四十五分鐘左右才能奏完。由於其艱深的技巧，巧妙的配器手法，豐富的內涵及雄偉的氣勢，自來便公認是所有這類作品中最偉大的一首。對一個已成名的小提琴家來說，演奏這首龐大而複雜的曲子也是一大考驗，何況是一個十一歲的兒童呢！再說，公開演奏是要背譜的，並且要一氣奏完，中間絕對不可吃NG。

十七　小說

　　《初雪集》為閔宗述的小說創作，共五篇：〈王維與林中的疑影〉、〈一隻貓的結果〉、〈錢老頭〉、〈無題〉、〈美人蕉及其他〉，皆為中學時期的作品。相對於詩詞文章，小說是宗述比較弱的一項，故僅選錄一篇〈一隻貓的結果〉。

一隻貓的結果

　　我的隣舍龍先生是很令人難以捉摸的，他曾告訴我他極恨貓，尤其是善於捕鼠的貓。我不敢追問他是甚麼緣故，我知道他擅長於用「你不通嗎！」或「你淺薄！」來給陌生者一個難堪的，至於他對熟人，則當然更為凶惡，時常利用人家的膝蓋或臀部來練他的飛腿，但是偶然有一兩位會飛拳的人，去觸動龍先生的上半部，那他是很乖巧的會偃旗息鼓了。

　　在一個悶熱的下午，我關上門想睡午覺（因為如果不關上門，龍先生會長驅直入叫醒我，對我表示他的高論，我如稍有一點不受用，則勢必將引來一連串的「你不通，你淺薄」）隔壁龍先生的房裡卻傳來一陣陣淒厲的貓叫聲，並且好像不止一隻。我也不想睡也睡不著了。開門走出來，看見龍先生的門窗都關著，我走近玻璃窗往裡一看，呀！那景像令我為之愕然。原來在牀腿上繫了一條大黑貓，龍先生赤著上身，汗出如漿，彎腰用雙拳痛打貓的背，他自己的手背上頗有幾道紅痕，並且在滴血，至於在貓的身旁，卻有一大洋瓷碗的魚，並雜有幾塊肉。龍先生一面打，一面自己也大聲的學貓叫（無怪乎我以為不止一隻貓），這時他發現我站在窗外，就停止了他的工作，甩動著一雙帶著血黏著貓毛的手，陰陽怪氣的晃了出來（門是如此猛烈的被拉開，隨即猛烈的被碰上了），用一隻眼睛盯著我（另一隻閉上了），我發現他的白短褲被汗濕得像半透明玻璃紙。

「閣下有何見教？」

我因他突然如此客氣而受寵若驚，一時答不上話來。

「你來幹甚麼的！」這一下我受嚇吃驚了。

「我……我……」

「你甚麼？」

「我想這要是在香港，虐待動……」

「住嘴！淺薄之徒！」——我想開溜。

「慢走！我的話還沒有完，你想在一個大而且熱的房子裡，嗯！有魚有肉的房子，一隻實際上不存在的黑貓關在裏面挨打，是多麼深刻！……」他抬頭朝天，自言自語，雙手揮舞，像在指揮一個大合唱，手上的貓毛紛紛飄在陽光中，眩耀著紅紅黃黃的油光，他像夢囈般的越叫越高，好像我與他那黑貓般「根本不存在」。

「……嗯……哲學與文學的混合，不！熔合，你看過 Ernest Hemingway的In Our Time嗎？」他把He尖叫成「罕」！更奇怪的是把Time中的Ti讀成「湯」，E字唸成長音，聽起來好像說「愛辣舌頭海米煨」的「印螯煨耳湯米」

「在我們的湯米裏？」我著實納罕，

「吓！管他是湯米或是米湯，我只要研究在熱而大的牀上努力於……」

「努力生孩子，原書上是這樣說的」我說，

「少插嘴！至少黑貓是不存在的……呀！我的手上那來的血……呀……」

他幾乎暈倒了。

「快打電話，臺大醫……趙……」

「甚麼？找那一位醫生，誰？趙什麼？」我忙中急問他，我實在不敢走近他身邊，因為他那著名的「彈腿」……

「臺大醫院……趙主任，趙析靈」

趙析靈！臺大醫院精神病科主任趙析靈！呀！我拔腿就跑⋯⋯

*　*　*

兩個半月後，他出院了。很少說話，又瘦又白，眼珠大大的，見了人不會轉動，他的弟弟龍泓偶然來看他，也只坐半個鐘頭就走了。

再過三個星期後他搬走了，搬到那人滿為患的松山療養院去了，至於那隻被稱為「實際不存在」的黑貓，是死在他出院之前。

*　*　*

我在他室內的牆上發現幾行七歪八倒的字，大部分都無法辨認，看來是最近新刻上去的，刀鋒很鈍，刻得又淺，大約是病後無力的原故，僅有一行罟罟可以全部認出來。

「研究一隻貓的結果，承認一切事物都是純粹的。」

*　*　*

純粹的「實際上不存在」，我想。

——出自《初雪集》

十八　學術論文

　　學術論文四篇，都與詞和詞人有關。〈從《飲水詞》談到《苕華詞》〉刊登於一九五八年的《海風雜誌》；〈讀清真詞〉刊登於一九五八年的《暢流》半月刊。宗述當時在國防部工作。〈略論喬大壯之《波外樂章》〉一九六五年刊登於中國文化學院中文學會會刊《華風》創刊號，當時大學二年級。〈試就王國維先生幾闋詞中的隱喻印證其與羅振玉之恩怨〉刊登於一九八八年政治大學《中華學苑》第五十一期，宗述時任教於政大中文系。

　　宗述的學術論文不多，但都是經過咀嚼、涵詠而有所得之作，不同於時下一般浮泛之論文。

從《飲水詞》談到《苕華詞》[*]

　　約在一九五三年的春天，我正熱中於淮海小山；卻偶然在圖書館發現一部李勗[1]撰的《飲水詞箋》，諷誦之餘，非常喜歡納蘭的風格，可惜借期有限，未能細讀，打算買一部，而此書又早已絕版，因此始終耿耿於懷。可喜次年夏天，在同學周君處借得一九三八年商務印書館國學基本叢書版的《納蘭詞》一部，共計收有納蘭性德的作品三百五十闋，應該是最完備的版本了，但可惜這又是一絕版書。興趣一來，就利用午後的閒暇，從頭到尾鈔了一部；有了這麼一個版本，當然也就可以好整以暇的細細欣賞了。

　　不料在細細欣賞之餘，卻意外地發現了一件很有趣的事；那就是王靜安先生（國維）填詞高標歐秦，主張以後主、正中、永叔、少游、美成為正宗，其實歸根結總，主要是得力於一部《納蘭詞》。不過他自己很諱言這一事實；譬如說在他的傑作《人間詞話》中，僅略略有幾句話談到納蘭性德，而且也僅僅稱許納蘭塞上之作[2]，最妙的是：在《人間詞話序》[3]中，卻露了馬腳，這篇序文裏說：「靜安之為

---

* 此文在一九五八年三月發表於《海風》雜誌3卷3期，題〈從《飲水詞》談到王靜安〉。一九六六年略作修改，改題〈從《飲水詞》談到《苕華詞》〉，發表於《華岡青年》創刊號（1966年3月29日），頁25-27。

1 李勗字志邁，浙江樂清人，是龍沐勳的門人。龍氏曾從朱彊村先生治詞學，編有《唐宋名家詞選》、《近三百年名家詞選》，又曾撰《東坡樂府箋》。按：李書正中書局已於一九五九年一月再版發行。

2 指納蘭〔長相思〕之「夜深千帳燈」〔如夢令〕「萬帳穹廬人醉」等闋。

3 參見《觀堂外集》或校注本《人間詞話》。

詞，真能以意境勝，……方之侍衛，豈徒伯仲！」（請注意「方之侍衛，豈徒伯仲」這兩句話！）侍衛就是指納蘭性德[4]。此文署名樊志厚，其實是靜安先生自己作的[5]。我國的文人及書畫家每每都不免有一種習慣——不肯把他真正的師承淵源說出來，固然有少數人是由於其所師法者，人格有問題，因此不好意思承認[6]，但絕大多數是意在不願意讓後學撿便宜；甚至於當作「不傳之秘」，在教學生的時候也要「留一手」。至於靜安先生之不肯直截了當的承認得力於納蘭：或者是因為他一向高談北宋，如果自認學清人，怕別人笑他，也是可能的。但無論如何，靜安先生學納蘭，是有真憑實據，不容否認的，現在略舉幾個例子，請讀者們來評論。

靜安先生的《苕華詞》中，有一闋〔好事近〕：

夜起倚危樓，樓角玉繩低亞；唯有月明霜冷，浸萬家鴛瓦。

　人間何苦又悲秋，正是傷春罷；卻向春風亭畔，數梧桐葉下。

〈清平樂〉下半闋云：

當時草草西窗，都成別後思量，料得天涯異日，應思今夜淒涼！

〈浣谿紗〉下半闋云：

只恨當時形影密，不關今朝別離輕，夢回酒醒憶平生。

這些都是摹納蘭纏綿婉約之處，不但意境酷似，聲調也極像，而且完全是用納蘭那一套字面，尤其有一闋〔阮郎歸〕云：

4　納蘭於康熙十五年授三等侍衛，康熙二十四年授一等侍衛，見《飲水詞人年譜》。

5　參見繆鉞《詩詞散論》中「王靜安與叔本華」一文。

6　例如包世臣的字，沙孟海就說「大致是得力於『敬史君碑』及『始平公造象』，不過他自己不承認罷了。」還有人進一步的指出實在是學武則天的「昇仙太子碑」，他當然對這一點更是諱莫如深。又如朱晦庵的字是學秦會之，這當然是他自己死也不會承認的。

女貞花白草迷離，江南梅雨時；陰陰簾幕萬家垂，穿簾雙燕飛。
朱閣外，碧窗西，行人一舸歸；清溪轉處柳陰低，當窗人畫眉。

納蘭的一闋〔阮郎歸〕則是：

斜風細雨正霏霏，畫簾拖地垂，羣山幾曲篆煙微；閒庭柳絮飛。
新綠密，亂紅稀，乳鶯殘日啼；春寒欲透金縷衣，落花郎未歸。

兩相比較一下，則靜安先生之刻意學納蘭，可說是有目共睹，不待費辭了。只是一寫人歸之愉樂，一言人未歸之惘悵而已！不過納蘭此詞，看起來是脫胎於另一個人——馮延巳[7]。

不但是學納蘭纏綿婉約之處，還學納蘭精壯頓挫之處，他有一闋〔蝶戀花〕云：

滿地霜華濃似雪，人語西風，瘦馬嘶殘月。一曲陽關渾未徹，車聲漸共歌聲咽。　　換盡天涯芳草色，陌上深深，依舊年時轍。自是浮生無可說，人間第一耽離別。

納蘭有一闋〔蝶戀花〕則是：

盡日驚風吹木葉，極目嵯峨，一丈天山雪。去去丁零愁不絕，那堪客裏還傷別。　　若道客愁容易輟，除是朱顏，不共春銷歇。一紙寄書和淚摺，紅閨此夜團團月。

_____

7　參見《陽春集》〔阮郎歸〕「南園春半踏青時」一闋。

以上二詞，就像出自一個人的手筆。論其纏綿委婉，殊不亞於二晏、六一，其氣象則也足以抗顏蘇辛。另外還有一點；這闋〔蝶戀花〕與前面所舉的〔阮郎歸〕，靜安先生的作品與納蘭的同一韻部，這總不能說巧合吧！納蘭喜填〔浣溪紗〕，《苕華詞》中也以〔浣溪紗〕為最多，而且幾乎無一不酷似納蘭，如：

　　曾識盧家玳瑁梁，覓巢新燕屢回翔，不堪重問鬱金堂。　　今雨相看非舊雨，故鄉罕樂況他鄉，人間何地著疎狂！
　　漫作年時別淚看，西窗蠟炬尚汍瀾，不堪重夢十年間。　　斗柄又垂天直北，官書坐會歲將闌，更無人解憶長安。

此二闋簡直可以說是神情俱似納蘭。另外有一闋，雖是假道納蘭，但已深入北宋堂奧，已非納蘭所能範圍，那是：

　　月底棲鴉當葉看，推窗跕跕墮枝間，霜高風定獨憑欄。　　覓句心肝終復在，掩書涕淚苦無端，可憐衣帶為誰寬！

又有一闋〔蝶戀花〕是：

　　誰到江南秋已盡？衰柳毿毿，尚弄鵝黃影。落日疎林光烱烱，不辭立盡西樓暝。　　萬點棲鴉渾未定，瀲灩金波；又冪青松頂。何處江南無此景？只愁沒個閒人領！

　　雖然仍舊是納蘭的底子卻已高摩清真壁壘[8]，恐怕不是納蘭所能方駕的了。

　　靜安先生摹擬前人的作品，尚不止此。《苕華詞》中有〔荷葉盃〕六闋，自註「戲效花間體」，茲舉其中之一如下：

> 隱隱輕雷何處？將曙，隔牕見疎星。一旁芳樹亂啼鶯，醒摩醒？醒摩醒？

　　學花間真能入木三分[9]。他在《人間詞話》中盛讚夏竦的〔喜遷鶯〕：

> 霞散綺，月垂鈎，簾捲未央樓。夜涼銀漢截天流，宮闕鎖清秋。
> 　瑤臺樹，金莖露，鳳髓香盤煙霧。三千珠翠擁宸遊，水殿按涼州。

　　自然不免要摹仿一下，他寫的是：

> 秋雨霽，晚烟拖，宮闕與雲摩。片雲流月入明河，鵁鶄散金波。
> 　宜春院，披香殿，霧裡梧桐一片。華燈簇處動笙歌，複道屬車過。

　　我們不能不承認的是他的摹擬能力是太強了。淮海有一闋〔滿庭

芳〕「山抹微雲」，他以同調「水抱孤城」摹之。在《人間詞話》中，他幾次把姜白石評得一錢不值，但是他的「數峯著雨，相對青無語。」則完全用白石的「數峯青苦，商略黃昏雨。」不過諸如這一類力求其酷肖的摹擬，也祇是填詞過程中較為早期情形，到後來醞釀漸熟，熔鑄百家，便形成了他自己特有的風格；這一類作品可以說是別具才情自出機杼的傑構。如像〔臨江仙〕「紅牆隔霧未分明，依依殘照，獨擁最高層。」〔踏莎行〕「疏鐘暝直亂峯回，孤僧曉渡寒溪去。」其格調之高，幾幾乎要超越白石。又如像〔浣溪紗〕「夾岸鸎花遲日裏，歸船簫鼓夕陽間。」其明麗又何減珠玉？〔蝶戀花〕「薄晚西風吹雨到，明朝又是傷流潦。」沉晦近乎耆卿。而〔鷓鴣天〕「空餘明月連錢列，不照紅葩倒井披。」其瑰麗簡直可以凌駕賀方回！又如〈菩薩蠻〉「玉盤寸斷蔥芽嫩，彎刀細割羊肩進。」其清俊則小山能之，而爽利則非小山所能辦到的。還有〔浣溪紗〕「旋解凍痕生綠霧，倒涵高樹作金光。」其縹緲易安有之，而氣象之壯美，在《漱玉詞》中尚不多見。他如〔臨江仙〕「郎似梅花儂似葉，竭來手撫空枝；可憐開謝不同時，漫言花落早，祇是葉生遲。」及〔蝶戀花〕「妾意苦專君苦博，君似朝陽，妾似傾陽藿。但與百花相鬭作，君恩妾命原非薄。」則又見其譬喻之高妙。在清一代詞人之中，除「侍衛」一人以外，能與靜安先生相「伯仲」者，恐怕真沒有幾個人。他在〈自序〉中也認為：「……余之於詞，雖所作尚不及百闋，然自南宋以後，除一二人外，尚未有能及余者，則平日之所自信也。雖比之五代北宋之大詞人，余愧有所不如，然此等詞人亦未始無不及余之處。」足見其自視之高，但是也並不算十分誇大其辭。

現在我們再來看看《苕華詞》中所多多少少包含的一些哲學成分──叔本華型的悲觀人生哲學。這是在納蘭詞中很難找得出的。先看他的一闋〔浣溪紗〕：

　　天末同雲黯四垂，失行孤雁逆風飛，江湖寥落爾安歸？　　陌
上金丸看落羽，閨中素手試調醢，今朝歡宴勝平時。

　　語氣極為舒緩平淡，而所包含的情感卻極端悲惻悽愴，對「把自
己的快樂建築在別人的痛苦」上的人類社會，作最沉痛的譴責與控
訴！原來人們自以為十分風雅閑適的事，從另一個角度去看，卻成了
一幅弱肉強食的殘酷畫面！而人們又何嘗不是陸續的被其中較強大的
同類作變像的吞食？再看他另一闋〔浣溪紗〕的下半闋：

　　試上高峯窺皓月，偶開天眼覷紅塵，可憐身是眼中人！

　　「可憐身是眼中人！」這真是一件無可奈何的事，人們每每喜歡
欣賞悲劇，一旦覺悟到其本身也是這幕大悲劇中的一個角色時，就很
難再抱著一種無所謂的態度去「欣賞」了。能夠澈底看穿的人當然也
有，莊子就是最具代表性的一個，其餘的才智之士，就不免長期陷在
自我矛盾中了。靜安先生有一闋〔蝶戀花〕，其首三句是「辛苦錢塘
江上水，日日西流，日日東趨海。」表面上是說江水，其實是象徵其
內心的衝突和矛盾，衝突不已，矛盾日深，最後則陷入麻木，可引他
的一闋〔浣溪紗〕為證：

　　掩卷平生有百端，飽更憂患轉冥頑，偶聽啼鴂怨春殘。　　坐
覺無何消白日，更緣隨例弄丹鉛，閒愁無分況清歡。

　　冥頑就是一種「高等麻木」，一個聰明絕頂的人，到了連「閒
愁」都「無分」的時候，真可以說是「死心」了，「哀莫大於心死，

而身死次之。」他「退而求其次」，倒真是「聰明反被聰明誤」了。靜安先生具有甚濃厚的詩人氣質，學哲學不易徹底，達不到「一切應作如是觀」的程度，終於自戕在牛角尖裏，給學術界帶來莫大的損失，令人為之扼腕嘆息不已！

綜言之，靜安先生的詞，大抵以納蘭為骨幹，旁參小山之華贍蘊藉，美成的清俊雅正，再擷取六一的和婉，東山的瑰麗，正中的纏綿及淮海的清麗而成。而其命意之深微，造語之婉曲，卻又深受南宋諸名家的影響。其境遇遭際，以及悲觀的個性，都直接間接的致使他的作品較一般詞人複雜得多。納蘭性德則不然，他是一個生活在康熙盛世的貴介公子，父親明珠是康熙帝親信的權相，氏族是八旗中的正黃旗，他自己又是年羹堯的岳父。其詞的深晦處多半在欲言又止的兒女之情，據說納蘭曾有一段抱憾終身的愛情悲劇。紅學中有一派，認為賈寶玉是影射納蘭，賈府是影射明珠的家庭，雖不見得一定可靠，但說納蘭詞的深晦處，多半與其早年不如意的愛情生活有關，應該不會差得太遠。而靜安先生卻生逢愛新覺羅王朝多災多難的光緒年間，本身又是個窮酸文士，一點憑藉也沒有，苦掙出來一點功名，苦讀出來一點學術地位，結果卻在一九二七年六月二日抑鬱自沉於北平頤和園昆明湖。距他生時（清光緒三年十月二十九日），得年五十一歲。所以他詞中深晦之處，是那些由他抑鬱的個性與塵世發生的衝突，而反映出來的生活碎片。其詞集名「苕華」[10]，應當是取義於毛詩小雅「苕之華」，小序說：「苕之華，大夫閔時也；幽王之時，西戎、東夷交侵中國，師旅並起，因之以饑饉，君子閔周室將亡，傷己逢之，故作是詩也。」從這裏可以看出他所採取的暗示——相當強烈的暗示。但是了解了這一暗示，我們仍舊不能完全根據這條線索去解釋他的

10　《苕華詞》原名「人間詞甲乙稿」，見樊志厚《人間詞序》。

詞；其實也大可不必去追根問底的想加以解釋。當初我讀《苕華詞》，曾有兩首絕句：「萬千愁緒付苕華，婉轉心傷祇自嗟。霧隱峭巖雲障路，漫天霖雨濕瓊花！」「哀樂中年一部詞，非關載酒寫相思。浮生多恨誰能免？說與時人總不知。」靜安先生地下有知，也許會用他罵張皋文的話來罵我，說我「深文羅織」他，那我也祇好說：先賢之作，有何命意？深文羅織，我知罪矣！

談清真詞[*]

　　《清真詞釋》一書，是《讀詞偶得》的姊妹作；開明書店曾發行台一版，其作者對於詞的分析，的確是別出心裁，與眾不同。剝繭抽絲，深入淺出；其精妙入微之處，真能發前人之所未發，雖然有些地方講得有點兒「玄」，同時他那種主觀的批評作風也有些接近金聖嘆。但是像這種文字比較淺顯，內容卻極精深的文學批評作品，至少在近二十年來，還不曾多見。比方說周美成的一闋〈鳳來朝〉，雖然僅僅只有五十個字，他卻足足用了七千字去分析它；講得頭頭是道，趣味橫生。其詞學修養之高與文學感覺之敏銳，是超人一等的！尤其是後者，更是重要；因為金聖嘆之所以能成為一代大批評家，主要的就是他具備了這種極敏銳的文學感覺；雖然有時候不免有「強作解人」之嫌，但是他卻「強」得可愛，同時還能自圓其說，這大約就是主觀派批評家的特點吧！我覺得「清真詞釋」中尚有意猶未盡之處，並且美成還有幾闋很好的小令，他沒有談到，現在我隨便談談，並不是想規模該書的作者。

　　一般說來，文章與詩詞，都有一個通性——就是篇幅短小的東西每每易學難工，愈短愈難落筆；而且還不容易討好。這種情形在詞的領域裏尤其顯著，同時因為詞本身的結構備受束縛，體裁又極端精緻，中調以上的作品，如果技巧不純熟，結構欠完整，僅僅堆砌一些詞藻，搬弄一點字眼，便不免被譏為「七寶樓臺」。所以偶然填一兩

* 原載《暢流》第十八卷第六期，台北：暢流半月刊社，1958年11月1日，頁9-10。

闋詞玩玩的人，大多是填填小令，（當然初學填詞的人也都先染指小令，這倒是很自然的事），因為小令至少在「份量」上看起來比較少些；所謂素材不多，容易落筆，於是作令詞的人便多了起來；同時也就因為多，便因多而濫，佳作也就少了。大凡量少的東西，如蘇揚點心之類，必須以精取勝，就是因為量少，食客們便有暇細心品評，如果做得不够精，萬一碰到了喜歡在雞蛋裏找骨頭的人，豈不糟糕！所以如果認為量少的東西弄起來一定比較容易，這種想法有些危險。至於洋洋萬言如上某某書，或辯訴狀之類的大文章，當你拜讀一過之後，腦筋一時還清醒不過來；正如同剛吃完一桌豐盛的酒席，按著肚子倒在沙發上，主人問你菜怎麽樣，你叫了連聲讚好之外，還能說些什麽呢，這是題外的話。

自古詞人之中，擅長慢詞者，每每拙於小令，如柳耆卿、史邦卿等是；擅長令詞者，又未必兼善長調，如賀方回，納蘭性德等是。令慢兼長者，周邦彥恐怕要算拔尖兒的一個，王靜安先生說美成是詞中的老杜，是很有見解的。周詞的長調，鋪敍委婉，章法高妙，脈絡井然；如〔蘭陵王〕、〔六醜〕諸作，是人所共知的，這裏僅略談他的幾闋小令。

浣溪紗

貪向津亭擁去車，不辭泥雨濺羅襦，淚多脂粉了無餘。　　酒釅未須令客醉，路長終是少人扶，早教幽夢到華胥。

這闋詞充分顯露了周美成的風流才子氣習，但這種膩得瀟灑，狂得高雅的氣質，卻是柳七郎所沒有的。伊人多情，不顧濺了一身的泥漿雨點，跑過來打算留住行人，淚雖多何至於弄得「脂粉了無餘」呢？則其脂其粉必為宿脂殘粉無疑。周詞之含蓄有如此者！滿面殘粧，淚

珠狼藉，昨夜之情況，當可引周詞蝶戀花以說明之：「月皎驚烏棲不
定，更漏將殘，轆轆牽金井。喚起兩眸清炯炯，淚花落枕紅綿
冷……」。不知諸君以為然否？酒雖釃，無奈離人無心多飲，故不醉
也。而漫漫長途，豈復有伊人捧巾執櫛，更是醉不得，不如早尋好夢
去吧！你看他「不辭」，「未須」，「終是」等字眼，下得多輕，如蜻蜓
點水，略粘便去，情深語淡，別饒滋味。《清真詞釋》的作者曾說：
「嘗謂三隻腳的浣溪紗，兩腳一組，一腳一組；兩腳易穩故易工，一
腳難穩故難工。不用氣力似收煞不住，用大氣力便軼出題外。或通體
停勻；或輕重相參，要之敧側之調以停勻為歸耳」。真可以說是一語
中的，美成這闋浣溪紗，正是採取「通體停勻」之法，你看他以下片
一段「虛」，配上片一段「實」，連串讀之，卻又渾成一片，骨肉停
勻，正是一隻四平八穩的「三腳貓」。另一闋「樓上晴天碧四垂」，卻
是上下兩個半闋各以第三句的「虛」配前兩句的「實」，運用之妙，
存乎一心，茲不細論。

望江南

游妓散，獨自繞回堤；芳草懷煙迷水曲，密雲銜雨暗城西，九
陌未霑泥。　　桃李下，春晚未成蹊，牆外見花尋路轉，柳陰
行馬過鶯啼，無處不悽悽。

「游妓散」三字，正如後主相見歡「無言獨上西樓」一句，濡染
大筆，劈空而下。看來已是山窮水盡，下文正不知如何纏接得下去，
你看他力挽千鈞，猛一兜回，急轉直下，翻出「獨自繞回堤」一句
來；方纔切入本題，真令人拍案叫絕！周止庵說「夢窗每於空際轉
身，非具大神力不能」，這話我認為唯有周美成足以當之，吳君特厚
麗綿密有餘，論控縱，講開合，恐怕還談不上。下面緊接「芳草懷

煙」一聯，其音節之錯縱，用字之精審，如飛瀑瀉地，化為激湍，浮
沫濺殊，卻又七彎八曲，姿態橫生。《清真詞釋》中，評周詞〔玉樓
春〕「桃溪不作從容住」一闋，說是「盡工巧於矩度，斂飛動於排
偶」，正是此意。「九陌未霑泥」五個字，本來僅是一句「找補」，但
經此輕輕一點，方覺得神完意足。以極重之起句，竟作此蜻蜓點水式
之收束，反覺餘味無窮，才人技倆，真是無法揣測！

　　過片用漢書李廣傳贊典實，妙在熔化無跡。詞中不忌重字，此闋
中有兩個「未」字，「未成蹊」汲古閣本作「自成蹊」，實誤。「牆外
見花」二句，改用分段賽景法，一層層剝將去，直剝出末句來，「悽
悽」二字，又是輕輕一點，上面用「無處不」三字緊緊一收，全詞為
之豁然開朗。此詞在《清真詞釋》中另有妙說，茲不具論。

夜游宮

葉下斜陽照水，捲輕浪沈沈千里。橋上酸眸子，立多時，看黃
昏，燈火市。　　古屋寒窗底，聽幾片井梧飛墜。不戀單衾再
三起；有誰知，為蕭娘，書一紙。

　　王靜安說：「古今之成大事業大學問者，必經過三種之境界：『昨
夜西風凋碧樹，獨上高樓，望盡天涯路』，此第一境也。『衣帶漸寬終
不悔，為伊消得人憔悴』，此第二境也。『眾裏尋他千百度，驀然回
首，那人卻在燈火闌珊處』，（按人間詞話將驀然回首誤作回頭驀見）
此第三境也。此等語皆非大詞人不能道，然遽以此意解釋諸詞，恐晏
歐諸公所不許也」（歐應是柳之誤）。美成這一闋〔夜遊宮〕，上片可以
說是賦得「獨上高樓，望盡天涯路」，下片又剛好可以說是賦得「衣
帶漸寬終不悔，為伊消得人憔悴」。晏柳二公，竟被他一網打盡。這
並非有意如此，偶然湊巧而已！不過正像靜安先生所云，如果遽以此

意來解釋這闋夜遊宮，美成先生也決不會同意的。周止庵認為這闋詞本來只有「不戀單衾再三起」一句，只不過加上了上半闋，方覺精力彌滿，當然也是一種看法。但既然要根據此一條線索來解釋這闋詞，那麼他卻忽略了一點：這詞固然是用「不戀單衾再三起」一句作骨幹，但是有了好骨幹卻必須具備一個好「引子」，把它引出來；這闋詞的引子便是「古屋寒窗底，聽幾片井梧飛墜」。靜安先生論南唐中主的〔浣溪紗〕「菡萏香銷翠葉殘，西風愁起綠波間。還與容光共憔悴，不堪看。　細雨夢回雞塞遠，小樓吹徹玉笙寒，多少淚珠何限恨，寄闌干」。他說：「……菡萏香銷翠葉殘，西風愁起綠波間。大有眾芳蕪穢，美人遲暮之感，乃古今獨賞其細雨夢回雞塞遠，小樓吹徹玉笙寒。故知解人正不易得」。片玉詞上我對這闋夜遊宮的眉批是：「……古屋二句，攝畫新秋初曉，興味蕭索，意態闌珊之神。而人多賞其末三句，阮步兵有解人不易得之嘆，思之撫然」！有些影片中配角的戲反而比主角好，影評家謂之「搶鏡頭」，所以在配角搶鏡頭的戲中，你便不能拘泥死板的仍舊認定他僅是一個配角，便忽略了他。

少年遊

并刀如水，吳鹽勝雪，纖手破新橙。錦幄初溫，獸香不斷，相對坐調笙。　　低聲問：「向誰行宿，城上已三更。馬滑霜濃，不如休去，直是少人行」。

柴虎城說：「……後闋絕不作了語，只以『低聲問』三字貫澈到底，蘊藉嬝娜，無限情景，都自纖手破新橙人口中說出。更不必別著一語，意思幽微，篇章奇妙，真神品也」。我曾見胡適之先生所編「詞選」中（商務版，橫排），也有這一闋。他在「低聲問」三個字的後面加了一根橫槓，即所謂「破折號」是也。妙極妙極！這根橫槓

竟完全表明了柴虎臣所謂「貫澈到底」的意思，想不到來路貨的標點符號居然有此妙用。柴虎臣又說：「末三句何等境味，若柳七郎此處，如何煞得住」?所謂「煞得住」者；正是清真的拿手絕活，能够當斷即斷，當絕立絕，具懸崖勒馬之勢；但覺言已盡而意無窮。周介存說：「耆卿樂府多，故惡濫可笑者多……」。柳耆卿之「煞不住」，瑣瑣碎碎，拖泥帶水，結果弄得意已盡而言未盡，全成了廢話，也就是「濫」之一種。此詞在《清真詞釋》中已有評論，茲不贅述。

於這闋詞的「創作經過」，還流傳著一段活神活現的「本事」，牽涉到風流天子宋徽宗和鼎鼎大名的李師師，並且連周美成另一闋傑作「蘭陵王」也拉了進去。王靜安在人間詞話中對清真並不十分推崇，後來漸漸自悔其少作，作「清真先生遺事」對清真佩服得五體投地，說「詞中老詞斷非先生不可」。同時對這闋詞的本事曾力證其純屬子虛。僅就他這一種認真的治學精神而論，也足為後學的楷模。直到今天，我們對此一代學人，仍有無窮的惋惜與思慕。

玉樓春

玉琴虛下傷心淚，只有文君知曲意；簾烘樓迴月宜人，酒暖香融春有味。　　萋萋芳草迷千里，惆悵王孫行未已；天涯回首一消魂，二十四橋歌舞地。

〔玉樓春〕就是〔木蘭花〕，七字一句，上下共八句，四平調也，呆板之至！前文談到〔浣溪紗〕是三脚貓，這應該是八仙桌了。做個八仙桌子，還想玩點花樣，真不是一件容易的事。若是作者的技巧不高明，則勢必同於洋廚師燒「炸八塊」，其不弄得啃不動咬不爛味同嚼蠟者幾希！你且曼聲細吟幾遍周清真的這一闋，卻有抑揚頓挫，盼顧生姿之妙。你看他先來一個倒敘（雞頭雞翼雖極有味，卻不

雅觀，所以要藏在盤子底下，暫不露面）彎彎曲曲的「迴樓」，本來
就不會冷，但那錦簾子還是要用火缸烘著。酒也暖好了，屋子裏散發
著一陣陣的香味。（當然不是花香或爐香，而且一定是脂粉香，因為
僅有脂粉會被烘得「融」出香味）如此春夜，豈不舒服煞人？兩句八
字，卻有如此多的曲折。（這正是雞腿雞背，切得端端正正，擺在上
面，讓你看著舒舒服服）忽然轉到下半闋，萋萋芳草兩句撇開，已露
曲終人散之徵，不料再往下唸，原來迴樓香融云云，只是舊事重提，
「二十四橋歌舞地」，已成陳跡！這方是正文，虛虛實實，章法之
妙，令人叫絕。同時用字之精確含蓄，也是周詞特色之一。

　　美成的小令，佳者太多，《清真詞釋》中所介紹的就不少，不再
囉嗦，就此打住。結尾還有一點廢話，王世貞說：「美成能做景語，
不能作情語；能入麗字，不能入雅字。以故價微劣於柳⋯⋯」。真可
謂顛倒黑白，過於門外。蓋周詞之價值，端在於一個「雅」字；沈義
父謂其：「無一點市井氣」，正是此意。《人間詞話》中有云：「昔人論
詩詞，有景語情語之別，不知一切景語皆情語也」。這話雖頗有禪
味，卻具至理，足令景語情語之說不攻自破。《人間詞話》中又云：
「社會上之習慣，殺許多之善人；文學上之習慣，殺許多之天才」。
此種情形，至今尤烈，良可浩嘆！

畧論喬大壯之《波外樂章》 *

　　喬大壯先生，名曾劬，籍隸四川成都。蚤歲卒業譯學館，通法文，明佛理，擅詩，尤精於詞；所為儷體文及治印，竝為當世所推重。嘗任教於國立中央大學，復繼許壽裳先生為國立臺灣大學中國文學系主任。夫人賢淑，伉儷之間甚為相得；中年遭鼓盆之痛，哀戚不能自勝，由臺灣遄返大陸後，萍踪靡定，鬱鬱寡歡。一九四八年七月三日，夜宿姑蘇逆旅，手書自為絕句一首畢，於狂風驟雨中步至梅村橋自沉，得年五十有七。所書絕句云：「白劉往往敵曹劉，鄴下江東各獻酬。為此題詩真絕命，瀟瀟暮雨在蘇州。」白劉當是指香山、夢得，曹劉當是指子建、公幹，詞意隱晦，難以究詰。詩幅上款題作維崧先生；維崧姓蔣氏，先生之弟子也。詩後有跋云：「在都蒙命作書，事冗稽報，茲以了緣過此，留一炊許，勉成上報，亦了一緣，尊紙則不及繳還」。足見其臨命之頃，猶不忘前諾，從容賦詩，匪有宿慧厚蓄，焉能辦此！

　　先生治印，規模秦漢，而不為其所囿；位置安詳，刀法深茂，意態雍容，然非酒酣耳熱，不肯奏刀。得者珍之。刻在臺灣之曾紹杰氏，從先生遊最久，製印得其真傳。

　　先生之書法，結體開展，略近虞永興，而筆致舒緩飄逸，又類褚河南。晚歲一變而為嚴謹秀勁，褚法多而虞意少矣。

---

* 原刊於《華風》創刊號，臺北：中國文化學院中文學會，1965年6月25日，頁8-9。

先生之詩，藝文印書館有景印本《波外詩稿》一冊，前半冊為《波外樓詩》二卷，成都茹古書局黃致祥木刻版。後半冊為《讀波外詩稿》二卷，先生手寫本。

先生手寫所為詞《波外樂章》四卷，計收詞一百二十九闋。一九五五年七月，由臺灣大學景印成一冊，實則先生之詞，尚不止此數，集前自序謂：「……初筵口號，坊曲傳歌，尤無當永言之誼，庶不煩掇輯。」已足見先生之矜慎不苟。

茲據臺灣大學景印本《波外樂章》，試略析論之如次：

一　鍊字

先生工於鍊字，每每化俗為雅，自然高妙；至於輕重濃澹，銖兩悉稱，猶其餘事。如〔鷓鴣天〕上片云：「陣破東風羯鼓停，柳街黃轉去年青，醉中忍聽陽關疊，酒醒雲山不記程。」第二句「轉」字極佳，蘊蓄自然，輕重恰如其份，與謝康樂「園柳變鳴禽」之「變」字有異曲同工之妙。在鳥聲為「變」，在柳色則為「轉」矣。〔惜紅衣〕上片云：「羽葆新秋，窪尊暇日，散愁無力。夜起憑闌，層雲四天碧。河臨太史，窮邊外何年歸客。沉寂，馳道柳條，絕西烏棲息。」「愁」字上著一「散」字，刻劃無可奈何之情態；而散愁又復無力，此情其誰能堪？不得已而「夜起憑闌」，則祇見層雲凝碧，一懷愁緒，傷高念遠，遂有「河臨太史……」云云；此蓋陸士衡詩所謂：「撫枕不能寐，振衣獨長想」是也。「馳道柳條，絕西烏棲息。」「絕」字沉痛之至！非「少」非「無」，直是「絕」也，蓋前「有」而今「絕」矣，夫復何言！〔踏莎行〕有云：「無情惟有紙鳶風，年年吹綠臺城樹。」「綠」字生動活脫，當是從荊公詩「春風又綠江南岸」化出。〔木蘭花〕上片云：「東風起處啼鵑急，新樹亂雲隨意碧。

漫天飛絮有風流，到地殘花無氣力。」「有風流」「無氣力」，俱是極俚俗語，此處偏不覺其俚俗，但覺其於屬對工穩中見意興騷雅。試思東風乍起，鵑聲正急，樹則為「新」樹，雲則為「亂」雲，二者皆碧，而其碧殊不經意，或濃或淡，若有若無，「隨意碧」是也。飛絮滿天，殘花墮地，一則「有」風流，一則「無」氣力；有無兩字，信手拈來，看似平常之極，實則凝鍊之至。斯所謂化腐臭為神奇者是歟？

二 琢句

先生之句法，錯落有致，而又不失整鍊；能於變化中見法度，無意處見刻意，此蓋得之於《彊村詞》者也。如〔臨江仙〕云：「夜來微雨濕春泥，五更鴛枕上，千里鳳城西。」夜來微雨濕春泥，是何等情境？五更則天將曉矣，斯時在鴛枕之上，安得不引人遐思？而所思又遠在千里之外鳳城之西，個中情味，可意會而不可言傳也。末二句對偶，然不著痕跡，此其所以為高手也。〔浣溪紗〕「題張大千士女」下片云：「夢裏雲屏天樣闊，眼前花事雨中休，為誰刻意貌春愁。」雲屏天樣闊，祇是夢裏，而眼前之花，已見摧於風雨。當此無可奈何之時，尚有心刻意圖寫春愁情態，果為誰耶？惘惘之情，在一虛一實中幽幽透出，題畫而有此作，可謂善於借題發揮而不落俗套者矣。又〔臨江仙〕云：「昔昔長吟身外，年年極望天西；背鐙閒夢幾成歸。有情梁上燕，無賴汝南雞。　　花好番風又換，樓高缺月還低；平生不合愛單棲。匣鳴雄劍繡，書借練裙題。」此詞中有四副對偶，均絕佳，四、五句已是不勝其幽怨，六、七句則事過境遷，月缺花殘，追悔莫及矣。末二句於蘊藉中見遒勁，儒雅中透風流，先生之風度，於斯可以想見。

三　謀篇

中調以上，謀篇為難。以納蘭之才情，其《飲水詞》中之長調，即每苦於不能首尾呼應，凌亂破碎，鮮有佳構，無他，才有餘而氣不足也。先生之長調，工於謀篇，首尾貫注，一氣呵成，茲舉其〔望海潮〕（九江）一闋為例：

> 蠡湖珠月，鄱陽風信，連天九派東流。前浦射蛟，孤亭送客，高城自古江州。揮手四絃秋；怕夜深商婦，移近空舟。萬里之官，千山遮斷望京樓。　　依然楚尾吳頭，惹尋常倦旅，滿目閒愁。殘照亂雅，一春夢雨，何人舉酒相酬。煙水助清游；向戍笳聲裏，隨分夷猶。從此機心盡矣，人事問沙鷗。

此詞換頭處緊接上片，間不容髮，而意脈不斷，渾然無跡，周止庵云：「夢窗每於空際轉身，非具大神力不能。」（實則此惟美成足以當之，夢窗似尚不足喻此）。先生蓋以深得其中三昧矣。又此詞上片溶入故實，點明本題，下片變感慨為低徊，意味無窮，魏武所謂：「慨當以慷，憂思難忘。」千古才人，莫不人同此心，心同此理。

四　用典與鎔裁

先生擅於運用典實，信手拈來，若不經意，而妙在既自然又恰當。如〔臨江仙〕云：「入時半臂足風流。」用張子野故事。〔鷓鴣天〕「漢南誰種樹如此。」〔鳳凰臺上憶吹簫〕「嘆老去，姍隅俊語，枉帶諸蠻。」俱用世說。又善於溶裁古人詩句，〔鷓鴣天〕云：「空堂小婦流黃畔，六曲屏風翠織成。」從古樂府詩化出，〔木蘭花〕云：

「輕煙散處傳宮蠟。」用韓翊詩。〔南歌子〕云：「幕府清秋零露上衣
來。　獨宿江城冷，臨風蠟炬灰。」從杜詩化出。諸如此類，難以
枚舉。

五　擬古

先生之詞，有風格逼近古人者。如〔木蘭花〕云：「倚樓人倦游
絲起，手把去年書一紙，酒痕全透鏡邊衣，花露半垂巾上毯。　擁
衾重試殘春睡，檢點舊歡除夢裏。斜陽不是不多情，移過玉窗三十
二。」又云：「天涯寄與銀鉤帖，封就郵籤含意貼。隔宵垂淚燭雙
花，侵曉犯潮舟一葉。　水痕深淺山周匝，年去歲來離又合。馬前
無語為憐君，雁後有書憑報妾。」置諸北宋人集中，幾可亂真。（按
此種風格頗近東山）

又〔江城子〕云：

> 江干黃竹女兒箱，鬱金香，嫁時裝，酒後花前，於此變滄桑。
> 鳥爪仙人君不見，天似海，月如霜。　孤墳夜夜短松岡，夢
> 還鄉，醒迴腸，自古釵盟鈿約好相忘。向曉燈花紅乍謝，衾百
> 疊，字千行。

此詞全脫胎自東坡〔江城子〕：「十年生死兩茫茫」。而其淒涼悲
愴，一往情深，足以抗顏東坡原作。兩詞皆用陽韻；陽韻本爽朗而瀏
亮，不宜用之於悼亡，而二詞皆善於駕御之，使之轉而為沉鬱蒼涼，
蓋韻腳為聲調情致所化耳。

〔宴清都〕（趙味滄元押）云：

帶土苔花繡，西臺客，故京塵夢難覆。零縑敗簡，分明俊押；
武都泥舊，桑陰再冪中原。問過海、仙鬟見否？自部落、飲馬
長河，黃金鑄來新紐。　　芳辰露滴研朱，寒增硯匣，烟避香
獸。蠻牋字小，雙雙淚落，射雕衫袖。甘泉衛霍何處？笑鳳
臂，空銜紅綬。戰海王、邨畔東風，鬢餘萬柳。

　　元押蓋元朝之一種押印，先生賦此微物，而寄興遙深，結語尤為
凝鍊，可謂「濡染大筆」矣！學夢窗而不病澀，可貴者在此。先生之
詞，私淑彊邨。朱先生平生瓣香夢窗，江絜生先生謂其晚年兼學坡
老。蓋亦自知沉晦特甚，不得不借蘇詞之超脫疏快處以化之耳。先生
得吳朱之沉鬱，而無其晦澀，騷雅則幾欲過之，可謂青出於藍矣！

試就王國維先生幾闋詞中的隱喻印證其與羅振玉之恩怨*

摘要

羅振玉對王國維有提攜資助之恩,其後挾恩索報,王遂以自作之學術論文讓與羅,由羅署名發表,至於一再。後又侵吞、勒索王之財物,繼而與日本浪人同勸溥儀赴日本,王不以為然,羅遂擬「奏請」溥儀「降旨」驅逐王氏,一辱再辱,王遂投水自盡,了此一生。王對此種恩怨糾纏,不能亦不肯公然吐露,但在其詞中便不免有比擬影射之處,倘能細心探索,則蛛絲馬跡,所在多有。《觀堂長短句序》兩篇,作者署名「山陰樊志厚」,實則為王氏自作,其中曾謂其詞「……至其言近而指遠、意決而辭婉、自永叔以後未有工於君者也。……」足見王氏之詞,頗有暗含隱衷之字句,不過刻意粉飾,以掩藏真意耳,此蓋屈原「美人香草」之手法,亦本乎「風人之旨」;正如辛棄疾之〔摸魚兒〕「更能消幾番風雨」,〔念奴嬌〕「野塘花落」等詞,倘僅就其表面觀之,恐有失作者之本懷。因不揣淺陋,略事爬抉,就王氏詞中言此類事之較為明顯者詮釋之,或有助於發掘其隱衷乎。

---

* 原載《中華學苑》第五十一期,1988年2月,頁157-166。

　　王國維先生的詞集名《人間詞甲乙稿》，合稱《苕華詞》。「苕華」典出《詩經》，〈小雅‧苕之華〉小序說「苕之華，大夫閔時也，幽王之時，西戎東夷交侵中國，師旅並起，因之以饑饉，君子閔周室之將亡，傷己逢之，故作是詩也。」是則王氏取以名其詞集之命意，至為明顯。但苕華詞中有幾闋含意曖昧，看來是借花間詞人綺懷之筆，隱喻其欲說還休恩怨糾纏之心理，以王氏內向之性格，自不肯言其不得不牽就羅振玉之苦衷，所以故弄狡獪，隱約言之。王氏故弄狡獪[1]，尚不止此，如其詞集中山陰樊志厚兩序，對王氏之詞甚為推重，說「靜安之詞，大抵意深於歐而境次於秦，如甲稿〔浣溪紗〕之天末同雲，〔蝶戀花〕之昨夜夢中；乙稿〔蝶戀花〕之百尺朱樓等闋，皆意境兩忘，物我一體，高蹈乎八荒之表，而抗心乎千秋之間，駸駸乎兩漢之疆域，廣於三代，貞觀之政治，隆於武德矣。方之侍衛，豈徒伯仲……」。此兩序據王氏之弟子趙萬里所作王氏年譜，實為王氏自撰。又左舜生「關於王靜安先生」一文，言及「苕華詞大都寫成於光緒三十一年迄宣統二年。」其實有不少是此後所作的，譬如：

蝶戀花

憶掛孤帆東海畔，咫尺神山，海上年年見。幾度天風吹棹轉，忘中樓閣陰晴變。　　金闕荒涼瑤草短，到得蓬萊，又值蓬萊淺。祇恐飛塵滄海滿，人間精衛知何限。

---

1 樊志厚《觀堂長短句序》中云：「……至其言近而指遠，意決而辭婉，自永叔以後，殆未有工如君者也。」此序既是王氏自作，則其詞之皮裏陽秋，不免所在多有。《人間詞話》中有一則云「固哉皋文之為詞也，飛卿〔菩薩蠻〕、永叔〔蝶戀花〕、子瞻〔卜算子〕，皆興到之作，有何命意？皆被皋文深文羅織。阮亭《花草蒙拾》謂『坡公命宮磨蝎，生前為王珪、舒亶輩所苦，身後又硬受此差排。』由今觀之，受差排者，獨一坡公耶？」張惠言《詞選》中探討溫、歐、蘇諸公某些詞，確有無中生有，強作解人之嫌；但吾人對王氏某些顯然含有深意之詞，怕是不能以尋常批風抹月之作看待，因為王氏已自承「言近而指遠，意決而辭婉。」了。

　　這是指庚子之變後遊學日本，返國後由羅振玉之推介，在北京的小朝廷「南書房行走」，慨嘆紫禁城已難復當年盛況，真可謂「來得不是時候」，但仍相信有意出力復辟者不少，但又不敢存多大希望。又如：

臨江仙

過眼韶華何處也，蕭蕭又是秋聲。極天衰草暮雲平，斜陽漏處，一塔枕孤城。　　獨立荒寒誰共語，蕞回頭宮闕崢嶸。紅牆隔霧未分明，依依殘照，獨擁最高層。

　　「一塔」指故宮北海之白塔，「孤城」指北京，「宮闕」指故宮，「殘照」指溥儀之小朝廷，「最高層」指溥儀，同情溥儀的「高處不勝寒」，自己雖是「南書房行走」，但卻無法太接近溥儀，也不甚明瞭溥儀的打算，所以「紅牆隔霧未分明。」

　　羅振玉於王氏自有賞識、資助之恩，王之能入東文學社，乃由於羅之力。其時王氏二十二歲，得以赴日本，亦由於羅之資助。其後猶太富商哈同在上海倉聖明智大學，聘王氏編國學叢編，王氏遂離日本赴上海，行時苦於無書，羅將其大雲書庫所藏副本三萬餘卷割贈。一九二二、一九二三年，王仍在上海，北京大學研究所國學門聘王氏為導師，商之羅[2]，羅不許，結果聘為通信指導，每半年送三百六十元，其時王氏處境仍困，羅乃使王氏拜在升允的門下。升允是蒙古鑲

2　此是《人間世》雜誌中龍峨精靈所作〈觀堂別傳〉裏提到的。後來再轉往清華大學國學研究院任教，當時清華校長是出身上海聖約翰大學的曹雲祥，曹本擬請胡適為導師，胡氏謙辭，而推薦梁啟超、王國維、章炳麟。章並未到職，後又因梁啟超之強烈推薦而聘陳寅恪，繼則聘趙元任，故而後來有「清華四大導師」之稱，即指梁、王、陳、趙而言。（王氏應清華之聘，在一九二六年。）

黃旗人，清末由陝西巡撫做到陝甘總督，辛亥後[3]遁居大連，與小恭王溥傑同為宗社黨之要角，升允也很佩服王氏，遂薦為南書房行走。有清一代以布衣應徵的朱彝尊後，王氏是第二人，所以王氏自己也驚為異數。

　　王國維先生在一九二七年六月二日，自沉於北京頤和園昆明湖，距生於清光緒三年十月二十九日，得年五十一，入殮時，衣中有寫給三子貞明的遺書一紙，開頭便說「五十之年，只欠一死，經此世變，義無再辱……」因此王氏之死因，眾說紛紜，[4]然大致不離下列三點，除下列第一項外，其他都與羅振玉有關。

一、殉中國傳統文化（狹義言之，可謂之為「殉清」）：

　　陳寅恪先生〈王觀堂先生挽詞序言〉中說「凡一種文化值衰落之時，為此文化所化之人，必感苦痛，其表現此文化之程度愈宏，則其所受之苦痛亦愈甚，殆非出于自殺以求一己之心安而義盡也。……今日之赤縣神州，值數千年未有之鉅劫奇變，劫竟變窮，則此文化精神所凝聚之人，安得不與之共命運而同盡，此觀堂先生所以不得不死，遂為天下後世所極哀而深惜者也。……」

二、為羅振玉逼債，憤而自殺：

　　據溥儀自傳所記，溥儀在大連時，紹英曾託王國維替他賣一些字畫，羅振玉知道後，從王手中將字畫索去，說他可以代辦。後將所得款一千多銀元作為王歸還他的債款，全部扣下，王向之索取，羅反而

────────────

3　升允之女婿有一位名人，即國畫家中所謂南張北溥之溥儒，溥儒之元配乃升允之女。升允之女嫁恭親王之孫，說得上是「門當戶對」。

4　王氏投湖自盡之因，眾說紛紜。一九九三年十月八、九兩天《中央日報》副刊有孫良水《王國維投湖自殺之謎》一文，就王氏之身世、性格、遭遇、時局詳加剖析，看來原因甚為複雜。蓋王氏工於治學，而不善處理人際關係，屬於「IQ」甚高而「EQ」卻低之一類，不得已而竟以自盡以求解脫，但無論如何，被羅振玉欺負、逼迫、威脅，應該是導火線，其他的原因，都沒有如此強烈而直接。

算起舊帳，要王補給他不足之數，王極氣，對紹英亦無法答覆，因而
投水自盡。關於索債之事，黃侃先生《閱嚴輯全文日記》一九二八年
六月十七日亦有記載，謂「《文學周報》王國維追悼號中史達一文，
云羅之女為國維之媳，[5]國維子夭，羅即迎女歸，託言不能與姑共
處，然寄居母家，不能無費用，強王歲出二千銀元。王喪長子，悲已
甚，羅索重資，益不能堪，而王、羅居日本時，同販書獲利，國維亦
儲資萬元矣，委羅為之措置，一任羅之所為，不意折損，萬金盡失，
計其數，逾於國維受於清華學校者，於是國維驚且憤以致於死。」
三、據高陽先生《清末四公子》一書中，剖析各種資料史實而推論，
王之死乃為反對溥儀去日本，此正羅全力策動之大陰謀。蓋羅與日本
浪人勾結，擬將溥儀騙往日本，日本軍都將支持羅為溥儀身邊首要之
近臣，那時經由「賞溥傑」的手法，早就陸續運出宮外的書法名畫，
以及關外由「跑馬圈地」得來的大筆「皇產」，就都會由羅處理了，
而前者尤為羅所垂涎的。

　　以上三說，第一說尚是陳寅恪為死友掩飾之詞，陳氏並非不明真
象，只是不能不為朋友保持尊嚴，「殉中國傳統文化」不能說毫無可
能，但關係不大。第二說，則一千甚至兩千元尚不足以逼死王國維，
憂憤自屬不免。第三說才是直接原因，蓋王氏之遺書中所謂之「世
變」，當是指鹿鍾麟逼宮而言，溥儀即為鹿鍾麟所逐，對王而言即是
一辱，繼則王不肯幫羅勸溥儀去日本，則將「奏請」溥儀「降旨」逐

5　溥儀自傳中說：「而且王國維因他的推薦得以接近『天顏』，也要算做欠他的情分，
　　所以王國維處處都要聽他的吩咐。我到了天津，王國維就任清華大學國文教授後，
　　不知是由於一件什麼事情引的頭，羅振玉竟向他追起債來，繼而以要休他的女兒
　　（羅的兒媳婦）為要挾，逼得這位又窮又要面子的王國維，在走投無路的情況下，
　　於民國十六年六月二日跳進昆明湖自盡了。」案：溥儀說王之女是羅之兒媳，恐怕
　　是沒有弄清楚，《文學週報》王國維追悼號中史達一文，說得較為詳細，羅之女乃
　　王之媳。

王國維，是則為再辱。

《人間世》雜誌刊有王國維之後輩，署名「龍峨精靈」者〈觀堂別傳〉一文。說王國維在一九二二、一九二三年處境甚困，羅振玉乃使王拜在升允門下，升允亦甚佩服王，遂薦於南書房行走，王氏甚至還刻了一方「文學詩經」的印章。據王氏三十餘歲所作之自序，言及在廿二歲居上海時得識羅振玉，王之家境不優，識羅後頗得羅之協助。其後羅便每據王之著作為己有，溥儀也說轟動一時的《殷墟書契考釋》其實也是竊取了王的研究成果。一九三○年七月二十七日，傅斯年曾面詢陳寅恪，《殷墟書契考釋》王所得之代價，陳氏云，王國維告以羅以四百元為贈。溥儀自傳中也提到「羅振玉並不經常到宮裡來，他的姻親王國維能替他『當值』，經常告訴他當他不在的時候，宮裡發生的許多事情。王國維對他如此服服貼貼，最大的原因是這位老實人總覺得欠羅振玉的人情，而羅振玉也自恃這一點，對王國維頗能指揮如意。……王國維求學時代十分清苦，受過羅振玉的幫助，王國維後來在日本的幾年研究生活，是靠著和羅振玉一起過的。王國維為了報答他這份恩情，最初的幾部著作，就以羅振玉的名字付梓問世。……」如此說來，羅早就攘奪過王氏的著作，並不僅止於《殷墟書契考釋》一種。傅斯年在《殷墟書契考釋》親書批語中，言及「董作賓自旅順晤羅返，與之談殷契文，彼頗有不了解之處，此可記之事也。」傅斯年雖惡羅，稱之為「羅賊」，或「羅氏老賊」，持論卻頗公平，有一條云：

> 羅氏老賊於南北史、兩唐書甚習，故考證碑志每有見地，若夫古文字學固懵然無知。王氏卒後，古器大出，羅竟擱筆，其偶輯大令尊，不逮初學，於是形態畢露，亦可笑也。

此外尚有《流沙墜簡》一書，乃考證漢晉木簡之專著，據傅斯年在序文上之批註云：「此書亦王氏一人所作，而羅賊刊名者也。」而王國維既死，羅振玉的學術研究便從此消沉，據高陽的推斷，這應當是羅振玉在一九二八年底，賣掉天津的房子，移居旅順，改行「從事建築」的原因之一。

又有一說，王國維之自沉，是因為受了湘潭葉德輝（煥彬，綽號葉麻子）被殺之刺激。案葉德輝在一九二七年四月十一日，因作諧聯斥罵當時由共產黨所操縱的「農民協會」，因而被捕遇害。[6]葉是光緒進士，曾任吏部主事，深於經學，尤精小學及版本學，藏書甚多，善本書不少，著作亦頗豐。王國維之自沉，距葉之被殺不到兩個月，王對葉之遇害有「物傷其類」之感，也不無可能，但不會是主要的原因，主要的原因還是他和羅振玉之間的恩怨，以及後來又受羅之逼迫與威脅，這位天性內向而又富於悲觀思考的學者，便選擇自沉一途了。

以下就選出幾闋王國維所填的詞，透過他那種傳統的「綺懷」方式，剝去外表的掩飾，以探索他那為了「酬恩」而不得不「為人作嫁」的苦惱與無奈。

浣溪紗

月底棲鴉當葉看，推窗跕跕墮枝間，霜高風定獨憑闌。　　覓句心肝終復在，掩書涕淚苦無端，可憐衣帶為誰寬。

此詞似怨羅為鴉，每來強聒，害得自己窮心力著書，有時竟掩卷

6　葉德輝為農民協會所作之齊頭嵌字聯是「農運宏開，稻粱菽麥黍稷，盡皆雜種。會場廣闊，馬牛羊雞犬豚，都是畜生。」可謂惡謔。據說聯上尚有一橫額「斌尖尖傀」，人皆不解，葉氏笑曰「似文似武，又上又下，忽小忽大，像人像鬼。」聞者為之絕倒。

流涕，又無從自解。如此耗神費力，衣帶漸寬，卻是為人作嫁，成了無名英雄，其惱怨可以想見。

浣溪紗

掩卷平生有百端，飽更憂患轉冥頑，偶聽啼鴃怨春殘。　　坐覺無何消白日，更緣隨例弄丹鉛，閒愁無分況清歡。

「平生百端」，真不知從何說起，其實也不能明白說。飽經此種苦惱，人變得「冥頑」——其實也就是「麻木」，啼鴃聲起，又是一年春盡，何日才能還清此種人情債？長日悠悠，卻用以「弄丹鉛」（丹朱鉛白，用以校訂書籍，轉而有校訂之義，《殷墟書契考釋》、《流沙墜簡》等，其中之校訂亦是一項大工程。）連「閒愁」都沒有分，何況高雅的「清歡」。

浣溪紗

本事新詞定有無，斜行小草字模糊，燈前腸斷為誰書？　　隱几窺君新製作，背燈數妾舊歡娛，區區情事總難符。

為恩情所脅而代人著書，而受之祕而不宣，「有」亦是「無」，豈不令燈前辛勤作小草者為之腸斷，以至淚滴文稿，字跡模糊。所謂「君之新製」，實是「我之心血」，茲則竟由君署作者，情勢之不符，有如是者！

清平樂

斜行淡墨，袖得伊書跡，滿紙相思容易說，只愛年年離別。
羅衾獨擁黃昏，春來幾點啼痕；厚薄不關妾命，淺深只問君恩。

　　此蓋接羅振玉之函後所作，以羅之狡詐，必對王氏有所安撫，王則但願少相聚，以免被羅一再糾纏，索求書稿，春宵獨處，思及此種委屈，不覺淚下。但王氏畢竟是忠厚老實之人，所以尚自言我命之好壞聽其自然，而君對我情義之深淺，望能在情理之中，如果所施者薄而所取者厚，則未免太令人難堪。

菩薩蠻

　　玉盤寸斷蔥芽嫩，鸞刀細割羊肩進；不敢厭腥臊，緣君親手調。

　　　　紅爐頳素面，醉把貂裘緩；歸路有餘狂，天街宵踏霜。

　　羅振玉偶有作品，以示王國維，以王氏之學術水準視之，疵謬自屬難免，但既是君「親手」所「調」，便「不敢」厭其「腥臊」，勉強下咽，尚須從而美譽之，而羅亦居之不疑，置酒為歡，狂態可掬。此詞賦、比屢用，隱飾中大有揶揄之意味，令人為之頤解。

　　此外尚有一闋〔虞美人〕，似乎對羅振玉有力量，同時也有可能在溥儀面前說王氏的壞話，深感無奈。果真如此，也只有孤芳自賞了。王氏之忠於清廷，是當時某些遺老常有之心態，何況又由羅之力得以「南書房行走」，以布衣而有此光榮，是朱彝尊之後僅有之一人。受恩感激之餘，於是就有了陳寅恪在〈王觀堂先生挽詞序〉中所言及態度：即「……若以君臣之綱言之，君為李煜，亦期之以劉秀；以朋友之紀言之，友為酈寄，亦待之以鮑叔。」李煜指溥儀，酈寄當然是指羅振玉了。這闋〔虞美人〕說：

　　碧苔深鎖長門路，總為娥眉誤。自來積毀骨能銷，何況真紅一點碧砂嬌。　　妾身但使分明在，肯把朱顏悔？從今不復夢承恩，且自簪花坐賞鏡中人。

「眾女嫉予之蛾眉兮，謠諑謂予以善淫。」羅振玉這位靳尚如真要在溥儀面前進讒，王氏也不改他的忠心，充其量也不過「不復夢承恩」罷了，孤芳自賞，問心無愧，看來還很灑脫，因為至多也不過像陳阿嬌那樣被打入冷宮；後來因為王氏不肯幫助羅振玉勸溥儀去日本，採取「奏請」溥儀「降旨」驅逐王氏之手段，這已不是打入冷宮，而是廢為庶人了，一辱再辱，就只好一死了之。王氏自序中說少時治西洋哲學，尤善叔本華之說，叔本華之哲學雖悲觀，但並不主張自殺，認為毀滅肉體不足以言解脫，故自殺乃愚拙之行為。王國維是學者兼詩人，但不是哲學家，所以並無一套完整之哲學思想，如果環境平順，沒有外來之特殊刺激，則可保無事，否則將缺乏抵抗之勇氣，終於蹈屈原之故轍，令人浩嘆！

王氏尚有一闋〔蝶戀花〕，可與陳寅恪之說相印證：

蝶戀花

黯淡燈花開又落，此夜雲蹤，知向誰邊著。頻弄玉釵思舊約，知君未忍渾拋卻。　　妾意苦專君苦博，君似朝陽，妾似傾陽藿。但與百花相鬥作，君恩妾命原非薄。

此蓋久不晤羅氏，頗為繫念，翻弄此前羅氏所贈之書冊，懷疑羅氏如今可能「另結新歡」，又自我安慰對方應該不是朝秦暮楚之輩。王氏是專情之人，一心以感恩之心傾向羅振玉，而羅對王只是加以利用，並不以鮑叔牙之對管仲，長此以往，王氏豈有不悟之理？但仍心繫樂觀，願彼能受感動而宅心忠厚，永念舊誼。此種一廂情願之想法，正是一種前舉〔浣溪紗〕中「飽更憂患轉冥頑」中之「冥頑」，心願與事實之衝突已如此強烈，而王氏仍自我安慰，存一線希望，盼羅振玉能以忠厚回報忠厚。可惜羅不是鮑叔牙而是賣友之酈寄（參見

《史記》樊、酈、滕、灌列傳），溥儀當然絕非漢光武，就連李後主都比不上，後主雖然不善治國，但至少是個大詞人。理想與現實之落差如此之大，又不能自我化解，接受事實，真是忠厚學人的一大悲哀！

羅振玉字叔言，別署雪堂，浙江上虞人，王國維是浙江海寧人。上虞屬紹興府，海寧屬杭州府，兩地相距不遠，同在浙東。羅當然也不是個簡單人，長袖善舞而熱衷於政治，對學術文化也甚關心，藏書甚多，碑帖也擁有一些精品，似乎是想合清末之張之洞、端方二者為一之人。可惜缺乏張、端兩人的身分地位，也沒有其時代背景。權術不亞於張之洞，也學會張的一些手法，（張寫過一本頗有名的參考書《書目答問》，據說是江陰繆荃孫的手筆。張是同治二年癸亥恩科的探花，愛才好客，喜歡宏獎學術，善於作官，但很廉潔，卻未必有能力和時間去治版本目錄學。）而對文物之貪婪又近乎端。羅的小楷很清秀，寫甲骨文、小篆，也中規中矩。至於甲骨文之研究，竟名列「四堂」之首，（四堂指羅雪堂、王觀堂、董彥堂、郭鼎堂）但《雪堂遺書》中有關甲骨文的部分，也許大部分竟是王國維的手筆，真象究竟如何？迄今尚乏人為之澄清，可能是「搜證很困難」。滿清早年的老滿文及新滿文政府公文檔案，堆積如山，全放在北京正陽門樓裡面。民國成立，有人打算將這些東西賣掉，但由於這是研究清初史實的第一手重要資料，所以日本人也很有興趣出高價收購，羅振玉得知後，怕被外國人買去，便斥資買了下來，而這批珍貴資料也幸而留在國內，後來轉入故宮博物院，據悉已攜來臺灣。如今老滿文固然無人能懂，即便通曉新滿文的人怕也很少，因而這些資料可能已成為無法利用的「古董」了。總而言之，羅振玉其人也並非一無是處，正如高陽評論張之洞，說張氏是「君子中之小人，小人中之君子」。武俠小說裡就有些介乎正邪之間的人物，這一類的人歷史上所在有之，不必詫異。再說張之洞、羅振玉等人，看來正是孟子所謂「小有才，未聞

君子之大道」者，又不幸名心甚熾，本來「三代以下唯恐不好名」，好名其實也不是甚麼壞事，但如果用盡心機不擇手段為之，即使得逞於一時，怕也不免會見譏於後世，孰得孰失？值得三思。

十九　懷念宗述詩文

　　此章收錄懷念宗述的文字。第一篇王文興的〈懷仲園〉，一九九三年發表於《中國時報》，今王文興教授作「後記」，收錄於此。他們是小時候的鄰居好友。第二篇張曉風的〈「閔老師」和「小閔老師」〉。曉風教授就讀東吳大學中文系受教於孝吉師，並常趨閔府請益，因而與宗述也有文學與學術的交流。第三篇是令德的〈懷念宗述〉，令德與宗述、端常、惟助等在中國文化學院中文系同學一年，其後轉學臺灣大學中文系，但與我們一直保持親密的聯繫。第四篇王偉勇的〈閔宗述先生《悠波閣詞》賞析〉，偉勇上過孝吉師的《左傳》、《大二國文》，沒修過宗述的課，當時宗述還在東吳大學夜間部教「詞選」等課程，沒在日間部開課，偉勇錯過了受教於宗述的機會，但他願意寫一篇賞析宗述詞作的文章。偉勇曾任成功大學中文系主任、文學院院長，在詞學研究領域頗有聲譽。第五篇是閔宗遠的〈永念兄長情〉，紙短情長，見兄弟情深。張夢機的〈哀閔宗述教授〉、劉至誠的〈悼宗述先生〉、惟助的〈悼宗述兄〉，是當時的輓詩、輓聯。

懷仲園[*]

王文興

　　誰若問我，文學的索尋上，影響我最深的人，是誰？我一定說仲園兄。仲園不是他的本名，我未得他的同意，想來他不願意我寫他的真名，故我暫時代起這樣一個假名。我認識仲園兄的時候，我才進小學六年，仲園已讀初三，年齡上，仲園可能大我四歲，甚至五歲，當時勢局動亂，入學年齡也亂得很，總之，仲園是我的大朋友，他人又高，比他班上的同學都高，個又瘦，細細挑挑的，我站在他身邊，只及他的肩部都不到，我終日若影隨形的跟著他，就像唐吉訶德和他的矮伙伴，桑柯龐沙，那樣。仲園怎麼肯接納我這位小朋友，完全是仲園友善，寬諒和耐心，使然。我的家和仲園的家相距約一百公尺，我們同住在一座大院落裏，所以，應算是鄰居，是這樣認識的。仲園在大陸上過學，來臺後，插班入初中，那是臺灣最好的中學，仲園的父親，舊學詣養高厚，暫時在省級一個機構裏擔任祕書，家中來往的都是當時舊學名士。仲園家日式的房間中，擺設雖然簡單，但紙門上（不是牆上）釘滿了友人的字畫（未經裱糊的，生生的釘上，圖釘釘上的），仲園耳濡目染，關於國學書畫，無疑已學到很多。仲園家只

---

[*]　王文興發表於一九九三年八月二十二日《中國時報》27版。後收錄於《小說墨餘》（台北：洪範書店，2002年7月），頁181-187。一九九三年王文興發表〈懷仲園〉時，並未指出文中引他走向文藝的「仲園」即為閔宗述。此次特地請王文興教授於〈懷仲園〉文末寫「後記」，「後記」誌於二○一六年三月四日。

有他父母，和他及弟弟，四人。當時他弟弟還小，還不大能和我們玩在一起，他的弟弟喜歡在院子裏玩，玩到天黑，還忘了回家，常會聽到仲園用他的家鄉話喊他弟弟：「連兒！回來！連兒──回來──」

我和仲園往還，大約有四年多，這段時間裏，仲園，多數時候，只是個高中生，但實在是一個大大了不得的高中生，他對文學藝術的喜好，和了解，大概，遠遠，超過了普通眾見的高中生，甚至，超過他學校中的老師也都有可能。仲園對藝文的興趣非常之廣，他喜歡舊詩詞，西洋小說，西畫，國畫，金石，電影，音樂。其中舊詩詞，小說，西畫，國畫，金石，他也都，親手，嘗試創作過。我，常常目瞪口獃，站在他的書桌前，聽他興沖沖的談這一些，雖然我不見得聽得懂，但，相信，我受到很大的感染，尤其在書籍閱讀的這一方面。仲園看到絕好的篇段時，不僅興奮得手舞足蹈，要講給我聽，只要我，聽出了興趣，問他要借來這本書，也想，跟他一樣，讀讀看這本有多精彩，他也都會借給我，雖然這書他也是借來的，他不在意多留幾天，還給人家。仲園當時最喜歡的一本書，是《約翰克利斯朵夫》。他看完第一部，真的興奮到手舞足蹈的地步，當然，我是，一樣的，「借」了這本書，熱切地一讀而畢，我的「興奮」和他的差不多，但似還差一點點。仲園對我的「興奮」已經，頗滿意了，我對自己的「興奮」，也相當滿意。除了《約翰克利斯朵夫》，仲園最喜歡的另一本書，是《飄》。《飄》，我也看了。一樣很「喜歡」。但，實在說來，仲園借我的書裏，我最喜歡的一本，應該是《小婦人》。這本我可是每個字都細讀了，不像別的，囫圇吞棗的跳過。《小婦人》幾乎使我廢寢忘食，我對《小婦人》的熱情，大概也很使仲園驚訝，他必須，倒過來，聽我滔滔不斷的稱讚。像這樣的，我們看了《凱旋門》，《戰地春夢》，《茶花女》，《茵夢湖》，《冰島漁夫》，《阿Q》，《家春秋》……。《冰島漁夫》，好像我又發表了不少的「肺腑真言」，仲園對這

本書的回應，也十分的熱烈。仲園看了《紅樓夢》，我應該說他極喜歡，我借來看了幾頁，大概發現密密麻麻排的都是字，對白又沒分行，就急急忙，還給了他。

仲園讀到好的書，在極端崇敬作者之餘，他的一腔熱烈心情，就會引發為一個具體的表現，就是畫成一張作者的肖像。在看完《約翰克利斯朵夫》之後，仲園，依著書前的羅曼羅蘭小照，畫了一張鉛筆肖像。我必須說，那是我看過最傑出的鉛筆畫之一，至今想來，仍舊如此，雖然年輕時的判斷力占據了大部分判斷力。這張畫，畫得像——這不用說了，光和影，也畫得那麼好，那麼老練的鉛筆筆法打出的光和影。後來，仲園讀了《阿Q》，又畫了張魯迅的鉛筆像，——讀了《飄》，——畫了一張克拉克蓋博的小像。

仲園也畫國畫，記得他很勤奮的畫過一時期的梅花，可能他當時課餘參加過國畫的課。他畫了許多的墨梅，後來又畫許多的朱梅，他讓我知道梅的枝幹要蒼老，才不俗；怎樣是俗，怎樣是不俗，他也教我在金石上。有段時間，他也勤奮地彫印，可能他也參加了刻印的課。他說，太端正的印文，顯得俗氣，看出刀痕不規則的，印邊留點缺口的，方才不俗。仲園還介紹了我一些關於石頭的認識，只是因為比較專業，我就沒曾專心去聽。有天，他說他願為我彫一個印章，假如我找到一塊印石。我說家中抽屜裏有一塊我父親不用的圖章，沒有別的印石。但是，仲園說，有這樣一塊，就可以了，因為可以把舊的磨光，彫上新的。我第一次知道印石是可以磨掉，廢物利用的，再重新拿來刻的。以此，我就有了，我自己的第一個印章。

仲園不僅畫圖，刻印，他平日也寫舊詩詞，特別填詞一道，他特特喜歡。他的「戲作」，舊詞，我看過很多，我絲毫沒有賞識的能力，只要看看他的音律嚴整，聲調優美，就令我興歎，忖度自己是一輩子也寫不出的了。除了詩詞，仲園也寫過小說。那是在他的校內刊

物上。他花了一兩個禮拜的時間寫，寫了又改，改了又寫，恐怕是他創作的類別中著力最多的一型。他寫的是個藝術家，邂逅一個敏慧少女的故事，最後鳳去樓空，徒留一段惆悵。他的文筆流利可讀，氣氛上，確實是經營到淒婉動人的氣氛了，──總之，氣氛是有感染的力量，故事中並穿插的有舊詞數首，當然，那也都是他的創作，──我記得，這些舊詞，為他的小說生色不少。

可能因為羅曼羅蘭的關係，仲園對古典音樂發生了很大興趣。那時，臺灣的條件，幾無法接觸古典音樂。仲園可能從學校裏，或從朋友的家裏，聽到古典音樂唱片。他數回跟我講起第五交響樂，第九交響樂，有多動人，有多壯麗。他，因此，會經常的拿出歌本，唱《第九》的〈歡樂頌〉。他樂於，在燈下，在他桌子的枱燈下，一遍一遍地唱著這曲〈歡樂頌〉。我從他那裏，學了很多首歌。除了〈歡樂頌〉，還有許多福斯特的民謠，修柏特的短歌，修曼的短歌，在他的濛亮的，稍露微綠的，枱燈燈暈之下。

仲園也曾引帶著我，走進電影的豐麗領域之中。也許他的影片的了解尚只是初步，但他，多少能知道影片的類別，何者為低俗影片，何者為藝術影片。憑著他對其他藝文的熱鍾，他粗略的知道劃分電影優惡的界限在哪裏。那時候，植物園的中國電影製片廠，每一週末都選映相當之好的影片，他都興勃勃的帶著我一同去看。就中，我特別記得的有：希區考克的影片，比利懷德的法庭電影，和《戰地鐘聲》。《戰地鐘聲》，仲園，大概認為，他看過最好的電影。我亦同，不管是不是真的好，反正，看完了後，我記得清，清，楚，楚，今天，我仍還記得。除了植物園的電影，我還記得，另一次，看了印象很深的影片。那次，仲園有兩張入場券，是在師大的禮堂裏，上的是《翡翠谷》。我們的印象都很深，久久未能卻忘。前不久，我曾借了《翡翠谷》回來再看一遍，事隔三十幾年，籠統的印象還是跟從前一

樣，可見「抒情」的美感，幼時和成人後的感覺全然相同，《翡翠谷》演員的技藝，情愛的複繁，成人才看得見，但「抒情」的美感，今天，我的感應和幼年時通同一樣。抒情，是我們童穉就有的「素性」。

仲園和我的交誼，或，應該說，對我的指引，前後及四年之久。我初入高一時，有一天，忽地聽仲園說，他們要搬家了，要搬離開臺北。這對我真是一個震撼的信息。一個星期天，仲園他們，租來一輛貨運車，就搬走了。我去他家送走他後，回到家裏，看看家中的固定的環境，感到往後的年月必異常，無趣味。我一人躲進房間裏，關上門，不覺間，滾燙的熱淚如下雨一樣的滾下來。是後，我經過他的那家，見木板門窗四閉，使我有時，黯發奇想，想說不定有一天，我經過，看見，這一間，門窗忽又都打開了，仲園他們又回來了。這個夢想昇起了幾次，後來，有一天，終於這一幢房子的門窗又洞放開來了，住進來了一家新的人家。

自是以後，我沒有再見到仲園。人生有很多的原因，使人不容易相見。但是，我從來沒有忘記過：這一個，送給我友誼，引我走向文藝，深而又遠地影響我後來一生的人。

後記：

今日紀州庵原址的北端即宗述的舊居。當年閔家住二房，兼及廚廁，是非常完整的住家單位。

〈懷仲園〉一文中，我描述閔家內外及週遭甚詳。撰寫該文時，因久未與宗述聯絡，故暫撰一名以代宗述。此文距今又相隔多年，如今人事已非，宗述所居，舊地尚留，每重經此廡，皆不勝感懷。

「閔老師」和「小閔老師」

張曉風

在研究室弄晚了，深夜回家，有一張訃聞放在桌上。我看了有點吃驚，因為上面有個大大的「閔」字。

姓閔的人不多，看地址便知道是閔孝吉老師家的喪事，是閔老師走了嗎？或者是師母？師母因糖尿病臥床不起，近乎植物人。我遲遲不敢拆封，不管是誰走了，我都眷眷不捨啊！

閔老師於我，可謂是「恩師」。

記得有一次寫報告（大概是代替期中考吧），民國五十年，大三的「小屁孩」，哪裡寫得出什麼有關韓愈的驚人之作。我寫完之後，也許出於心虛，竟想把論文的封面粉飾一下，於是把題目用一種中空體寫了下來，內容嘛，是用我當年自以為是「文言文」的手法寫的。

不料第二週當堂發作業的時候，閔老師竟把我叫起來，並且說：

「你寫的這個字體呀，叫『雙鉤』，不太好寫的，這樣看來，你的字是可以練一練的。」

我嚇了一跳，原來我胡亂寫的字，還有個名堂呢！在這之前我其實不知道什麼雙鉤體。後來，老師叫我寫張遷碑，我也就寫了一陣，但書法實在毫無僥倖可言，非下死功不可，我也就半途而廢了。但在練字的過程中，老師卻常給我許多指點，指點的時間常是禮拜天下午，地點就在老師家。老師的家回想起來也真奇怪，這家的位置在新店，近公路局新店車站。房子蓋在一條大水溝上，水溝很寬，大約三

公尺半，溝水應是烏來方向流下來的山溪，老師家的前半截就架在溝上面。老師的正職是立法院文書處的職員。我揣摩起來，那時代的立委比較風雅，眾立委婚喪喜慶都需要有人寫幅字或寫篇文章，如某某老夫人八十壽序之類，文書處便是代勞處，必須有兩把刷子才能應付裕如。這種職位不算太小，怎麼會分配到這種「大水溝陋宅」也真是不可思議。啊，那時代也許渡海來台的人太多，也只好先胡亂住下。但想當年我乍見此宅，卻也不覺其陋，那時代有磚造屋其實還不錯，那屋感覺上頗有玩具趣味，怎會有此「溝上宅」？設計者廢物利用的天才也夠令人叫絕了。老師全家好像也不覺其苦，老師十分安貧（事實上，老師好像並沒發現過「貧」這件事），老師有好書好紙好筆好菜就很滿足了。而好菜，只需師母往廚房一站，總能變出來。我去老師家因路遠（從外雙溪到新店，從走下山路，連等車，帶搭車，帶轉車，而當年車班極少），所花的時間足夠今天從台北往返高雄了，所以總會叨擾一頓午餐。師母做的菜很好吃，連煮的稀飯都好吃（因為老師怕熱，說夏天沒胃口，只想吃點稀飯，而那稀飯是用糯米煮的）。師母無論煮什麼都能「得其味」，可惜我當時只顧著和老師在客廳裡縱論文學，卻不懂上廚房去多幫幫師母，而且順便偷學兩招。時至今日也只記得每樣菜都醇雅入味，可是吃的是哪些菜竟然都忘了。只記得一樣師母的絕活是嫩炒雞蛋，材料其實只是油鹽蔥蛋，卻不知為何那麼鮮香滑美。那蛋有個名字，小閔老師（閔孝吉老師的長子）說它名叫「三鏟半」。「三鏟」我懂，但「半鏟」如何拿捏，在我看來簡直不可思議，試了幾次總不得要領，它只好變成我生命中介乎真實與幻覺之間的美味記憶。

老師號「苣齋」，典出杜詩。

老師是江西人，江西是個奇怪的，又窮苦又富裕又美麗又多事的地方，出過歐陽修、王安石和陶侃、陶淵明，白居易也曾在此寄身，

白詩〈琵琶行〉「潯陽江頭夜送客」其實便在九江，而閔老師便是九江人，台灣有些客家人也是從江西移民過來的。老師用鄉音曼聲朗誦古文的時候，氣沛韻長，令人低迴。我一直覺得「誦」是一切人類所能發出來的最美好的聲音，什麼男高音女高音都不能比。六祖慧能幼年寄居嶺南，靠著打柴，並且常去旅邸以「送柴宅急便」為生。一日，送完柴，偶聽到旅館中寄住的旅客誦金剛經，不覺癡倒，一心只想直奔擁有這本經書的古寺而去。啊！誦聲之迷人，有如此者。誦聲之可貴，在無花俏，也不耍任何技巧，就只是直抒胸臆的「裸聲」。不知道可不可以這麼說，整個禪宗的美學基因便在少年六祖慧能乍聞素喉朗誦中那非絲非竹的純樸音樂。慧能因而癡癡地從粵北韶關，翻過和江西交界的梅嶺，一路走到黃梅，並找到五祖。黃梅在省籍領域中屬湖北，但跟江西北邊的九江相距只有五十公里，另外在黃梅西邊還有一地叫蘄春，三地之間形成一個等邊三角形，黃梅是宗教勝地，九江是閔老師的故鄉，蘄春則是國學大師黃季剛先生的老家。啊，我想那真是一個蘊藏著天精地華的好地方，所以人才輩出。而一千四百年前，那個在旅館中誦經的不知名的來自黃梅的旅客，他所朗誦的聲音想必是和閔老師的朗誦是同其音色同其高韻的。

我說了，閔老師算我的恩師，恩師不是隨便就能做的，你必須有學問，有熱忱，能啟迪學生，當然也得有時間，甚至捨得在學生身上花錢。我除了偶在老師家吃便餐外，如果去立法院找他，他也總會帶我去立院的康園餐廳吃一頓客飯，其實不止我，學弟楊敏盛（阿盛）也受過這種恩惠。

有件事，我至今想來頗覺汗顏。當時年少不懂事，竟什麼事都去麻煩老師。原因是這樣的，當年女生宿舍初蓋好，大家很高興地入住，不意到了放寒假，學校竟要求我們把棉被、衣服和書全搬走。騰空寢室尚可理解，因為學校可利用假期把宿舍租給人家辦夏令營冬令

營賺點小錢。但叫我們把一切搬空，一路坐火車把書籍和行李從台北扛回屏東真是浩劫一場。為什麼不保留一間寢室來放東西呢？我把這事跟老師說了，老師居然說，「沒問題，你乾脆把行李拿到我辦公室來好了，就放在我桌子下面，開學再來拿回去。立法院很安全，沒有小偷，而且，沒有火燭。」老師鄉音重，把火燭說成「活咒」，那有趣的發音令我至今印象深刻。四十多年後我因當了立委，成天在院區走動，走到二樓北廊的文書組時，心下立刻不自覺地柔和溫暖起來。我探頭往裡看，想看我寄放的棉被捲是否仍安置在那裡。當然，暖心之餘，也不免慚愧。

老師的課開在三年級，一般學生跟教授只有一年緣份，喜歡跟老師磨蹭的，可以把因緣延到畢業那一天。我因後來做了五年的助教，所以親炙老師的機會便多了很多，有一次，不知為何，老師帶我一齊坐公車回新店的家（平常都是我自己到老師家去請益），車子經過一處，老師忽然指著窗外說：

「你看，這就是文山，這裡就是文山區，你仔細看看，這文山可有點文氣不？」

老師的否定詞常加在語尾，那個「不」字他讀作ㄅㄡ。

我笑笑，沒回答，因為我不想跟老師說謊話——但如果要說真話，那真話如下：

「天哪！老師，這座山沒怎麼樣嘛，既不雄偉，也不奇拔或秀逸，不過普普通通一座山罷了。『文山』大概是隨便取的名字，搞不好是日本人取的也不一定，老師怎能望文生義呢？」

這件事我後來慢慢想，又不免覺得有點後悔，老師問我那句話，很可能是因為來台定居十幾年後，對這塊土地開始認同——於是心理上就把自己跟文山連了姻。但文山實在沒什麼，它不像奇萊山、大雪山、大霸尖山或大武山……，但老師偏疼文山的那一點心思，我當時

卻沒有體會到，我應該說：

「老師啊，有你和閔大哥、閔二哥住在這裡，叫它文山，它也就
當之無愧了！」

不過，又想想，我還是喜歡當年那個死閉著嘴不肯鬆口的直楞
女孩。

其實，汪薇史（經昌）老師也極疼我，可惜他六〇年代去了香
港，我就無緣再去請益了。汪老師且早逝，剩下師母一人獨住美孚新
村。我後來偶去香港，總會去看看師母。師母漸漸有些輕微失智，見
到我，卻認得，拉著我的手說：「哎呀，真好，我聽說你得了市長獎
啦！」

我一面裝出笑容，一面心中暗自嘀咕：

「師母，你在說些什麼呀？我又不是小學生，怎麼會得什麼市長
獎？」

然後，我忽然想通了，那一年，一九九七，我得了吳三連文學
獎，但師母腦中的吳三連仍活著，仍是第一任台北市市長。

我只好承認：

「是啊，師母，我得了市長獎啦！」

（啊，寫到這裡，不覺想起汪師母——師母姓佘——和她那一口
的南京腔的柔和國語，以及她細緻如絲絹的皮膚，時光倒流，我一時
又像回到汪老師在龍泉街的家，此刻八十歲的我忍不住淚下。）

汪師母不久後就去世了。

閔老師終於買了房子，住在景美，而我住在新生南路，要去看老
師，距離比從前近多了。但老師老了，師母病了，我自己變成一個上
有公婆下有子女的人，也無法常去打擾。好在我後來買了車，過年一

定會開車帶著水果去拜年，拜完閔家再把丈夫載到梁嘉彬老師家，梁家和閔家都在景美，梁老師是我先生研究所時代的恩師。說來令人難信，有一年過年，梁師母居然拎著一掛香腸，跑到我們家來送給我們。

只是，這樣的好日子我知道不會長久，每年我都期望來年還能看到恩師。

然而，今夜那訃聞躺在桌上，我萬分不情願地拆開。啊，不料，不是閔老師，也不是閔師母──而是，閔家大哥，心裡立刻急痛起來。

天哪，這麼孝順貼心的兒子，如今竟做了最不孝的事！他沒了，撇下年老的父母而去。他才剛六十五歲，第二天系上安排了惜別會，他竟不能參加！他在躺椅上安祥而去，也算福氣，但，他一定有所不甘，他心裡一定想著要怎樣多照顧父母一些，也多讀點自己想看而來不及看的書，卻怎麼說走就走了？「子夏喪其子而喪其明」，閔老師的晚年怎能承受這麼重大的打擊！

人過四十，有件事挺悲哀，那就是，可以請益就教的人變得愈來愈少了。老師輩漸漸凋零，至於平輩之人，學問又未必及我，我不懂的，別人也未必就懂。人有平輩之人可以切磋問道，真是幸運啊！閔老師漸漸老去之後，我最常請益的人便是閔家大哥了。大哥名叫宗述，弟弟叫宗遠，也不知老師當年起名之時為什麼掐算得那麼準，哥哥果真是善述的學者，弟弟則活潑外向有遠志。後來在報社工作到退休，他也雅擅攝影。

是因為侍奉年長父母太疲累嗎？怎麼會在躺椅上小憩一下，就這樣仙逝了呢？做弟弟的不敢把事情告訴父親，只好騙說大哥最近都在醫院養病。

聽學生說，閔宗述是個好老師，講詩詞的時候，有時順手在黑板上就畫了起來，那些粉筆畫據說非常傳神而有境界──可惜這種繪畫

的生命只有一小時，下堂課就擦掉了。

在東吳，學生發明了「閔老師」和「小閔老師」的背後稱呼。小閔老師其實是政大專任老師（他在東吳是兼任），但他離世前已從政大退休了，而退休時，他只是講師。他沒有升教授，甚至沒升副教授，令人惋嘆。他未必受到排擠，但他那種作風跟我們目前學校考核教師的制度是不合轍的。

小閔老師因家庭背景而幼學扎實，且一向用功，眼界既邃遠，涉獵亦廣泛，所以幾乎談什麼他都不外行。但他為人定靜，交友圈也小，以他的品味，他哪裡看得上眼那些既沒文采又無創見的所謂「學術論文」。大學校園，其實也是一江湖，雖多高人雅士，卻也有術士遊走橫行。而所謂論文，抄襲的，買人代筆的也時有所聞。至於跑去倫敦買個洋學位回來台灣矇騙國人的事，大家也就見怪不怪。

但小閔老師不出手，別人又怎知他的高度呢？他的學生都知道他講詩詞能鞭辟入裡。至於我們做朋友的也知道，學術上如有疑惑，跟他聊一聊多半能豁然得解。其實，身為現代人，有疑惑，要查書很方便，書一大堆，但有些問題卻是書跟書也彼此釐不清的。這時，就得靠有底氣的朋友了。而所謂「靠朋友」，既不是靠朋友響亮的名頭，也不是靠朋友學術著作的冊數，而是靠朋友的真才實學，和慎思明辨。當然這真才實學還得加上善譬的幽默，方可讓冷硬的資料能彼此相融互解，豁然開朗。

就外形而言，小閔老師是「戰亂中長大的孩子」，他生於1933年（那是中日之間從冷戰漸轉熱戰的年代），所以身形瘦弱，五官平凡，並沒有星眉劍目的張揚。但，只要他一開口，他那條理分明的談吐和富贍博貫的知識見解，常令聽者忘神。台大的王文興教授在很多人的印象裡是個「冷傲孤高的咖」（事實並不如此，王教授挺隨和的。順便也說一下，「咖」是閩南語發音，其實應寫作「腳」，是「腳

色」的意思，並無不敬之意），但他居然從小就一路佩服這位「閔家大哥哥」。那時候，他們是住南昌街宿舍的鄰居，那時候，小閔老師當然更沒有「頭銜」。可是，「王家小弟」硬是把他當「啟蒙師」來崇拜。唉！人生真是神奇，才十六歲的「小」「小閔老師」居然調教得出王文興教授這樣的人物。

閔家是閔子騫的後代。但對我而言，「閔」就是一「門」皆「文化人」的意思。

小閔老師的妻子我後來又見過幾次，她在立法院的醫務室任護士，她是徐州人（就是徐蚌會戰的那個徐州），和我是同鄉，沒想到我們在立院還有一段緣份，她的日子也真的很不容易啊！由於小閔老師未能預見生死（誰又能想到呢？），身後只領到很少的退休金，女人則是常要承當現實壓力的人。

閔家還有一位堂姐，我在老閔師母的喪禮上遇見她，她跟我說，「我知道你，你閔老師常跟我提起你，我是靠老師把我一起帶來台灣的。」

啊，想那段兵荒馬亂的日子，老師一家的生活是多麼艱難啊，還得帶上一個姪女。

閔家還有一位「隱性人物」，因為老師常把這人掛在口上，我就把他也當熟人看待了，老師常說：

「我從前跟古公愚古直先生讀書的那時候啊……」

啊，我雖未見其人，也頗肅然起敬。彷彿有個看不見的「太老師」就在身旁似的。這一點，汪薇史老師亦然，他常說的是：「那時候，癯安先生（吳梅）啊……」

（哦，對了，就連新派人物余光中也不例外，他老提的人則是梁實秋……）

閔老師走後十年，有一天，我終於狠下心，把老師送我的茶喝
了。記得他拿茶葉要分贈給我的那天，把抽屜打開，很慎重其事地跟
我說：

「這茶叫君山茶，人家特地帶來給我的。這茶你自己喝，知道
嗎？千萬不要給不懂茶的人喝，這茶泡了水，一片片葉子在杯子裡都
是直直站立著的……」

「直─直─站─立─」四字老師說得一字一頓，彷彿對老師來說
那是一項了不起的隱喻，閔家父子都是那種「直直站立」的人。

其實，君山茶我在大陸喝過，但因這一小罐是老師給的，我就放
著不忍喝。等老師棄世，就更不忍喝了。覺得如果把這一點牽連喝
掉，就跟老師父子恩斷義絕了。但有一天轉念一想，這樣一年年放下
去也不是個辦法，茶香茶韻全沒了，豈不辜負閔老師的一番好意。何
況，喝下去，茶就成了我的一部分。我怕什麼！於是找了隻透明的玻
璃杯，拎起壺來，把熱水沖下去，茶葉於是一片片直立，正如老師當
年說的場景。我注視著那性格奇特的茶葉，並將茶湯徐徐飲下。

啊，所謂受教，也如這一番飲茶嗎？一注介於滾燙和溫熱之間的
清水，一隻透明無垢的晶瑩杯子，緩緩的浸泡，真誠的凝視，並且等
待釋放，等待淪成，等待神蹟和化境……

*本文曾載於2021年4月22、23日（聯合副刊）

懷念宗述

廖令德

俗話說：「天上九頭鳥抵不過一個湖北佬，三個湖北佬抵不過一個九江佬。」如果此話是用來形容九江人的能言善辯，那麼它用在宗述身上倒蠻恰當。有一天大家在宿舍裏閒聊，我對宗述說：「金聖歎曾說：『年過三十未娶則不娶。』按此說法，閣下可要打光棍了。」老閔應聲答道：「要喝牛奶，並不一定要在家養一頭牛，你說對不對？」這番應對大可編入《世說新語》。

一九六三年我們剛進中國文化學院，是第一屆新生，校方規定一律住校。男生住大成館，女生在菲華樓。男生一律西裝領帶，可是西裝料子卻不是紐西蘭純羊毛，而是普通的黃卡琪布。這西裝穿在我們矮個子身上，實在有點不倫不類，老閔人高而清瘦，他穿起來就顯得溫文儒雅，他大約大我們十歲，挾個皮包，頗像個教授。

既然住校，三餐就得在飯廳裏解決。早餐是饅頭稀飯，可是這裏面也有講究，成中他不知從那裏弄了些牛油來，夾在熱騰騰的白饅頭裏，真香。而貽皋却老是拿饅頭沾著魚肝油吃，我們看了都受不了。老閔則有自備的辣椒醬，不管中飯或是晚飯，菜裏加了辣椒醬就過癮。其實在飯廳裏男女生同桌，好處不少，那些高貴的小姐們特別挑嘴，肉肥了不吃，菜相不佳不吃，於是整個餐盤就往男生面前一推，那這人就有口福了。

　　當時大成館剛建成，其他的校舍工程還不斷地在進行，大成館內教室不够用，於是在後面山坡上搭了些臨時教室。一下雨滿地泥濘，去臨時教室，就得踏著墊甎一步一步慢慢走去，有點像武俠小說中所說的走梅花樁。就在這臨時教室，老師李曰剛教授為我們上課，他先點名，點到一位同學的名字中有個「涒」字時，他說這字不常見，很可說說。當時我在座上不覺脫口而出：「青龍在涒歎。」老閔在旁就說：「你一定是在寫《禮器碑》吧？」這還真被他說中了。這就是我和他訂交的開端。

　　我從小就喜歡寫毛筆字。高中時大人要我專心數理，不准浪費時間在寫字上。而大人一出門，我就搬出硯台來臨我的《靈飛經》。想不到在華岡居然碰上了老閔這位書法家，可以天天談寫字，真是如魚得水。

　　宗述那時的字已經可以比肩老練的書家，他給人寫信都是文言文，寫在八行生宣上。文風流暢可誦，而筆勢瀟灑大方，一派魏晉風度。他的行書出於王羲之，但不為所囿，自成一體。他特別喜歡王羲之的《蘭亭敘》，對蘭亭八柱的來龍去脈，各家的長短等等，就可以說上半天。系裏的同學多欣賞他的字，或是包書的封面，或是書本的首頁，都要請他題字，他也來而不拒。

　　他治印的藝術又是一絕。他的印不是齊白石的雙刀法，一刀來，一刀去，簡單痛快。他的印是穩重典雅一派，他的漢白文印比古印多方折些，而陽文印更是融入了漢隸方筆的趣味。至於他刻的邊款，更是精采，橫平豎直，撇捺鈎挑猶如筆寫，而整個邊款帶有書法的行氣，有如一個小小的條幅。受了他的啟發，我也刻了些印章，後來居然也有一本薄薄的印存。

　　系裏除我以外，受老閔薰陶的還有惟助和端常。老實說，起先我還想跟老閔一爭長短，可是兩天下來就自歎弗如了。他事事精通，書

法治印之外，就連聽西洋古典音樂，到喝咖啡他都樣樣內行。每回長篇大論之後，總會加上一句：「你說對不對？」那我們只有點頭的份了。就是這般，我們三個人天天跟著他。他看書我們就不聊天，他寫字我們也找些碑帖來練練，他聽音樂我們就跟著大買唱片。

　　住校的好處是要好的朋友可以成天在一起。我們四人也喜歡到處走走。校園離陽明山不遠，這一帶風景甚佳。記得一個月夜，幾個人從陽明山洗溫泉回來，沿著大道慢慢走著，一路上車少人稀，涼風習習，我們談談笑笑好不愉快，遠望大成館在雲霧中出沒，似非人間。五十年匆匆已過，然而當年華崗的人物猶在心目之中。

閔宗述先生《悠波閣詞》賞析

王偉勇[*]

　　閔宗述先生，我素昧平生，卻久仰大名！他的尊翁　閔孝吉教授，是我在東吳大學求學時代，「二年國文」及「左傳」兩門課的授課教師。父子兩人在同校同系上課，父親上白天，兒子上夜間，恐怕也是大學絕無僅有的一個例子。

　　宗述先生在夜間部教的是「詞選及習作」課程，那是七十年代我就讀博士班時候的事。印象深刻的是，我回校任教時，有夜間部學生問我：「閔老師教授蘇軾〔念奴嬌〕（赤壁懷古）詞，強調『羽扇綸巾』指的是諸葛亮，這解釋對嗎？」我當然知道這是因為當時國立編譯館出版的高中課本選有這闋詞，也解釋了「羽扇綸巾」是魏晉名士風流共有的扮相，即頭戴葛巾，手持羽扇，因此這段全在說周瑜。有這樣的定見，難怪聽到閔先生解說指向「諸葛亮」時，學生才有些疑惑。要解決此問題之前，先容許我錄下相關原文如次：

　　　　遙想公瑾當年，小喬初嫁了，雄姿英發。羽扇綸巾，談笑間、強虜灰飛煙滅。

---

[*] 王偉勇，東吳大學中文系學士、碩士、博士，曾任東吳大學中文系教授，成功大學中文系教授、主任、文學院院長。

主張全段指周瑜的，強調「羽扇綸巾」既是當時名士共同的扮相，正可以用來形容周瑜的從容閒雅；且整段是寫一個完整的人物形象，與上闋「人道是、三國周郎赤壁」相應，不容割裂。

　　但懂得詞韻的人都了解，這段文字有兩個韻腳，即「發」與「滅」。依詞的慣例，一個韻腳結束，通常即代表一個意思的完成，因此從下闋起句至「雄姿英發」，專指周瑜是沒有問題的。但吳、蜀聯合抗曹，既是史實，蘇軾不可能忽視諸葛亮的存在。何況就段落起、承而言，「羽扇綸巾」四字正好承上啟下，也就是說，它可以因著前面的周瑜，帶出同樣有貢獻的諸葛亮，並運用火攻，在談笑間，挫敗了曹軍。復證諸記載，我們在南宋・曾慥《類說》卷四九，見到它引了南朝梁・殷芸《小說》中有一段這樣的記載：

> 武侯與宣王泊兵，將戰，宣王戎服位事，使人密見武侯，乃乘素輿葛巾，自持白羽扇指麾，三軍隨其進止。宣王嘆曰：「真名士也。」

引文中的武侯，即諸葛亮；宣王，即周瑜。很清楚的，《小說》中戴「葛巾」，持「白羽扇」的是諸葛亮，不是周瑜；而且迄今也還找不到其他有關周瑜「羽扇綸巾」的記載，那麼說解蘇軾詞中「羽扇綸巾」指的是諸葛亮，有何不可？尤其此詞上闋係鋪寫赤壁形勢之壯闊，是寫景；下闋轉而抒情，寫對歷史人物的景仰，並帶出對親人的思念，同時也吐露被貶黃州，年屆半百，一事無成的窘境，章法井然有序。了解此布局，則知對赤壁之戰人物的景仰，又怎能提周瑜，不提諸葛亮呢？所以宗述先生的說解，是有道理的！

　　當然許多反對「羽扇綸巾」指諸葛亮的人，還振振有詞的認為，諸葛亮「羽扇綸巾」的形象，是元朝羅貫中《三國演義》渲染的，宋

代的蘇軾怎麼會讀到？而「羽扇綸巾」又是魏晉名士之扮相，該句指
周瑜越顯得理所當然！現在我們找到了早於蘇軾，由南朝梁‧殷芸所
纂的《小說》這則證據，相信足以支撐「羽扇綸巾」指諸葛亮的說
法！問題是，蘇軾讀過這《小說》嗎？為了讓讀者信服，我再舉個證
據。相信大家都讀過蘇軾〈於潛僧綠筠軒〉詩：

> 寧可食無肉，不可居無竹；無肉令人瘦，無竹令人俗。人瘦尚
> 可肥，士俗不可醫；旁人笑此言，似高還似癡。若對此君仍大
> 嚼，世間那有揚州鶴。

詩中末句「揚州鶴」這個典源，就出自殷芸的《小說》，見於卷六
〈吳蜀人〉：

> 有客相從，各言所志，或願為揚州刺史，或願多貲財，或願騎
> 鶴上升。其一人曰：「腰纏十萬貫，騎鶴上揚州。」欲兼三
> 者。

由此可證，蘇軾必然讀過此書，才不止一次用了書中的典故。我甚至
可以斷言，羅貫中演義《三國志》，也必然根據這本《小說》，鋪敘出
精彩的節目！

　　我沒有上過宗述先生的課，無法得知講述內容，只是藉著閱讀他
的詞集，想起這段往事，為他的說法找出依據。他的詞集名《悠波閣
詞》，凡四卷，七十八闋。依詞題附記，顯然是依年份編排的，亦即
卷一，二十七闋，作於民國四十一年以前；卷二，二十一闋，作於四
十二年；卷三，十八闋（〔憶江南〕題「雙調」，有誤，宜視為二
闋），作於四十三年；卷四，十二闋，無時間線索，合理類推，應作

於四十四年。而宗述先生係生於民國二十二年（1933）七月十七日，卒於民國八十七年（1998），以生年計日，此四卷詞係作於十九歲至二十二歲。復據業師洪惟助教授告知，宗述先生高中畢業後，先服兵役再考大學，因之此七十八闋詞，顯然是他高中時期至入大學前的作品。宗述先生另有十九闋詞，未收於《悠波閣詞》四卷中；大抵作於大學時期（1965）至研究所一年級（1968）期間。至於作於中學時期，大學後再改寫的作品，也有七、八闋，集中皆有附注，茲不贅言。

有了以上認識，底下就自形式、內容、風格綜合介紹《悠波閣詞》的三大特色：一是善於借鑒唐五代詞及宋詞；二是充滿思鄉之情、時序之感；三是風格溫婉，筆帶深情。茲分述如次：

一　善於借鑒唐五代詞及宋詞

如前所述，《悠波閣詞》是作於宗述先生青年時期，也就是入大學之前。因此，看得出年輕人摸索填詞的軌跡，也會驚訝於尚未受中文系專業訓練前，宗述先生填的詞，絲毫不遜於中文系學生，此端緣個人之喜好及投入有以致之，而家學淵源或習染，也必然對他深有影響。初讀他的詞，會發現好多的遣詞、造句、用韻都似曾相識，也就是善於借鑒唐五代、宋詞以及少數的詩句。如：

半生效命在沙場。誇智勇無雙。被白髮欺人，匈奴未滅，長夜更心傷。（〔醉花陰〕，卷一，頁2）

淡黃衫子碎花裙。眉黛遠山橫。翻飛鳳蝶朱欄下，逐羅袖、依約香氛。惆悵年華如流水，芸窗一夜愁生。（〔風入松〕，卷一，頁2）

浮生恨，回首幾滄桑。忍憶當年兒女事，傷心明月憑闌干，唯
有淚千行。（〔憶江南〕，卷一，頁4）

以上三例，第一例的「被白髮欺人」，出自辛棄疾〔太常引〕（建康中
秋夜為呂夜潛賦）：「把酒問姮娥，被白髮、欺人奈何」，明顯係採減
字法，將七字句變成五字句；句式也從「上三下四」，變「上三下
二」。第二例「惆悵年華如流水，芸窗一夜愁生」，化用了吳文英同調
末兩句「惆悵雙鴛不到，幽階一夜苔生」；一愁流光飛逝，一道情人
不來，明顯新意別創。至於第三例的「唯有淚千行」，全襲自蘇軾
〔江城子〕（乙卯正月二十日夜記夢）：「相顧無言，唯有淚千行」。底
下再舉完整的一闋為例：

殘陽欲下孤煙直。短篷初放燈如織。向晚獨登樓。蘆花一片
秋。　　淒涼望故國。千里霜月白。凝恨對斜暉。雁歸人未
歸。（〔菩薩蠻〕，卷一，頁1）

初讀此詞，即感受到詞境與李白〔菩薩蠻〕何其相似，茲引錄供比較：

平林漠漠煙如織。寒山一帶傷心碧。暝色入高樓。有人樓上
愁。　　玉階空佇立。宿鳥歸飛急。何處是歸程。長亭連短
亭。

兩詞先景後情，寫雁歸人未歸之處境，如出一轍，宗述先生之善借
鑒，可見一斑。復仔細推敲，詞中「孤煙直」、「短篷」、「向晚」等用
語，故常見詩人用之；而具體借鑒唐五代詞、宋詞的詞句，則有下列
三處：

　　韋莊〈菩薩蠻〉:「凝恨對殘暉，憶君君不知。」

　　馮延巳〈歸自謠〉:「蘆花千里霜月白，傷行色，來朝便是關山隔。」

　　晏幾道〈更漏子〉:「人去日，燕西飛，燕歸人未歸。」

第一例，係就韋詞改一字入詞；第二例，將馮詞情景，括入詞之過片處，而以「千里霜月白」吐露借鑒消息；第三例將晏詞春「燕」，改成秋「雁」，道出「故國望重歸」之期待。這樣的寫作技巧，符合江西詩派「無一字無來歷」的主張，而宗述先生隸籍江西，真能發揚宗派家風！

　　其次，宗述先生也喜歡步和唐五代詞及宋詞的韻腳，有些會於詞題中注明，如卷一〔青玉案〕（端午前二日久雨忽晴，步稼軒元日之韻）、卷二〔踏莎行〕（龍石效夢窗體製〔踏莎行〕一闋，步夢窗元韻和之）、卷三〔水調歌頭〕（四十二年中秋浮雲掩月，步東坡之韻）、卷三〔綺羅香〕（步梅溪韻），皆是其例。另有大部分步韻而又稍予變化之作，端賴讀者明辨之。如卷一〔蝶戀花〕（江南舊夢拋棄久）詞，韻腳為「久、舊、走、瘦／柳、數、袖、後」，顯係步韻馮延巳同調之作，然馮詞韻腳為「久、舊、酒、瘦／柳、有、袖、後」，可見宗述先生上闋韻腳「酒」字改為「走」字，下闋韻腳「有」字改為「數」字，餘皆相同。類似情形，尚有卷二〔鵲踏枝〕（即〔蝶戀花〕，起句：香暖長橋風細細），係步柳永同調「佇倚危樓風細細」詞，然下闋「醉、味、悔、悴」四韻字，卻成了「起、洗、里、悴」，明顯改了三個韻腳。這就意味著，步韻前賢名作，也是宗述先生學習的方法之一。嚴格的說，步韻而又改了部分韻腳，稱之為「和韻」，才更貼切。為讓讀者清楚的認識，茲舉卷二〔菩薩蠻〕為例:

> 沙汀舟返煙如織。望舒初上炊烟湮。涼氣入高樓。凝成一片
> 愁。　　玉階蟲訴泣。何事催秋急。鴻雁塞關飛。多情江上
> 迴。

明眼人一看就知道，這是仿李白〔菩薩蠻〕（已見前引）而作。此調
屬「轉韻格」，兩句一換韻，李作的韻腳是「織、碧、樓、愁／立、
急、程、亭」，宗述先生所作，上闋「樓」字韻換成了「湮」，下闋則
將「立、程、亭」三韻，換成了「泣、飛、迴」，因此，說它是「和
韻」。畢竟「步韻」又稱「次韻」，須依次用前人之韻，唐、宋詞家於
此，改一、兩韻者曾見之；改三韻以上從未見過。宗述先生必然了解
這個道理，所以在這些詞牌底下，都不注明「步韻」。他如卷一〔薄
倖〕（紅睡蓮）仿賀鑄韻腳，卷四〔慶春澤〕（夜雨不寐）仿清・朱彝
尊韻腳，皆是其例，端賴讀者明辨之。

　　此外，我們也發現，宗述先生還有模仿風格的作品，如卷四〔荷
葉盃〕題云：「王靜安有〈戲效花間體荷葉盃〉六闋，風致閑艷，意
境高華，誠為出藍之作，姑步六章，聊當笑樂之資。」就此段文字言
之，此詞明顯是「步韻」王國維之作。但經比對，實係仿五代蜀・顧
敻之作；顧作凡九首，王國維仿了六首。這組詞，具有鮮明的口語特
色，凸顯了民間曲子詞的質樸風格，宗述先生也朝此方面予以鋪寫，
呈現出閨婦之思怨。又，此詞原作於1955年，1967年復予以改作，茲
錄改作如次：

> 記得畫堂深院。初見。低首弄花枝。相看不覺日先西。癡摩
> 癡。癡摩癡。
> 偶觸青蔥纖手。驚驟。一霎眼波流。曳裙飛屐不回頭。羞摩
> 羞。羞摩羞。

相約荼䕷花下。初夏。雪腕褪雲綃。幾回扶醉舞蠻腰。嬌摩
嬌。嬌摩嬌。

天際暮雲凝紫。照水。搖盪一江明。千絲楊柳繫繁星。清摩
清。清摩清。

十二高峰明滅。煙月。凝睇到更殘。孤舟搖曳上晴灘。妍摩
妍。妍摩妍。

昨夜夢中相見。魂顫。推枕起徘徊。朱顏今日料應非。悲摩
悲。悲摩悲。

二 充滿思鄉之情、時序之感

宗述先生隸籍江西九江，然因父親曾任職南京，正值宗述先生青
少年時期，因此南京也成了他的第二故鄉。〈閔故教授肖伋先生事
略〉載：「先生學成返鄉，都督李烈鈞惜其才，嘉其志，延為幕僚。
其後供職國民黨黨史會、社會部、考試院及立法院，受張繼、谷正
綱、洪蘭友、張道藩、倪文亞諸時賢之倚重。民國三十六年，先生自
南京赴臺，時為光復之初，赤禍尚未蔓延。先生年方四十，俠腸義
膽，來臺非為避難，實欲為同窗學長李翼中先生（時掌省政府社會
處）助一臂力，且望有以建設臺灣也。」由此可見，民國三十六年，
宗述先生十五歲時，已隨父親來臺；不久赤禍蔓延，神州色變，故鄉
再也回不去，滿溢之思鄉情懷，便充斥在《悠波閣詞》裡，呈顯了極
大的特色。箇中消息，除了南湖、南京、江南等地名是密碼外，
「夢」也是一個關鍵字，而且隨處可見。如：

江南好，何處是京華。燕子磯頭殘月冷，烏衣巷口夕陽斜。弦
管後庭花。（〔憶江南〕，卷一，頁1）

剩有澆愁酒一卮。情懷不似舊春時。那堪高蟬亂蟬嘶。　　記
得南湖湖上夜,荷香濕度雨如絲。祇今惆悵寫新詞。(〔浣溪
紗〕,卷二,頁7)

日暮歸雲何處去,星明冷雁南翔。故園經歲隔滄浪。空彈兩行
淚,更疊九迴腸。　　驚碎一牀歸夢渺,殘更落葉敲窗。曉風
簾幕透寒光。傷心身是客,羈旅傍他鄉。(〔臨江仙〕,卷二,
頁7)

以上是三闋小令,第一闋出現江南、京華,雖是泛稱的地名,但燕子
磯、烏衣巷,一在南京東北郊,一在南京秦淮河南岸,很明顯是對南
京的懷念;而一句「弦管後庭花」,則藉南朝‧陳後主的紙醉金迷,
諷刺國民政府失手南京的往事,真有不堪回首之歎!第二闋出現「南
湖」地名,據清‧顧祖禹《方輿紀要》卷八十五〈九江府〉載:「南
湖嘴鎮在府東四十里,臨彭蠡湖口,旁有港曰將軍套。明初師扼陳友
諒,作浮梁於此以渡兵,且樹柳以遏奔衝。洪武初,置巡司於此。嘉
靖四十一年,以江湖多盜,增設官兵,置南湖營。」讀此記載,即知
宗述先生對故鄉九江的思念;且知該地植柳,因之〔臨江仙〕「薰風
十里南湖路,……好是柳堤天欲晚」(卷一,頁4)、〈訴衷情〉:「南湖
畔,柳依依」(卷一,頁5),寫的都是實景。第三闋則係藉「夢」,寫
出「羈旅傍他鄉」之處境,自是思鄉心情的投射。

　　也因具有客居他鄉之心態,因此寫於來臺八年間的《悠波閣
詞》,對於季節的更迭總有敏銳的感受;此中思鄉的情懷仍是主要的
內容。如:

春雲淡,紫烟浮。清寒上小樓。陰晴不定,一溪碧堤流。飛鳥

驚銀彈，游魚畏釣鉤。恨蕉風椰雨，何事苦淹留。　　驚宿夢，憶前遊。何處是神州。寒燈孤枕，新仇舊恨兩悠悠。異地無佳夢，他鄉有隱憂。家園好，何日上歸舟。（〔早梅芳〕（平調），卷一，頁4）

秋色臨蓬島，已是菊花天。睽違故國松柏，屈指幾經年。深夜露濕高樹，階下寒蛩不住，簾幕泛清寒。嫦娥羅襪冷，蹤跡到人間。　　憶年時，歌舞地，料無眠。魄影薄倖，年年長是向人圓。只恨無情歲月，磨損謝公雙屐，不肯為人全。天畔層雲黯，何處覓嬋娟。（〔水調歌頭〕（四十二年中秋浮雲掩月，步東坡元韻），卷二，頁6）

此兩闋，一作於春寒之際，既感歎處於「蕉風椰雨」的臺灣，「何事苦淹留」？「何處是神州」？又寄語「家園好」，但「何日上歸舟」？一作於中秋月掩之時，既歎睽違故園，「屈指幾經年」？又藉浮雲掩月之天象，道出此夜宜月圓，卻「不肯為人全」，一腔幽悶，真不足為外人道也，只好「惆悵寫新詞」（見前引〔浣溪紗〕）了！這樣的心境，對於渡海來臺的人而言，在當時政府編織反攻大陸的美夢，喊出「一年準備，兩年反攻，三年掃蕩，五年成功」的口號，真是年年期待，年年失望，太折磨人了！宗述先生的詞，顯然說出了這些人的共同心聲。

三　詞風溫婉有致，筆帶感情

仔細閱讀《悠波閣詞》，它的內容當然不止於思鄉之情、時序之感，他如詠物、遊賞、閨情、酬和等作品，亦時見之。然它們有個共

同特色，即詞風溫婉有致，筆帶感情，僅有少數作品例外。如果以傳統豪放、婉約分派來概括，宗述先生無疑是一位婉約詞人。茲先舉三闋小令如次：

> 去年舊遊地，往事如夢影。重來已是紅葉飛，寂寞小遊艇。
> 　江昏寒雨斜，野闊秋風緊。朦朧橋影寶雕弓，湛湛潭水冷。
> （〔卜算子〕（重遊碧潭），卷一，頁1）

> 卍字曲闌干。鳶結蘿攀。佳人初著羅衫。帳冷芙蓉銀燭暗，幾寸春寒。　　寂寞下朱簾。心事微瀾。氷魄惆悵照無眠。倚枕箜篌含怨起，端為誰彈。（〔浪淘沙〕，卷三，頁10）

> 黛眉恰似遠山橫。明眸襯檀唇。荔滑香頤，桃夭粉頰，不語含情。　　海天悵隔吹簫意，星冷夜沉沉。風姿遙想，名花有主，無路堪尋。（〔眼兒媚〕（董敏同學屬題奧黛麗赫本像），卷四，頁12）

以上三闋令詞，第一闋寫「重遊碧潭」，偏遇上了「江昏寒雨斜」，何等掃興；但詞中並未流露此情，而以「朦朧橋影、湛湛潭水」之景作結，自見溫婉含蓄！第二闋時值春寒夜晚，佳人無眠怨生，無從訴說，只得藉彈箜篌，寄託心聲，堪稱怨而不怒之閨情詞了！第三闋係應同學之邀，題寫出生比利時布魯塞爾，為美國好萊塢知名女星奧黛麗赫本（1929－1993），顯係吟詠人物。上闋儘管運用各種譬喻，將赫本寫得明艷動人；下闋抒情，卻未見「太狂生」癡迷之態，而以「風姿遙想」、「無路堪尋」的內斂之筆收尾，真是溫婉有致。茲更舉慢詞為例：

曲巷迴風，低簷吹雨，寒絲斜注溝深。細斛輕揚，瀝滴飄灑樓陰。汎瀾恰似愁人淚，碎珊瑚、一握紅冰。料難禁。透染珠簾，溼透單衾。　　無端又是秋光好，嘆霜飛九月，葉落空庭。顧影征鴻，相看滿目凋零。寒塘況是蒹葭老，掩波光、敗梗浮萍。不堪尋。舊日雲烟，此日心情。（〈慶春澤〉（夜雨不寐），卷四，頁13）

這一闋寫秋雨不寐的心情，上闋寫夜雨之景，下闋寫雨後之景，兩相對比，更教人懷念「舊日雲烟」，可惜已無跡可尋！總的來說，不過是觸景生情，慨歎時光流逝；而且出之以平聲韻，更見婉約情境。值得一提的是，此詞實仿清·朱彝尊之作，然朱氏之作韻腳為「深、陰、禽、禁、衾／沉、潯、心、吟、尋」，全屬戈載《詞林正韻》第十三部韻字。宗述先生之作，韻腳為「深、陰、冰、禁、衾／庭、零、萍、尋、情」，其中「深、陰、禁、衾、尋」，屬第十三部；「冰、庭、零、萍、情」，屬第十一部，韻部不同。而〔慶春澤〕係一韻到底的詞牌，宗述先生豈不出韻？如果仔細讀罷《悠波閣詞》，會發現集中「庚青」與「真文」兩部韻混押之現象，並不罕見，其故何耶？其實熟悉宋人填詞的人皆知，此兩部韻宋人混押之情形並不罕見，如下兩詞：

世事短如春夢。人情薄似秋雲。不須計較苦勞心。萬事原來有命。　　幸遇三盃酒美，況逢一朵花新。片時歡笑且相親。明日陰晴未定。（朱敦儒〔西江月〕）

情高意真。眉長鬢青。小樓明月調箏。寫春風數聲。　　思君憶君。魂牽夢縈。翠綃香暖雲屏。更那堪酒醒。（劉過〔醉太平〕）

以上兩例，朱敦儒所填的〔西江月〕，屬同部平仄通協格，韻腳為
「夢、雲、心、命／新、親、定」，其中「夢、命、定」屬第十一
部，「雲、心、新、親」屬第十三部，即是兩部混押。劉過所填的
〔醉太平〕，係平聲一韻到底的單韻詞牌，韻腳為「真、青、箏、聲
／君、縈、屏、醒」，其中「真、君」屬第十三部，「青、箏、聲、
縈、屏、醒」屬第十一部，也是兩部混押。由此可見清人整理詞韻
時，實難統括宋人押韻的現象；而宗述先生「庚青」與「真文」混押
卻是其來有自了。底下我們再舉押入聲韻的詞例：

> 別來蕭索，憑危欄、目斷漁鐙明滅。靄靄青山渾不見，空見一
> 鉤殘月。冷霧迷江，溼烟障樹，愁損腸千結。遠影孤帆，舊時
> 清夢難說。　　莫道陶令廬前，虎溪清淺，波送纖纖葉。舊怨
> 千般銷不盡，新怨幾曾銷歇。門外桃華，樓前楊柳，難禁烽煙
> 劫。雲低雨悶，惆悵黃梅時節。（〔念奴嬌〕，卷三，頁10）

這也是時序感懷之作，押的是入聲韻，理應呈顯慷慨磊落或清雄悲壯
之情。可是反覆讀之，也只是表達了書生思鄉、愁損幽怨的情懷，達
不到悲壯的層次。值得一提的是，此詞實模仿辛棄疾〔念奴嬌〕（書
東流村壁）詞，其下片云：「聞道綺陌東頭，行人曾見，簾底纖纖
月。舊恨春江流不盡，新恨雲山千疊。料得明朝，尊前重見，鏡裡花
難折。也應驚問，近來多少華髮。」辛詞本意也只是寫「樓空人
去」，佳人未見的愁情，然「舊恨」、「新恨」之譬喻，以及直抒到底
之筆力，終教人感受到「矯首高歌，淋漓悲壯」（陳廷焯《白雨齋詞
話》）之氣。反觀宗述先生之作，改用「舊怨」、「新怨」，未採壯闊之
譬喻；結句抒情，又以景收尾，難見奔放之情緒，故呈現「英雄」與
「書生」之別異。實則以入聲字寫豪放之情，宗述先生知之甚明，然

遭際無法與蘇、辛並論，故難成為詞風特色。茲亦舉集中豪放之作，供讀者品味：

> 群匪猖獗。逆賊縱橫，錦繡河山變色。敗壁頹垣，對一鈎寒月。多少江南舊事，一回首、灰飛烟滅。只剩得，滿懷悲憤，繞一腔熱血。　　城堞。擊悲歌，投筆從戎，壯懷激烈。提百萬雄師，立功吳越。堪笑儒冠多誤，看英雄、連戰三捷。奮虎威，溯江而上，抵京陵城闕。（〔滿庭芳〕，卷一，頁3）

此詞調寄〔滿庭芳〕，原有平、仄兩韻，蘇軾、秦觀、周邦彥所填的名作，都採平聲韻，聲情婉約。宗述先生此作，句式泰半依平聲韻格，平仄規矩卻多不合；然改用入聲韻，抒寫豪壯之志，聲情又極切合。筆者比對無名式所作仄聲韻格，句式、平仄等甚難契合，因之視為宗述先生藉〔滿庭芳〕詞牌，自度新詞可也。這種現象，集中僅見；然用入聲韻寫壯志，遵循傳統蹊徑，則無二致！

以上即是筆者閱讀《悠波閣詞》後，自三方面賞析它所呈現的特色。由於是宗述先生十九至二十二歲所寫的作品，當時尚未入大學中文系就讀，純粹是自學填作的成果，因此我們可以看到他努力借鑒唐五代詞及宋詞的軌跡，並從造字、遣詞、用韻三方面，極端揣摩，呈現他著手填詞的蹊徑，足供後進學習。其次，詞集係完成於渡海來臺以後，因此對出生地九江，以及青少年生活的南京，有著無盡的懷思及回歸的期待，這樣的心境，也成了《悠波閣詞》主要的內容；且無論令詞、慢詞，皆一以貫之。末則宗述先生出身書香家庭，個性沉靜醞藉，面對山河變色雖不能無感，但大陸淪陷前即已來臺，少了顛沛流離的經驗。而作品又都作於青年時期，因之思鄉、思歸之情，皆秉乎天性，純潔無瑕；也自然呈現溫婉有致、筆帶感情的詞風。如果以傳統的詞派來歸類，宗述先生當然是婉約詞人！

永念兄長情

閔宗遠

余兄長宗述仙逝迄今已有二十三載，兄長同窗惟助兄盛情為余兄長出版紀念專集，命余為文入集，余不善文辭，又難違命，只好獻醜略表感懷余兄之情於萬一。

余兄長宗述長余八歲，生於民國二十二年農曆七月十七日，逝於民國八十七年七月十二日，享年六十有五。

自幼余兄弟二人感情甚篤，余自小學、中學以至就讀世新專校，均蒙兄長無微不至的照顧與扶助，手足之情溢於言表。

余兄長文化大學畢業後，繼續深造於政治大學中國文學研究所，獲文學碩士學位，並留校執教於中文系。而余世界新專畢業後，服役憲兵，五十三年退役投入新聞界。

兄弟二人雖同為文化人，然個性截然不同，余外向好動，任採訪記者，耕耘於報端，兄長內向，執教鞭於校園，善於詩詞、金石、書法、繪畫。

宗述兄長文藝氣息甚重，傳承了家父孝吉翁之家學淵源，而余國學不通，文言不曉，較之兄長實乃白丁也。

兄長心肌梗塞彌留之際，余自苗栗驅車趕到臺北景美兄長宅邸，將兄長急送景美綜合醫院救治，經近一小時搶救，仍然不幸回天乏術與世長辭。

　　我們兄弟之間五十七年的情感，因天人永隔而劃下了休止符，余除了哀傷莫名，只能徒呼奈何！

　　二十三年來余曾經數十次夢中與宗述兄長相會，往日兄友弟恭情景歷歷在目。余深盼來生與兄長再為兄作弟，續兄弟之親情。

哀閔宗述教授

張夢機[*]

　　告我斯人化鶴歸，宴中聞罷感歔欷。此才殆是邀天妒，其抱元知與俗違。傳道上庠曾一晤，譚詩華屋偶相依。祇今浮世多衰象，早戀黃泉未必非。（收入張夢機撰《鯤天吟稿・卷五》）

---

[*] 張夢機，臺灣師範大學國文研究所博士，曾任中央大學中文系教授、系主任。詩名滿天下，曾在中國文化大學、淡江大學、高雄師大……等大學中文系教授詩選、詩學研究等課程。

悼宗述先生

劉至誠[*]

天地間唯孝為大，唯君行之，六十年不改其道，不遠遊，無私情，
真個鞠躬盡瘁，死而後已，子騫其達乎。

父母前順心至要，他人難也，一生中毫無拗違，飯蔬鮮，不宿食，
確實積勞成疾，無怨遠離，宗述之德矣。

---

[*] 劉至誠，畢業於政治大學中文系、臺灣師大國文研究所。曾任致理科技大學
教授。其夫人耿湘浣任教於政治大學中文系，與閔宗述、劉紀華三人合編
《歷代詞選注》。

悼宗述兄

洪惟助

談論詩詞，賞評書畫，難忘永夜品茗下竹林。知音稀少，有緣相伴，
深感少年相得歡無盡。
遠觀雲霧，近俯溪流，長憶月明同步華岡路。摯友難尋，豈忍獨歸，
空遺我輩思君淚不乾。

惟助案：

　　民國五十二年與宗述同窗以來，所為詩文，無不請教宗述，宗述
亦不吝指正。製此輓聯，頓覺空虛無依，何人再為我點評耶？

　　越二年，端常隨宗述而逝，余含淚寫輓聯，云：

　　　清淚盡，難忘舊日煮茗夜話。

　　　知音稀，豈忍遽然棄我長歸！

　　寫畢，驚覺與輓宗述聯多相同語詞。蓋吾三人同寢室四年，其後
三十餘年相知相得，感情已融為一體！

編後記　一

洪珊慧

　　一切源自奇妙的緣份。

　　第一次聽聞閔宗述的名字，是因閱讀王文興的散文〈懷仲園〉，文中提及影響他走向文學創作重要的人是小時候的鄰居哥哥「仲園」。在文中姑隱其名的「仲園」，此人就是閔宗述先生。我於撰寫博士論文《新刻的石像──王文興與同世代現代主義作家及作品研究》期間，指導教授康來新提及，閔宗述的大學室友正好是系上洪惟助教授，若想進一步瞭解閔宗述，可找機會請教洪老師。我於訪談洪惟助教授的過程中，聽聞他手邊有五大箱閔宗述的作品和資料，多年來苦無幫手協助整理。於是，我主動提議，待完成博士論文後，我來幫忙整理這些文史資料。

　　二〇一一年六月取得博士學位後，在中央大學擔任專案教師兩年，負責執行大型的教育部計畫，每天忙碌不堪。直到二〇一三年七月工作結束後，在校園偶遇洪惟助老師，我提議動手來整理閔老師的作品吧，有開始才有完成的一日啊。

　　於是，從二〇一三年夏天工作到二〇一九年夏天，六年的時間過去了，作品和資料的數量超乎當初預估，挑選作品、掃描原件、辨識手稿、打字等花費許多時間，在有限的人力和物力下，我們一步一腳印地累積、討論、篩選，終於定稿。再經過二年的校稿、增刪、編排

等工作，總計八年過程中，一頁頁翻閱這些舊作，慢慢地，我好像也熟識了閔宗述老師。

《碧潭夢影──閔宗述作品集》結集了閔宗述教授的書法、篆刻、繪畫、古典詩詞創作、散文、小說、學術論文、生活日記……等珍貴作品，並有手抄詞集選以及他為歌曲填詞，手寫整理的古典音樂唱片目錄，由此不僅可看出閔老師個人廣泛的興趣及文化藝術素養之養成過程，這種全然「手工藝」的治學精神，在二十一世紀充斥複製貼上的年代，顯得格外特殊及珍貴。現在年輕人很難想像，當時年輕的閔宗述一筆一畫抄寫他喜歡的詞作，自己設計封面，成了世上獨一無二的選集，可見他投注大量心力與時間於文學藝術上。為了紀念，本書除了收錄閔宗述個人作品集，也精選了其父閔孝吉、伯父閔孝同以及同窗林端常、廖令德、洪惟助的書法或創作，以及閔宗述與師友之間的書信，這些書信的歷史價值，格外珍貴。另外，本書的最末，收錄了懷想／紀念閔宗述之文，包括王文興〈懷仲園〉及後記、廖令德〈懷念宗述〉、張夢機〈哀閔宗述教授〉、洪惟助為本書寫的序、所作輓聯、張曉風〈「閔老師」和「小閔老師」〉，皆是極為珍貴的情誼刻印。

感謝王文興教授為此書所寫的〈懷仲園〉後記。〈懷仲園〉一文於一九九三年發表，文中王文興回顧自己從小學到初中的成長時期，引領他走向文藝之路的兒時玩伴「仲園」，無論在閱讀或藝術的品味上，仲園都開啟了少年王文興的視野與心靈世界。事隔二十三年，二〇一六年王文興教授特為本書寫下後記，清楚指出「仲園」即閔宗述，而閔宗述對研究金石有高度興趣，也動手雕刻印章，王文興個人的第一個印章，即是閔宗述親手雕刻所贈，亦收錄於本書之中。〈懷仲園〉一文中所描繪之閔宗述，正可與本書所收錄的閔宗述其人其作做一觀照，讓我們更加瞭解閔宗述。

編後記　二

洪惟助

　　一個在青少年時期即在文學藝術多方面煥發光彩，並進而影響許多人成為文學藝術的耕耘者，他的作品可以無聲無息地湮沒於世嗎？宗述過世不久，我即囑咐他的公子士榮要將父親的作品好好收集，我為他整理、出版。二〇〇〇年左右，士榮搬來五箱宗述的書畫、詩文作品及相關資料。

　　一九九一年我與曾永義教授辦「崑曲傳習計畫」，一九九二年我在中央大學成立戲曲研究室並編纂《崑曲辭典》。此後，又成立台灣崑劇團，並執行許多調查研究工作。每日忙碌不堪，不只學術、藝術工作，更有許多煩人的行政瑣事。宗述的資料在我家躺了幾年，未能動手整理。適有中央大學中文系博士洪珊慧研究王文興，她得知王文興的〈懷仲園〉寫的是閔宗述，而閔宗述是我的好友，於是她訪問我，並表達願意協助我編輯《閔宗述作品集》。

　　我們都以為兩三週就可以完成任務。珊慧家住楊梅，她說我比較忙，她可以從楊梅開車到內湖我家一起工作。她連續三週跑了三趟，沒想到工作還在初始階段，她開車來回要將近三小時，太累了。於是我們改到中央大學戲曲研究室工作。研究室的工讀生也幫忙影印、打字、掃描等工作。由於宗述和我的手稿，學生不全然看懂，所以我全書斷斷續續詳校兩次，直到二〇一九年才完成編注、校稿。送出版

社，又遇到新冠肺炎流行，直到二〇二三年才得以出版。

最後一章我們規劃師友懷念宗述的詩文，希望透過這些詩文，讀者更了解宗述。第一篇我們想到王文興教授的〈懷仲園〉，其後我邀張曉風教授、廖令德兄、閔宗遠兄撰稿。曉風的〈閔老師與小閔老師〉五千多字娓娓道來閔氏父子的學問與人品，令德的〈懷念宗述〉寫的極親切生動，宗遠兄的〈永念兄長情〉紙短卻情長。王偉勇是東吳大學中文系的傑出校友，閔氏父子長時間在東吳大學兼課，很受學生歡迎與敬重。我以為宗述應該教過偉勇，向偉勇邀稿，偉勇說他大學時，宗述只在夜間部教課，他無緣受教，但他願意寫一遍《悠波閣詞》賞析的文章。宗述最喜愛的文體是詞，是應該有一篇賞析的文字。很感謝諸位好友的賜稿，使本書更為充實。

感謝車行健教授推薦本書給萬卷樓圖書公司，萬卷樓梁錦興總經理、張晏瑞總編輯支持本書的出版，編輯團隊細心的編輯排版；中央大學工讀生孫培文、劉雲奇、張元昆協助打字、影印、掃描等工作。最後要感謝珊慧，沒有她，此書至今仍未能面世。

著作集叢書 1600003

碧潭夢影——閔宗述作品集

作　　者	閔宗述
編　　注	洪惟助、洪珊慧
責任編輯	張晏瑞
特約校稿	宋亦勤

發 行 人	林慶彰
總 經 理	梁錦興
總 編 輯	張晏瑞
編 輯 所	萬卷樓圖書股份有限公司

發　　行　萬卷樓圖書股份有限公司
　　　　　臺北市羅斯福路二段 41 號 6 樓之 3
　　　　　電話 (02)23216565
　　　　　傳真 (02)23218698
　　　　　電郵 SERVICE@WANJUAN.COM.TW
香港經銷　香港聯合書刊物流有限公司
　　　　　電話 (852)21502100
　　　　　傳真 (852)23560735

ISBN 978-986-478-444-8
2023年5月初版
定價：新臺幣780元

如何購買本書：

1. 劃撥購書，請透過以下郵政劃撥帳號：
　　帳號：15624015
　　戶名：萬卷樓圖書股份有限公司
2. 轉帳購書，請透過以下帳戶
　　　合作金庫銀行 古亭分行
　　戶名：萬卷樓圖書股份有限公司
　　帳號：0877717092596
3. 網路購書，請透過萬卷樓網站
　　網址 WWW.WANJUAN.COM.TW

大量購書，請直接聯繫我們，將有專人為
您服務。客服：(02)23216565 分機 610

如有缺頁、破損或裝訂錯誤，請寄回更換
版權所有・翻印必究
Copyright©2023 by WanJuanLou Books CO., Ltd.
All Right Reserved　　　　　Printed in Taiwan

國家圖書館出版品預行編目資料

碧潭夢影：閔宗述作品集 / 閔宗述著；
洪惟助、洪珊慧 編. -- 初版. -- 臺北市：
萬卷樓圖書股份有限公司, 2023.05
　　面；　公分. -- (著作集叢書；1600003)
ISBN 978-986-478-444-8(平裝)

848.6　　　　　　　　　110001186